세계사를 결정짓는

7가지 힘

출판은 사람과 나무 사이에서 이루어지는 가치 있는 일입니다.
도서출판 사람과나무사이는 의미 있고 울림 있는 책으로 독자의 삶을
좀 더 풍요롭게 만들기 위해 최선을 다하겠습니다.

세계사를 결정짓는
7가지 힘

Tolerance

Simultaneity

Deficiency

Huge Migration

Monotheism

Openness

Nowness

모토무라 료지 지음 | 서수지 옮김

사람과
나무사이

세계사를 결정짓는 7가지 힘

1판 1쇄 발행 2020년 12월 22일
1판 2쇄 발행 2021년 1월 11일

지은이 모토무라 료지
옮긴이 서수지
펴낸이 이재두
펴낸곳 사람과나무사이
등록번호 2014년 9월 23일(제2014-000177호)
주소 경기도 고양시 일산서구 강선로 142, 1701동 302호
전화 (031) 815-7176 팩스 (031) 601-6181
이메일 saram_namu@naver.com
디자인 박대성

ISBN 979-11-88635-36-8 03900

잘못된 책은 구입하신 곳에서 바꾸어 드립니다.

이 도서의 국립중앙도서관 출판예정도서목록(CIP)은 서지정보유통지원시스템 홈페이지
(http://seoji.nl.go.kr)와 국가자료공동목록시스템(http://www.nl.go.kr/kolisnet)에서
이용하실 수 있습니다.(CIP제어번호 : CIP2020051389)

『천하무적 세계사』를 새롭게 디자인하여 출간한 책입니다.

"어리석은 사람은 경험에서 배우고
현명한 사람은 역사에서 배운다."

— 비스마르크(독일 정치가)

해질녘 고대 로마 수도교공원(Parco degli Acquedotti) 풍경

Tolerance

Simultaneity

Deficiency

Huge Migration

Monotheism

Openness

Nowness

'세계사 문맥력'과 '통찰력'을 가진 자가
변화무쌍한 향후 세계를 이끌게 될 것이다

"모든 역사는 현재사다."

이렇게 이야기하면 역사라는 단어 자체가 '지나간 이야기(과거)'라는 뜻인데 무슨 말도 안 되는 소리냐고 반박하고 싶은 사람이 있을 수 있겠다. 그러나 나는 이 말이 진리라고 믿는다.

이 말을 문맥을 살려서 다시 써보면 "모든 역사에는 '현재성'이 살아 있다" 정도가 되지 않을까. 여기에서 '현재성'이란 무슨 의미일까? 역사를 한 편의 영화라고 가정할 때 인류 역사는 어느 한순간 한 장면의 프레임도 단절되거나 누락되지 않고 끊임없이 이어지면서 우리가 발을 딛고 사는 '지금 이 순간'으로 연결되고 확장해간다는 뜻이다.

이따금 세계사를 왜 공부해야 하는지 모르겠다고 볼멘소리하는 사람을 만난다. 다른 나라의, 그것도 몇백 몇천 년 전 일을 꼭 알아야 하느냐는 거다. "모든 역사는 현재사다"라는 맥락에서 볼 때 이는 참으로 편협하고도 어리석은 생각이다. 성실하게 이어지는 한 걸음 한 걸음의 발자국이 여행을 완성하고, 한 방울 한 방울의 물이 모여 시내를 이루고 강을 이루듯 인류 역사 역시 과거가 있어야만 현재가 있고 내일이 있기 때문이다. 뿌리 없이 줄기도 잎도 꽃도 열매도 꿈꿀 수 없듯 지나간 시간, 즉 과거라는 뿌리 없이 현재라는 줄기도 내일이라는 꽃도 기대하기 어렵다. 그런 맥락에서 우리는 역사를 올바르게 이해해야 하고 세계사를 제대로 공부해야 한다.

견강부회(牽強附會)의 말처럼 들릴까 염려되지만 역사학자인 나는 역사가 다양한 분야의 학문이 모여 이루어지는 '지식 마차'의 중심축이라고 생각한다. 중심축 없이 제대로 된 마차가 완성될 수 없고 1미터도 앞으로 나아갈 수 없듯 인간의 지식체계도 완성되기 어렵다고 본다.

역사는 지식 창고에 오래 쌓아두어 곰팡내 풍기는 고리타분한 학문이 아니다. 그보다는 우리 인간의 생생한 삶의 현장에 펄떡펄떡 살아 숨 쉬며 때론 여행자를 위한 지도나 나침반이 되어주고 때론 늙은 독서가를 위한 돋보기가 되어주는 실용적인 학문이다. 아니, 역사는 단지 실용적인 학문 정도가 아니라 삶의 '무기'가 될 수 있고 또 되어야 한다.

"모든 역사는 현재사다"라는 관점에서 볼 때 로마사만큼 매력적이고 가슴 뛰게 하는 역사도 드물지 않을까. 정치학자 마루야마 마사오(丸山眞男)의 말대로 "로마사에는 인류의 경험이 응축되어 있"으며 『로마인 이야기』로 명성을 얻은 저자 시오노 나나미의 말대로 "로마사는 세계사의 명품"이라 할 만하다. 그러므로 30년 넘게 로마사를 연구하고 가르쳐온 학자의 한 사람으로서 로마사의 유용성과 매력을 독자 여러분에게 전하지 않을 도리가 없다. 그러다 보니 로마사에 관한 내용이 조금 많아진 것 같다.

이 책에서 나는 관용(Tolerance), 동시대성(Simultaneity), 결핍(Deficiency, 건조화), 대이동(Huge Migration), 유일신(Monotheism), 개방성(Openness), 현재성(Nowness)의 7가지 핵심 코드를 통해 지난 5,000년간 인류가 어떻게 혹독한 환경에 맞서 싸우며 문명을 건설하고 번영과 쇠퇴를 겪으며 역사를 이루어왔는지 통찰하고자 했다. 이 책이 여러분의 '세계사 문맥력'을 키우는 유용한 도구가 되면 좋겠다.

우리는 갈수록 복잡해지고 예측 가능성이 떨어지는 세상을 살고 있다. 감히 장담하건대, '세계사 문맥력'과 '통찰력'을 가진 자가 변화무쌍한 향후 세계를 이끄는 리더가 될 것이다. 이 책이 독자 여러분의 생존무기를 더욱 날카롭게 벼리는 작은 '숫돌'이 되면 좋겠다.

차례

02 Simultaneity

'동시대성'이 역사를 비약적으로 발전시킨다
— 한제국과 로마제국, 공자와 소크라테스, 석가모니와 조로아스터의 탄생

03 Deficiency

'결핍(건조화)'이 문명을 탄생시켰다
— 문명 태동부터 도시국가를 거쳐 민주정 탄생에 이르기까지

04 Huge Migration

'대이동' 하며 세계지도를 다시 그린 민족들
— 게르만족 · 몽골제국의 드라마틱한 역사, 대교역시대부터 난민 문제까지

05 Monotheism

'유일신교'는 왜 항상 분쟁의 씨앗이 되는가
— 세계사를 바꾼 3대 유일신교(유대교·기독교·이슬람교)의 탄생과 발전

신석기 시대 후기에서 청동기 시대 초기 사람들이 거주했던
불가리아의 마구라 동굴(The Magura Cave) 벽화

'역사에서 배운다'라는 말의 의미

어리석은 사람은 경험에서 배우고 현명한 사람은 역사에서 배운다

교양의 두 가지 축,
'고전'과 '세계사'

　　　　　　나는 와세다대학교 국제교양학부에서 학생들을 가르친다. '국제'라는 단어가 들어간 학부 이름에 걸맞게 학생들은 대부분 출중한 어학 실력을 갖추고 있다. 그러나 안타깝게도 뛰어난 어학 실력과 비교할 때 교양 면에서는 턱없이 부족한 것이 사실이다. 영리하고 재기발랄하나 진중하지 못하고 어학 실력은 뛰어나나 교양은 부족한 요즘 청년들을 보고 있으면 어디서 문제가 기인하는 걸까 생각해보게 된다.

　외국어 실력을 갖추는 일은 물론 중요하다. 자신과 다른 언어를 사용하는 사람과 물 흐르듯 소통하게 해준다는 측면에서 그렇다. 외국어 중에서도 영어의 중요성은 다른 언어들과는 차원이 다를 정도로 매우 크다. 오늘날 세계인이 거의 모든 분야에서 가장 빈번히, 그리고 가장 밀도 있게 사용하는 언어가 바로 영어이기 때문이다.

그러나 이렇듯 중요한 영어조차 적절한 교양이 뒷받침되지 않으면 제대로 실력을 발휘하기 어렵다. 어학이 소통을 돕는 단순한 '도구'라면 교양은 소통 그 자체를 형성하고 완성하는 '내용물'이기 때문이다. 요리에 비유하자면 교양은 입맛을 돋우고 몸을 살찌우는 음식 그 자체인 데 반해 '어학 실력'은 음식을 담는 그릇이나 음식을 먹는 데 사용하는 수저ㆍ포크 등의 식사 도구 같은 것으로 보아도 좋지 않을까.

이런 맥락에서 지식의 노른자위를 이루는 교양이 지각 행위와 사고 행위를 거쳐서 우리 몸에 완벽하게 스며들지 않으면 제아무리 출중한 영어 실력을 갖추고 있어도 세계를 무대로 활약하기는 어렵다. 교양을 갖추지 않은 채 언어 기술과 기교에만 의지해 소통하다 보면 알맹이 있는 대화, 단단한 대화를 하지 못하고 영양가 없고 속 빈 강정 같은 말만 늘어놓다 끝나기 쉽기 때문이다.

글로벌 스탠더드로서의 교양이란 구체적으로 무엇일까? 나는 '고전'과 '세계사'라고 생각한다. 수백 수천 년 긴 세월의 풍파를 견디고 살아남은 문학ㆍ예술 작품, 한마디로 말해 고전에는 시대가 달라져도 변치 않는 인간사회의 보편적 진리와 가치가 오롯이 담겨 있다.

고전을 탐독하고 감상하다 보면 소중한 깨달음과 혜안을 얻을 수 있다. 나는 인생 대부분을 많은 책을 탐독하고 벗하며 지내왔다. 내 삶에 거름이 되어주고 소중한 영양분이 되어준 책은 헤아릴 수 없이 많다. 그중에서도 특히 오랫동안, 그리고 강렬하게 가슴에 남은 서적은 대개 고전이라 불리는 책들이다.

요즘에는 고전을 읽는 사람이 눈에 띄게 줄어든 것 같다. 사실 고전은 몇 번을 읽어도 질리지 않을 뿐 아니라 읽으면 읽을수록 새로운 재미와 감칠맛을 느끼게 해준다.

교양을 형성하는 또 하나의 축은 '세계사'다. 세계사는 왜 교양의 필수 요소일까? 세계사, 즉 역사는 인류의 경험을 집대성한 살아 숨 쉬는 이야기이기 때문이다.

"어리석은 사람은 경험에서 배우고 현명한 사람은 역사에서 배운다."

이는 '철혈 재상'으로 불린 독일 정치가 오토 폰 비스마르크(Otto Eduard Leopold von Bismarck, 1815~1898년)가 한 말로 알려졌다. 그러나 그가 실제로 한 말은 위의 말과는 사뭇 다르다.

Nur ein Idiot glaubt, aus den eigenen Erfahrungen zu lernen.

Ich ziehe es vor, aus den Erfahrungen anderer zu lernen, um von vornherein eigene Fehler zu vermeiden.

직역하면 "오직 어리석은 사람만 자신의 경험에서 배울 수 있다고 믿는다. 나는 오히려 처음부터 실수를 피하고자 타인의 경험에

'역사에서 배운다'라는 말의 의미

서 배우려 한다"라는 의미다. 위 문장의 '타인의 경험' 자리에 '역사'를 놓기에는 아무래도 무리가 있지 않을까. 역사는 수많은 사람이 길고 긴 시간을 밀도 있게 살아내며 튼튼한 건축물을 완성해가듯 정교하게 구축한 고차원적인 구조물인 데 반해 타인, 즉 개인의 경험이란 범위와 규모 등 모든 면에서 제한적이고 단편적일 수밖에 없기 때문이다. 이런 맥락에서 과거 5,000여 년에 걸친 인류 문명사에서 수많은 사람의 다양한 경험을 집대성한 역사는 '개인의 경험'과는 비교 자체가 안 될 정도로 큰 깨달음과 혜안을 안겨준다고 믿는다. 그러므로 "어리석은 사람은 경험에서 배우고 현명한 사람은 역사에서 배운다"라는 명언은 비스마르크가 이 말을 했는지 안 했는지 사실 여부와는 무관하게 그 자체로 의미가 클 뿐 아니라 뛰어난 통찰을 담은 언사라고 생각한다.

인간사회의 보편적 진리를 깨우쳐주는 '고전'과 인류의 경험을 집대성한 '세계사', 이 두 가지 축과 핵심요소를 성실하게 배우고 몸에 익혀 교양의 기초를 탄탄히 다질 것을 권해주고 싶다.

역사에서 배우는 게
왜 어려울까

역사에서 배우려면 어떻게 해야 할까? 이는 내가 언제나 마음에 담아두고 있는 화두다. 무작정 역사서를 읽고 연호와 사건, 인물 이름만 암기한다고 해서 역사를 배우는 것은 아니다. 철학자 프리드리히 헤겔(Georg Wilhelm Friedrich Hegel, 1770~1831년)에게서 나는 영감을 얻은 적이 있다. 고등학교 시절 그의 저작 『역사철학 강의』를 통해서였다. 내게 영감을 불어넣어 준 구절은 다음의 문장이다.

경험과 역사는 민중과 정부가 역사에서 아무것도 배우지 못한다는 점을 가르쳐주었다. 또 이들이 역사가 전해주는 교훈에 따라 행동한 적이 없다는 사실도 알려주었다.

인간 집단은 역사를 통해 잘 배우지 못한다. 이는 예나 지금이나 마찬가지다. 실제로 인류는 역사 속에서 같은 잘못을 수도 없이 되풀이해왔다. 인류 역사를 생각할 때마다 위에 인용한 헤겔의 말이 뇌리를 스치곤 한다. 그리고 그때마다 한 가지 의문이 떠오른다. '혹시 집단이 아닌 개개인은 역사가 전해주는 교훈에 따라 살아갈 수 있지 않을까?'

내가 대학에서 서양사를 전공한 이유는 사실 세계사에 특별히 관심이 있어서는 아니었다. 그보다는 '역사철학'을 배우고 싶었기 때문이다. 헤겔에 특별한 관심을 가졌던 것도 그런 연유에서다.

역사철학 개념을 창안한 헤겔 자신도 역사를 깊이 공부했다. 그러나 철학자가 생각하는 역사는 아무래도 관념적 색채가 짙게 마련이다. 나는 좀 더 구체적인 소재를 바탕으로 역사적 사건 속에서 의미를 찾는 역사철학을 하고 싶었다. 그런 까닭에 도쿄대학교에서 학생들을 가르치게 되었을 때 역사철학 수업을 개설했다. 그 수업에서 깊이 탐구한 주제는 이것이다.

'왜 사람은 역사에서 배우는 게 어려울까?'

어느 순간 나는 인간이란 자신이 보고 싶은 것만 보는 존재라는 사실을 깨달았다. 그러다 보니 현실 그 자체를 있는 그대로 직시하는 이가 드물다. 깨달음을 얻고 한 차원 수준을 높이는 데는 물론 지식이 필요하다. 그러나 아무리 다양한 지식을 쌓아도 역사에서 배우지 못하면 현실에서 의미를 발견하기 어렵다. 역사의 우물에서 의미라는 물을 길어 올릴 수 있어야 귀중한 뭔가를 배울 수 있다.

얼마 전 어느 문화센터에서 '민족이동'을 주제로 고대 로마제국, 몽골제국, 오스만제국, 유대교를 주제로 네 번에 걸쳐 강의했다. 한데 주최 측도 나도 모두 놀랄 만큼 많은 수강생이 몰렸다. 그 이유를 곰곰이 생각해보니 최근 전 세계적으로 핫이슈가 된 '난민 문제'가 흥미를 끈 게 아닐까 싶었다. 그들은 아마도 난민 문제를 민족이동의 연장선에서 생각한 것 같다. 말하자면 난민 문제를 머지않아 자신의 삶에 상당히 큰 영향을 미칠 문제로 여기고 민족이동이라는 역사적 사실을 통해 그 의미를 찾고자 한 게 아닐까 싶다.

역사 속에 잠재해 있는 의미와 교훈은 한눈에 잘 들어오지 않는 경우가 많다. 낱낱의 역사적 사실들을 직시하고 진지하게 마주하며 깊이 연구하고 곰곰이 생각해야 비로소 정확한 의미와 생생한 교훈이 제 모습을 드러내기 시작한다.

　사람들이 역사에서 잘 배우지 못하는 이유는 바로 그런 진지하고 성실하게 사고하고 탐구하는 삶이 뒷받침되어 있지 않기 때문이다.

톨스토이의
통렬한 역사가 비판

　　　　　나도 역사가지만 솔직히 전문 역사가들이 쓴 대다수 서적은 아무리 넓은 마음으로 좋은 평가를 해주고 싶어도 그러기가 어렵다. 너무 딱딱하고 지루하고 재미가 없기 때문이다. 그러니 전문가가 아닌 일반 독자들이 보기에는 어떻겠는가. 왕과 귀족 중심으로 승자의 입맛에 맞게 천편일률적인 지식을 담아낸 책들은 딱딱하고 재미가 없어 지식의 보고라기보다는 수면제 역할을 하기에 오히려 제격인 경우가 많다.

　러시아의 대문호 레프 톨스토이(Lev Nikolayevich Tolstoy, 1828~1910년)는 『전쟁과 평화』 에필로그에서 역사가를 다음과 같이 통렬하게 비판했다.

　이것은 회고록, 개별국가 역사, 세계사 그리고 새로운 종류의 당대 역사 등 모든 역사가 여러 질문에 내놓는 모순적이고 답이 될 수 없는 대답의 가장 온건한 표현이다. 이처럼 이상하고 우스꽝스러운 대답은 새로운 역사학이 아무도 하지 않은 질문에 대답하는 귀가 먼 사람과 같다는 데서 비롯된다.

톨스토이는 역사가라는 타이틀을 달고 행세하는 사람들이 사실 아무도 관심을 두지 않고 질문도 하지 않는 일들을 제멋대로 논한다고 비판한다. 역사가들이 쓴 글이 대부분 재미가 없는 이유가 톨스토이의 비판 글에 밝혀져 있던 셈이다. 누구도 흥미를 보이지 않는 내용을 주절주절 글로 써서 뭘 어쩌겠냐는 의미다.

톨스토이는 자신의 비판을 비판한 역사가들의 목소리를 잠재우기라도 하겠다는 듯 『전쟁과 평화』를 써 내려갔다. 어쩌면 그는 이 작품으로 역사가들에게 '봐라, 사람들이 즐겨 읽는 역사서란 바로 이런 것이다'라고 말하고 싶었는지도 모르겠다.

대단한 흡인력을 가진 소설 『전쟁과 평화』는 역사를 다룬 단연 세계 최고의 문학작품이다. 반면 역사가가 쓴 저작 중에는 전문가인 나조차 '도대체 어디서 재미를 찾아야 하나?' 하고 한탄하게 만드는 것이 적지 않다.

전부 그런 것은 아니지만 역사가가 쓴 글은 대체로 지루하고 따분하다. 그러다 보니 서점가에는 역사가가 아닌 비전문가가 이해하기 쉽게 풀어주고 설명해주는 가독성 높고 재미 요소도 갖춘 역사책이 출간되어 독자에게 사랑받는 경우가 많다. 그런 책을 만날 때마다 '역사가가 제대로 된 지식을 바탕으로 이해하기 쉽고 재미도 있는 역사책을 썼더라면 좋았을 텐데……' 하는 아쉬움이 남곤 한다. 그러나 다른 한편으로 내용에 대해 아쉬움도 크다. 소위 잘 팔리는 역사서가 내용 면에서도 꼭 충실한 것은 아니니까. 잘 찾아보면 재미는 다소 떨어지더라도 충실한 내용과 충분한 가치를 가진 깊이 있는 역사서가 전혀 없지는 않기 때문이다. 조금만 깊이 들어가도 인류가 지나온 발자취, 즉 역사에는 깊이 사고하고 탐구할 만한 편린들이 많이 있다.

자칫 잘못된 주장을 하게 될까 두려워 자신의 전공 분야 외에는 책을 쓰지 않으려고 몸을 사리는 역사가가 의외로 많다. 그러다 보니 글을 쓰는 범위가 점점 좁아져 독자의 관심 영역에서 벗어나게 되고 관심을 끌지 못하게 되기 쉽다. 반대로 비전문가가 쓴 책은 마치 요리사가 맛있게 조리한 음식을 먹기 좋은 크기로 잘게 쪼개어 떠먹여 주듯 역사를 보기 좋게 만들고 쉽게 풀어내어 전해준다. 톨스토이의 소설 『전쟁과 평화』는 그 두꺼운 책이 술술 페이지가 넘어갈 정도로 흡인력이 뛰어나고 재미있다. 그러나 역시 소설은 소설이다. 역사의 흐름을 대략 짚고 넘어가긴 해도 제대로 된 역사서처럼 숲을 보듯 전체를 조망하면서 동시에 나무를 살피듯 세부 지식을 촘촘히 담아내기는 아무래도 어려울 수밖에 없다. 재미에 초점을 맞추고 쓴 픽션과 달리 역사가의 글은 인류의 경험을 진중하고도 충실하게 서술하는 내용으로 빼곡히 들어차 있다. 그 가치는 픽션과는 다른 차원의 가치를 지닌다.

때론 읽다 보면 하품도 나오고 지루해서 책을 덮어버리고 싶어

지기도 하지만 인류의 방대한 경험과 진지하게 만난다는 마음가
짐으로 세계사와 마주하는 건 어떨까.

세계사를 통찰하는
일곱 가지 관점

나는 전문가가 빠지기 쉬운 함정을 피해
최대한 많은 사람이 끝까지 흥미를 잃지 않고 읽을 수 있도록 최대
한 다양한 내용을 담아 이 책을 집필하고자 했다. 특히 이 책에서
인류가 기나긴 세월 동안 어떻게 살아왔는지, 그리고 인류사에서
우리는 무엇을 배울 수 있는지를 내 나름의 생각과 역사철학 세계
관을 담아 제안하려고 했다.

이를 위해 내가 준비한 역사철학 메뉴는 다음의 '일곱 가지 관
점'이다.

1. 문명은 어떤 조건, 어떤 환경에서 태동하는가

인류 문명은 전 세계에서 동시에 탄생하고 같은 속도로 발달하
지 않았다. 1492년 콜럼버스가 아메리카 대륙을 탐험할 때(콜럼버
스는 결코 신대륙을 최초로 '발견'한 게 아니다. 거기엔 이미 사람이 살고 있었다.
우리는 유럽이 왜곡한 유럽 중심의 역사관을 거부하고 거기서 탈피해야 한다) 그

조지 도리발의 그림 〈새벽의 로마 포럼(Roman Forum at dawn)〉(1920)

곳은 아직 야만이나 다름없는 상태였다.

아메리카 대륙에서는 왜 문명이 발달하지 못했을까? 이 질문은 동시에 '왜 고대 그리스와 지중해 세계에서는 그토록 일찍 문명이 탄생했을까?'라는 질문을 내포하고 있다. 그 대답 중 하나를 나는 '말[馬]'이라는 동물에서 찾고자 한다. 사실 나는 다른 책에서 "만약 말이 없었다면 21세기는 아직 고대를 벗어나지 못했을지도 모른다"라고 쓰기도 했다.

문명의 발상까지는 몰라도 최소한 말의 유무로 문명 발달 속도가 크게 달라졌다는 주장은 부인할 수 없는 사실이다. 20세기를 대표하는 독일 철학자 카를 야스퍼스(Karl Jaspers, 1883~1969년)도 『역사의 기원과 목표』에서 말을 언급했다.

말은 사람과 물자를 더 멀리 더 빠르게 전할 수 있게 해주었다. 또 전차와 기마부대로 막강한 무력을 행사할 수 있게 해주기도 했다. 한마디로 말은 인간사회가 문명 단계에 접어드는 결정적 견인차 구실을 했다.

이 시점에 이렇게 반문하고 싶은 독자가 있을지 모르겠다. '아메리카 원주민도 말을 타고 다니지 않았나요?'라고. 그렇지 않다. 이는 미국 서부극이 사람들의 머릿속에 집어넣은 그릇된 정보다. 15세기에 유럽인이 찾아오기 전까지 아메리카 대륙에는 말이 없었다. 그렇다면 이 대륙에는 원래부터 말이 없었을까? 그렇지는 않다. 오래전에는 아메리카 대륙에도 말이 존재했다. 좀 더 정확히 말하자면 1만 년 전까지만 해도 아메리카 대륙에서는 말이 뛰어노는 모습을 흔하게 볼 수 있었을 것이다. 그걸 어떻게 아냐고? 증거가 있다. 실제로 그곳에서 말 화석이 수없이 출토되었기 때문이다. 그런데 그 많은 말이 왜 모두 사라졌을까? 놀랍게도 초기에 아메리카 대륙에 정착한 사람들이 수천 년간 모조리 잡아먹어 멸종하고 말았기 때문이다.

그런 터라 중앙아메리카에 멋진 석조 건축물을 남긴 잉카문명 유적과 유물에는 말의 모습을 묘사한 그림이 하나도 존재하지 않는다. 그들은 말 대신 라마나 알파카 같은 낙타나 다른 가축을 이용했다.

물론 말이라는 존재만으로 문명 태동과 발달이 이뤄진 것은 아니다. 그 밖에 어떤 조건이 문명 태동이나 발달과 관련이 있을까? 제3장에서 그것을 좀 더 자세히 알아보자.

2. 로마사를 알면 세계가 보인다

"로마 역사 속에는 인류 경험의 총체가 담겨 있다."

40여 년 전 정치학자 마루야마 마사오가 어느 대담 중에 한 말이다. 그는 "로마사에 인류의 모든 경험이 녹아 있다. 어떤 의미에서 로마사는 역사가 아니라 사회학의 장대한 실험장이다"라고 이야기했다. 실제로 로마사는 '인류 문명의 미니어처'라고 해도 지나치지 않을 정도로 역사의 완벽한 기승전결을 펼쳐 보여주었다.

건국 초기 그저 양치기 무리의 부족국가에 지나지 않았던 로마인은 라티움(Latium, 이탈리아 중부 서안 지방)에 이어 이탈리아반도를 통일했고 서지중해 패권까지 장악했다. 이후 로마는 세 차례에 걸친 포에니전쟁에서 카르타고와 싸워 악전고투 끝에 마침내 승리하면서 바야흐로 지중해 세계 전체를 아우르는 대제국을 이룩했다. 로마제국이 얼마나 강성했는지는 불과 70년밖에 존속하지 못한 소련과 비교해보면 잘 알 수 있다. 로마제국은 제정기(帝政期)에 들어선 뒤에도 짧게 보면 500년 가까이, 비잔틴(동로마)제국까지 포함하면 1,500년 동안이나 존속했다.

로마제국처럼 그 광대한 지역을 그토록 오랜 세월 동안 장악한 제국은 인류 역사에 비슷한 유례조차 찾아볼 수 없을 정도다. 하지만 한때 엄청난 번영과 안정을 누린 로마제국도 서서히 몰락의 길로 들어섰다. 우리는 로마사에 관해 이런 질문을 던진다. '로마는 어떻게 융성할 수 있었나?', '로마는 어떻게 그토록 오랫동안 지중해 세계를 안정적으로 지배할 수 있었나?' 그리고 '로마는 왜 몰락했나?'

이들 질문은 모든 문명사가 하나의 길라잡이로 삼기에 부족함이 없다. 전형적인 문명의 흥망성쇠를 보여주는 로마사와 다양한 지역·시대를 세로축이 아닌 가로축으로 비교함으로써 문명 발전 정도와 그 특성 등을 구체적으로 밝혀낼 수 있기 때문이다.

예를 들어 18세기 후반 런던이나 파리의 물 사정은 말할 수 없이 열악했으나 그보다 훨씬 오래전인 고대 로마에는 몇 개의 훌륭한 수도시설이 갖춰져 있었다. 파리의 경우 특별한 상수도가 없고 센강 상류에서 끌어온 물을 시가지에 흘려보냈다. 그런데 그마저도 청결하다고 말하기 어려운 수준의 수질이었다. 또 로마는 문예 측면에서 그리스보다 뒤떨어졌지만 퇴폐한 세상을 풍자시 형태로 표현하는 능력이 탁월했다.

3. 세계사에서는 같은 일이 동시에 일어난다

로마사에서 기원전 202년은 굉장히 중요한 해다. 그해에 로마는 한때 한니발 장군과 벌인 전투에서 연전연패하여 멸망의 문턱까지 갔던 제2차 포에니전쟁의 자마전투(Battle of Zama)에서 대승을 거두었기 때문이다. 자마전투를 승리로 이끈 주인공은 로마의 명장 스키피오 아프리카누스(Publius Cornelius Scipio Africanus, 기원전 235~183년)다. 기원전 202년 자마전투에서 대승을 거둔 로마는 서지중해 패권을 장악해 사실상 제국의 초석을 튼튼히 다졌다. 이후 서양 세계의 운명을 결정지은 기원전 202년 아시아에서도 동양 세계의 향후 운명을 결정할 중요한 전투가 벌어졌다. 바로 고사성어 '사면초가(四面楚歌)'로 잘 알려진 항우(項羽, 기원전 232~202년)와 유방(劉邦, 재위 기원전 202~195년)의 마지막 결전인 해하전투(垓下戰鬪)가 그해에 있었다. 이 전투에서 승리한 유방은 훗날 한(漢)제국의 기반을 닦았다.

신기하게도 기원전 202년, 바다를 사이에 두고 동서에서 동시에 대제국의 기틀을 닦는 일대 사건이 벌어진 셈이었다. 각각 로

미힐 콕시의 그림 〈카르타고에 상륙하는 스키피오 아프리카누스〉(1555)

마제국과 한제국을 열어젖힌 자마전투와 해하전투는 같은 해라는 '동시대성'을 보여준다.

이 정도까지 일치하지는 않아도 떨어진 장소에서 비슷한 시기에 비슷한 사건이 일어난 사례는 차고 넘친다. 가로축의 동시대성 쪽으로 세로축 역사만 들여다볼 때 좀처럼 알아차리기 힘든 세계의 다양한 모습을 접할 수 있다.

4. 왜 대이동이 발생하는가

역사적 맥락에서 살펴보면 과거 5,000년 문명사에서 사람들이 이곳저곳으로 이동하는 일은 지극히 당연한 현상이었다. 현대도 예외는 아니다. 오늘날에도 다양한 형태의 대이동이 세계 곳곳에서 일어나고 있다.

왜 사람들은 이동할까? 그 원인을 구체적으로 제시해보라면 한랭화, 식량 부족, 전란, 종교 문제 등이 있다. 복잡하게 따질 것 없이 간단히 볼 경우 인간은 기본적으로 좀 더 조건이 좋은 곳을 찾아 끊임없이 움직이는 존재이기 때문이다. 최근의 시리아 난민은 정상적인 사회생활을 할 수 없을 만큼 고통스럽고 혼란스러운 상태에서 이동한 것으로 '조건이 좋은 장소를 찾아 이동한' 대표적인 사례다.

어쩔 수 없이 이동하든 자신의 의지에 따라 이동하든 수많은 사람이 이동하는 현상은 인구가 유입된 곳에서 마치 구슬치기처럼 새로운 민족이동을 촉발해 대이동으로 발전한다. 다른 민족이 유입되면 언어, 종교, 문화가 뒤섞인다. 그 영향으로 민족이동은 단순히 사람 이동에 그치지 않고 그때까지 존재하지 않던 새로운 세계 질서를 형성하는 거대한 변화로 이어진다.

지금은 사람이 이동하는 데 바다가 걸림돌이 되지 않는 시대다. 이처럼 전보다 이동이 자유롭다 보니 난민 문제를 두고 각국에서 여러 가지 갈등이 불거지기도 한다. 전 세계가 난민 문제의 해법을 찾기 위해 고심하는 지금이야말로 끊임없이 반복되는 민족이동의 요인과 영향을 확실히 알아둘 필요가 있다.

5. 종교를 빼고 역사를 논할 수 없다

미국 정치학자 새뮤얼 P. 헌팅턴(Samuel P. Huntington)은 "문명이란 종교다"라고 말했다. 자신의 저서 『문명의 충돌』을 통해서다. 세계는 다양한 문명으로 이뤄져 있고 그 다양한 문명이 대립하고 충돌하는 이유는 문명의 본질이 종교에 뿌리를 내리고 있기 때문이다.

우리는 흔히 정치와 종교를 분리해서 생각하지만 현실적으로 종교를 빼놓고 세계사를 논할 수 없다. '신은 언제, 어떻게 탄생했는가?', '다신교 세계에서 어떻게 유일신교가 태동했을까?' 그동안 우리가 간과해온 종교 문제를 이 책에서 그 뿌리부터 차근차근 설명할 생각이다.

6. 서양이라는 나무의 뿌리는 '공화정'이다

과거에는 동양과 서양 모두 군주를 내세운 왕국이 많았다. 그리고 그중에는 지금까지 명맥을 이어가는 국가도 있다. 그런데 동양과 서양의 군주는 서로 다르다. 서양 군주의 전형은 바로 로마 황제다. 서양의 최고 권력자는 민중 앞에 모습을 드러내며 다양한 행사를 주관했다. 반면 동양의 최고 권력자는 태국 국왕이나 일본 천황처럼 막후에 남아 있을 뿐 민중 앞에 잘 나서지 않았다. 이런 차이로 서양에서는 군주를 내세우면서도 정신의 밑바탕에 공화주의가 뿌리내렸다.

로마 공화정의 기본은 회의를 거친 다수결이 아니라 지도자의 권위와 정치력을 인정한다는 데 있었다. 실제로 고대 그리스와 로마에서 국가가 가장 효율적으로 기능한 시기는 뛰어난 지도자가 민중을 연설로 설득하고 이끌던 때였다.

서양 군주국은 이러한 토양에서 싹을 틔우고 자라난 까닭에 왕이라고는 하나 절대적인 존재가 아니라 어디까지나 지도자로서의 의미가 컸다. 공화주의의 진짜 개념은 무엇일까? 로마 공화정을 살펴보면 서양을 좀 더 깊이 이해할 수 있다.

7. 모든 역사는 현재사다

사람들은 대부분 역사는 '과거를 공부하는 학문'이라고 생각한다. 물론 역사학자는 과거의 일을 알기 위해 문헌을 뒤지고 유적을 조사한다. 필사적으로 과거의 지식을 배운다. 하지만 이는 단순한 지식 습득이 아니라 현재의 개인과 공동체의 삶에 보탬이 되기 위해서다.

"로마 역사 속에는 인류 경험의 총체가 담겨 있다."

이는 걸출한 정치학자 마루야마 마사오가 한 말이다. 그의 언사에는 물론 긍정적인 의미도 담겨 있지만 로마가 과거 역사에서 저지른 많은 실수를 어리석게도 인류가 현재 역사에서 끊임없이 반복하고 있다는 자조와 한탄이 담겨 있다.

과거 사건을 나와 동떨어진 일로 치부하지 않고 자신의 문제로 받아들이는 것이 과거에서 배우는 바람직한 자세다. 지금 일어나는 문제들 대부분은 인류가 과거에 저지른 잘못과 관련이 있다. 과거와 현재는 서로 연결되어 있으므로 과거 사건을 지금의 관점에서 살피고 역사에서 얻은 지식을 미래에 지혜롭게 활용할 방법을 모색해야 한다.

세계사를 제대로
공부해야 하는 이유

사람들이 세계사를 멀리하는 데는 몇 가지 이유가 있다. 그중 가장 큰 이유는 '5,000년 이상'이라는 세월의 길이와 문자 그대로 '전 세계'라는 광대한 범위에 있다. 더욱이 세계사에 수시로 등장하는 인명이나 지명이 너무도 많고 낯설어 외우기가 어렵다.

또 상상이 잘 안 된다는 점도 세계사 진입장벽을 높이는 요인 중 하나다. 국사에 이름을 남긴 누군가를 떠올릴 때면 얼추 그림이 그려진다. 특히 영화나 책으로 많이 다루는 까닭에 머릿속으로 그 시대의 상황이나 인물을 상상하는 일이 어렵지 않다. 반면 세계사에 등장하는 사람은 낯설고 생소해서 그저 먼 나라 얘기로만 느껴진다. 다른 나라 위인의 이름을 듣고 그 이미지를 떠올리기는 쉽지 않다.

이런 현상은 지명에서도 나타난다. 자국의 지명을 들으면 그곳이 어디이고 어떤 지역적 특색이 있는 장소인지 어렵지 않게 떠올릴 수 있다. 그러나 세계사로 넘어가면 가까스로 그 나라의 위치를 아는 정도일 뿐 도시 이름을 듣고 그곳 분위기를 떠올리기는 어렵다.

내가 대학교에 다닐 때만 해도 누구나 프랑스 하면 프랑스혁명을 머릿속에 떠올렸다. 마찬가지로 러시아는 러시아혁명, 영국은 산업혁명 식으로 한 시대의 획을 그은 굵직한 사건 정도를 연상하는 것이 고작이었다. 세계와의 이러한 거리감은 세계사를 멀리하게 만드는 요인으로 작용한다.

그러나 오늘날 사람들의 인식은 크게 바뀌고 있다. 인터넷 발달로 지구촌의 거리감이 크게 줄어들고 일상적으로 해외여행을 즐

'역사에서 배운다'라는 말의 의미

기는 사람이 늘어나면서부터다. 나 역시 학창 시절에는 평생 잘하면 한두 번 유학 생활을 경험하기는 하겠지만 이후에는 죽을 때까지 국내에 머무르며 연구해야 할 것으로 생각했다.

그러나 요즘 나는 거의 매년 해외에 나가곤 한다. 그리고 그런 삶이 지속될수록 다른 나라에 가도 그 나라의 대표적인 무언가를 머릿속에 떠올리지 않게 된다. 예컨대 설령 파리에 가더라도 프랑스혁명을 떠올리지 않는다. 바스티유라도 가면 혹시 떠올릴 수도 있겠지만 말이다. 그보다 '말'을 매우 좋아하는 나는 롱샹(Longchamp) 경마장으로 직행해 프랑스혁명 따위는 까맣게 잊고 즐겁게 지내다가 돌아오곤 한다.

이탈리아에 가도 별반 다르지 않다. 내가 로마사 전문가이니 이탈리아에 가면 자나 깨나 로마 생각만 하다 돌아올 것으로 생각하는 사람이 많지만 그렇지 않다. 물론 처음에는 고대 로마를 그리며 상념에 젖어 유적을 둘러보기도 했으나 몇 번 가다 보니 어느 식당이 음식이 맛있는지, 어느 호텔이 쾌적한지 등과 같은 일상적인 일에 더 마음이 갔다.

오늘날 과학기술과 교통·통신의 발달로 우리가 느끼는 '세계'와의 거리는 획기적으로 좁혀졌다. 이처럼 지구촌 전체가 서로 가까워진 지금이야말로 세계사를 제대로 공부할 기회다. 로마는 당시 세계 최고봉인 에트루리아의 기술을 배웠고 그리스 등지에서 다양한 문물을 적극적으로 받아들여 자기 것으로 만들었다. 그들은 그저 선진 문물을 배우는 데서 그친 것이 아니라 그 기술을 갈고닦아 크게 발전시켰다. 지금도 우리가 함께 번영해 나갈 아이디어가 전 세계에 무수히 존재한다. 그런 의미에서 우리는 자기 능력을 명확히 자각하고 좀 더 깊이 있게 세계사를 공부해야 한다. 이 책이 작게나마 도움이 되기를 바란다.

Tolerance

01

로마는 '관용'의 힘으로 세계제국을 건설했다

로마는 어떻게 번영을 이루었으며 쇠퇴하고 멸망했는가

"세상 사람들이 미덕으로 여기는 관용은
때론 허영 때문에 때론 나태함과 두려움 때문에 감춰져 있다."
— 라로슈푸코(작가)

소름 돋는 역사 속 평행이론

— 비주류 이민족 출신으로 각각 220년 만에
최고 권력자의 자리에 오른 오바마와 셉티미우스 세베루스

생명체는 태어나서 자라고 번성하다가 쇠
퇴의 과정을 거쳐 죽고 소멸해간다. 이는 자연의 이치이며 우주가
작동하는 원리다. 인간의 역사도 마찬가지다. 마치 생명체처럼 탄
생과 발전, 번영과 쇠퇴를 거쳐 몰락하고 사멸한다.

로마 역사는 탄생과 발전, 부흥과 쇠락이라는 이른바 문명의 기
승전결 과정을 뚜렷이 보여준다. 더구나 그 기승전결이 사람의 한
평생에 비유할 수 있을 만큼 극적이다. 그런 터라 베스트셀러 『로
마인 이야기』로 유명한 작가 시오노 나나미는 "로마사는 세계사
가 빚어낸 명품"이라고 말했다.

로마는 '관용'의 힘으로 세계제국을 건설했다

로마사에는 개별 주제로 떼어놓고 보아도 드라마틱하고 흥미진진한 이야기로 넘쳐난다. 가령 황제의 경우 5현제처럼 훌륭한 황제들이 있는가 하면 폭군의 대명사로 여겨지는 네로(Nero, 재위 54~68년)도 있고, 엘라가발루스(Elagabalus, 재위 218~222년)처럼 "나는 여자가 되고 싶다"라고 공공연히 떠벌리고 다닌 황당한 황제도 있다. 이처럼 로마사에는 각양각색의 권력자가 등장한다.

정치체제도 매우 다양하다. 처음에 왕정이던 로마는 공화정을 거친 뒤 독재정으로 차츰 변질해갔다. 독재정 중에도 여러 지배 양식이 녹아 있다. 로마 황제라고 해서 다 같은 황제가 아니다. 초기 공화정 전통을 고수한 아우구스투스(Gaius Julius Caesar Augustus, 기원전 27년~기원후 14년) 같은 황제부터 전제군주에 폭군으로 변신한 네로 같은 황제까지, 그리고 극도의 혼란기를 통치한 여러 명의 황제에 이르기까지 다양한 스펙트럼을 가지고 있었다.

로마사는 어떤 주제로 접근해도 마치 지독한 가뭄에도 차고 맑은 물을 쉼 없이 뿜어내는 샘처럼 무궁무진한 이야깃거리를 들려준다. 그야말로 '인류 경험의 총집합체'라는 수식어가 과하지 않을 정도의 다양성을 자랑한다. 그러다 보니 로마사와 여러 지역의 시대적 역사를 비교하면 새롭고도 짜릿한 흥밋거리를 찾아낼 수 있다.

미국 현대사를 예로 들어 잠시 생각해보자. 미국 최초의 아프리카계 대통령 버락 오바마(Barack H. Obama, 재임 2009~2017년)는 2009년 1월에 취임했다. 2009년은 미국 초대 대통령 조지 워싱

턴(George Washington, 1789~1797년)이 취임한 해인 1789년에서 220년째 되는 해다. 미국은 건국 이후 WASP(White Anglo-Saxon Suburban Protestant, 앵글로 색슨계 미국 신교도. 미국의 주류 지배계급을 이룸)가 국가의 요직을 독점하는 시대를 오랫동안 이어왔다. 그 전통을 맨 처음 타파한 인물이 바로 가톨릭 신자 존 F. 케네디였다. 그렇기는 해도 그는 백인 그룹에 속했다.

반면 오바마는 하와이 출신 아프리카계 미국인으로 누가 봐도 이전 대통령들과 확연히 다른 인물이다. 그런 터라 그가 미국 대통령에 취임했을 때 많은 사람이 '역사적 쾌거'라고 높이 평가했다. 흥미롭게도 로마사를 유심히 살펴보다 보면 마치 평행이론처럼 이와 흡사한 일이 있었다.

그 주인공은 바로 황제 셉티미우스 세베루스(Lucius Septimius Severus, 재위 193~211년)다. 세베루스 왕조를 창시한 그는 로마의 속주로 현재의 리비아에 해당하는 북아프리카 렙티스마그나(Leptis Magna) 출신으로 셈족 혈통이다. 그때까지 로마 황제는 모두 인도·유럽계 혈통이었다. 즉 셉티미우스 세베루스는 로마사를 통틀어 최초의 이민족 황제였던 셈이다. 나는 그가 황제에 즉위한 해가 초대 로마 황제 아우구스투스가 제위에 오른 기원전 27년부터 220년째 되던 해라는 사실에 짜릿한 희열을 느낀다.

이처럼 로마와 미국을 비교해보면 둘 다 초대 최고 권력자로부터 시작해 이민족 출신 최고 권력자가 등장하기까지 정확히 220년이 걸렸다는 걸 알 수 있다. 이게 과연 단순한 우연일까?

로마는 '관용'의 힘으로 세계제국을 건설했다

로마와 미국의 진정한 힘
소프트 파워

한자 문화권에서는 유럽과 미국을 '구미(歐美)'라고 표현하며 동일시하는 경향이 있다. 그러나 자세히 들여다보면 둘의 관계가 상당히 미묘하다는 걸 알 수 있다. 유럽은 강력한 군사력과 경제력을 보유한 미국을 못마땅하게 여기는 편이다. 유럽인의 심리에는 '미국은 군사력과 경제력이 우리 유럽보다 앞서지만 그래 봐야 역사가 짧은 신흥국에 지나지 않으며 문화 성숙도 면에서는 우리가 한 수 위다'라는 생각이 깔려 있다.

유럽과 미국의 관계를 단적으로 보여주는 사건도 있었다. 제1차 세계대전 중 있었던 일화다. 당시 프랑스 총리였던 조르주 클레망소(Georges Clemenceau, 1841~1929년)는 당시 파죽지세의 기세로 승승장구하던 미국을 다음과 같이 비꼬며 조롱했다.

"미국은 문명이 통상적으로 거치는 중간기 없이 기적처럼 야만에서 느닷없이 퇴폐로 향한 유일한 국가다."

프랑스 제5공화국 대통령 샤를 드골(Charles de Gaulle, 1890~1970년)도 그와 비슷한 맥락의 말을 한 적이 있다. 그는 작가 앙드레 말로(André Malraux, 1901~1976년)에게 미국과 관련해 이런 말을 했다고 전해진다.

"한 문명의 종말을 그토록 의식하며 산다는 건 기묘한 일이다. 로마 말기 이후 이런 일은 없었다."

세계 주요 어족 계통 분포

인도·유럽어족 ————————————————————————————

게르만어파 영어, 독일어, 네덜란드어, 스웨덴어, 덴마크어

이탈리아어파 라틴어, 프랑스어, 스페인어, 포르투갈어, 이탈리아어, 루마니아어

켈트어파 아일랜드어, 스코틀랜드·게일어, 브리튼어

헬레닉어파 고대 그리스어, 현대 그리스어

슬라브어파 러시아어, 우크라이나어, 벨라루스어, 폴란드어, 체코어, 슬로바키아어,

　　　　　　세르비아어, 크로아티아어, 불가리아어, 마케도니아어

발트어파 리투아니아어, 라트비아어

인도·이란어파 산스크리트어, 힌디어, 우르두어, 아베스타어, 소그드어, 페르시아어

기타어파 히타이트어, 아르메니아어, 알바니아어, 토하라어

우랄어족 ————————————————————————————————

헝가리어, 핀란드어, 에스토니아어, 모르도바어

알타이어족 ———————————————————————————————

터키어, 카자흐어, 우즈베크어, 위구르어, 몽골어, 만주어

앵글로 = 아시아어족 ——————————————————————————

셈어파 아카드어, 바빌로니아어, 아시리아어, 아람어, 페니키아어, 히브리어, 아라비아어

이집트어파 고대 이집트어, 콥트어

차드어파 하우사어

※ 같은 계통 언어에 '~어계'라는 표현을 자주 사용한다.

실제로 유럽에서는 종종 '미국 쇠퇴론'과 유사한 발언이 반복해서 등장했다.

미국의 군사력, 경제력과 같은 하드 파워에 주목하면 지구상에 그만한 힘을 갖춘 나라가 없기에 상대적으로 예전보다 못해 보이는 일종의 착시가 발생한다. 그렇다면 문화나 가치와 같은 소프트 파워의 관점에서 잠깐 살펴보자.

행인지 불행인지 모르지만 미국은 국가의 출발점 자체가 영국이다. 영국을 떠나 미국 땅에 처음 발을 디딘 그들은 영어를 사용했고 교육제도도 당시 대국이던 영국의 것을 그대로 가져와 계승했다. 미국 한 나라만 놓고 보면 고작 250년 역사에 불과하지만 영국 역사를 고스란히 물려받은 덕분에 교육 등 문화적 요소에서 출발점부터 달랐다.

이처럼 문화적으로 은수저를 물고 태어난 미국의 소프트 파워는 다양한 분야에서 전 세계로 퍼져 나갔다. 전 세계 어린이가 사랑하는 〈세서미 스트리트〉를 비롯해 온갖 할리우드 영화, 음악이 전 세계에 깊숙이 파고든 것이다.

기왕에 음악이 화제로 올랐으니 좀 더 얘기해보자. 예를 들어 비틀스를 배출한 영국이 음악사에서 미국보다 한발 앞선 것처럼 보인다. 실제로도 그럴까? 사실 비틀스보다 앞서 엘비스 프레슬리가 미국에서 이미 대단한 인기를 얻고 있었다. 더구나 얼마 전에는 비틀스가 활동 초기에 엘비스 프레슬리에게 적잖이 영향받았다는 사실이 밝혀지면서 미국이 음악에서도 영국을 앞질렀다는 주장도 나왔다.

　소프트 파워는 하드 파워처럼 눈에 명확히 보이지 않기 때문에 가늠하기가 어렵다. 그렇지만 사람들의 마음속에 서서히 의식의 흐름과 가치관마저 바꿔놓기 때문에 어떤 의미에서는 하드 파워보다 더 강력하다고 볼 수 있다.

　같은 맥락에서 유럽이 아무리 미국 쇠퇴론을 들먹이며 한물갔다고 부르짖어도 미국은 막강한 소프트 파워를 앞세워 유럽보다 강력한 힘을 유지하고 있다. 이러한 미국·유럽의 관계는 그리스·로마제국의 관계와 닮았다.

　로마는 하드 파워 면에서 둘째가라면 서러울 정도로 강력한 제국이었다. 그러나 세월이 흐르고 시대를 거치면서 군사력에 그늘이 보이기 시작했다. 이 시점에 제국 유지를 위한 보강의 필요성이 제기되었다. 엎친 데 덮친 격으로 로마는 막대한 국가 재정 부담이라는 만만치 않은 문제에 부딪혔다. 당시 국고가 빠른 속도로 줄어들어 국가적으로 감당해야 할 무거운 짐으로 작용했다. 이처럼 로마의 하드 파워 관점으로만 보면 분명히 제국 전체가 쇠퇴해가는 것처럼 보이기 쉽다. 그러나 눈에 보이지 않는 소프트 파워의 관점에서 보면 전혀 다른 측면이 눈에 들어온다. 당시 로마제국은 주변 세계의 로마화 형태로 꾸준히 확장해가고 있었기 때문이다.

　로마의 소프트 파워를 이해하는 열쇠는 '라틴어'가 쥐고 있다. 라틴어는 로마의 공용어였으나 로마 귀족은 초기에 그리스어를 고수했다. 로마인의 관점에서 그리스는 문화 선진국이었고 그리스어는 현대인에게 영어가 갖는 것과 비슷한 정도로 대단한 위상을 가지고 있었다.

로마 귀족들이 자녀의 그리스어 조기 교육에 무척 공을 들인 것도 바로 그런 연유에서였다. 고대 로마의 수사학자이자 교육사상가 쿠인틸리아누스(Marcus Fabius Quintilianus, 35~95년경)는 귀족들에게 다음과 같이 말했다.

"유모는 그리스어에 능통한 사람으로 골라야 한다. 그러나 이상한 사투리를 쓰는 유모를 들여서는 곤란하다. 반드시 제대로 된 그리스어를 사용하는 유모를 선택해야 한다."

이는 오늘날 영어회화를 배울 때 발음이 좋은 원어민 교사를 선택해야 한다는 말과 일치한다.

아무튼 여기서 우리가 주목할 것은 처음에 로마인은 그리스어를 열심히 배웠으나 언젠가부터 라틴어가 그 지위를 차지하기 시작했다는 점이다. 실례로 4세기의 그리스인 라틴 역사가 암미아누스 마르첼리누스(Ammianus Marcellinus, 330~391년경)는 네르바 황제(Nerva, 재위 96~98년)부터 발렌스 황제(Valens, 재위 364~378년)까지 다룬 책 『로마의 역사(The Roman History)』를 남겼다. 마르첼리누스는 그 책을 자신의 모국어인 그리스어가 아닌 라틴어로 집필했다. 이는 당시 국제 공용어가 그리스어에서 라틴어로 바뀌었다는 명확한 증거로 볼 수 있다. 다시 말해 4세기 로마제국은 하드 파워 면에서 명백히 쇠퇴하는 중이었으나 소프트 파워 면에서는 오히려 반대로 힘이 강해지고 있었다.

미국의 하드 파워 쇠퇴도 로마제국의 사례와 비교해보면 좀 더 입체적으로 보게 되고 강대국의 진정한 위력이 새삼 눈에 들어온다.

지중해 세계 1,000여 개 폴리스 중 로마만 제국이 될 수 있었던 비결
— 그리스와 로마의 차이

로마사 전문 연구자라면 누구나 한 번쯤 다음과 같은 질문을 받아본 적이 있을 것이다.

"로마는 어떻게 세계를 주름잡는 강대국이 될 수 있었나요?"

사실 이 주제는 오랜 역사를 자랑한다. 흥미롭게도 이것은 고대 로마의 그리스계 역사가 폴리비오스(Polybios, 기원전 204~125년경)가 이미 던진 적 있는 질문이다. 폴리비오스는 로마가 숙적 한니발을 무찌른 후인 기원전 2세기에 살았는데 그 시대에 이미 현대인과 같은 질문을 던졌다.

고대 그리스의 메갈로폴리스에서 태어난 폴리비오스는 인질이 되어 로마에 왔다. 그는 로마에서 제1차 포에니전쟁으로 시작하는 기나긴 로마사를 『역사(Historia)』에 정리했다. 놀랍게도 이 책은 지금도 로마사 연구에서 귀중한 가치를 지니고 있다.

그리스인 폴리비오스가 로마사를 집필한 동기는 무엇이었을까? 그것은 다음과 같은 한 가지 의문에서 출발한 것으로 보인다.

로마는 '관용'의 힘으로 세계제국을 건설했다

고대 로마가 발흥하던 시기 지중해 세계에는 1,000개 넘는 폴리스가 존재했다. 한데 그 많은 도시국가 중 어떻게 유독 로마만 강성해져서 제국을 이룰 수 있었을까?' 폴리비오스는 『역사』에서 위의 질문에 대한 자신의 견해를 밝혔으며 몇 가지 통찰력 있는 아이디어를 제시했다. 그가 첫 번째로 지적한 것은 로마가 균형 잡힌 국정 시스템을 갖추고 체계적으로 운영했다는 점이다. 로마의 국정 시스템을 이해하려면 먼저 그리스 역사를 간략히 살펴보아야 한다.

애초에 왕정으로 출발한 그리스 정치체제는 귀족정으로 바뀌었다. 이후 극심한 혼란기를 거쳐 참주정, 즉 독재정이 나타났다. 위에서도 언급했지만 참주정이라고 해서 무조건 부정적인 요소만 지니고 있는 것은 아니다. 참주(僭主) 중에는 드물게 페이시스트라토스(Peisistratos, 기원전 600?~527년)처럼 뛰어난 위정자도 있게 마련이다. 그런 리더를 만나면 비록 독재정의 한계는 있어도 국가는 발전한다. 반면 어리석은 지도자가 나타나면 꼭 독재정이 아니어도 배는 산으로 가고 나라 꼴은 눈 뜨고 봐주기 어려운 지경이 되기 마련이다. 그런 맥락에서 그리스도 페이시스트라토스의 아들 세대에 이르러 혼란이 일어났고 클레이스테네스의 개혁을 거쳐 민주정으로 탈바꿈했다.

민주정에도 지도자는 필요하다. 아테네의 민주정 위기는 진정한 리더가 사라진 데서 기인했다고 해도 지나치지 않다. 아니, 이는 비단 아테네만의 위기가 아니라 그리스 전체의 위기였다. 그리스는 페리클레스(Perikles, 기원전 495?~429년)처럼 걸출한 지도자가 세상을 떠나고 펠로폰네소스전쟁의 혼란 속에서 민주정이 모보크러시(Mobocracy)로 변질하였다. 사람들은 모보크러시를 흔히 중우정치(衆愚政治)로 옮긴다. 나는 이것이 그리 훌륭한 번역은 아니라고 생각한다. 왜냐하면 적잖이 과격한 데 반해 적확한 의미를 담고 있지는 못하다고 보기 때문이다. 그렇다면 어떻게 번역해야 할까? 포퓰리즘(Populism), 즉 대중 영합주의 정도의 의미로 볼 수 있지 않을까 싶다. 이는 쉽게 말해 지도자가 민중을 올바른 방향으로 이끌지 못하고 반대로 정치가가 민중의 힘에 의해 좌지우지되는 상태를 말한다.

혼란은 지속되었고 정국은 갈수록 꼬여만 갔으며 해결 기미는 보이지 않았다. 이런 와중에 마케도니아의 왕 알렉산드로스(Alexandros the Great, 기원전 356~323년)가 등장했고 폴리스들의 정치체제는 더욱더 위태로워졌다.

결국 그리스는 알렉산드로스의 손아귀에 들어갔다. 이로써 그리스의 국정 시스템이 알렉산드로스가 다스리는 군주정, 즉 독재정으로 회귀한 셈이라 폴리비오스는 '정치체제 순환론'을 주창했다

그러나 정체체제의 측면에서도 로마는 그리스와 차이가 있었다. 로마의 정치체제는 그리스와 달리 순환하지 않았다. 로마 민중은 기본적으로 독재를 끔찍이도 싫어했다. 합리성을 선호한 로마인은 어느 정도 권력을 집중한 상태가 모든 일을 합리적으로 추진하는 데 유리하다는 사실을 잘 알고 있었다. 로마가 국정 시스템에 콘술(Consul, 집정관) 같은 독재정치와 유사한 요소를 도입한 것도 그런

로마는 '관용'의 힘으로 세계제국을 건설했다

연유에서였다. 하지만 진짜 독재로 변질하지 않도록 집정관 직책을 반드시 두 사람이 수행하도록 하는 제도를 마련했다. 여기에 더해 귀족정에 해당하는 원로원(Senatus)과 민주정에 해당하는 민회(Comitia)가 동시에 국정을 담당하고 책임지는 시스템을 완성했다.

이처럼 로마는 '독재정(콘술)', '귀족정(세나투스)', '민주정(코미티아)'으로 나뉘어 있었다. 폴리비오스는 그리스에서 한 시대에 하나씩 나온 제도가 로마에서는 동시에 만들어지고 작동함으로써 견제와 균형의 원리에 따라 매우 효율적으로 기능했다고 적었다.

로마가 효율적이고 효과적인 시스템을 갖춰 성공적으로 정치체제가 작동하도록 하는 데 성공하기는 했으나 완벽하지 않았을 뿐 아니라 줄곧 평온하기만 했던 것도 아니다. 오히려 이따금 권력투쟁이 벌어지곤 했다. 그렇기는 해도 그리스 출신 역사학자 폴리비오스의 눈에 비친 로마의 혼란 정도는 그리스의 혼란상과 비교하면 새 발의 피 수준으로 비교적 안정적으로 보였던 것 같다.

국내 분란이 줄어들면 그만큼 나라 밖으로 눈을 돌릴 여력이 생기게 마련이다. 그리스는 국내 분쟁으로 국력을 소모해 강대국이 되지 못했다. 반면 효과적인 시스템에 힘입어 국내적으로 안정을 찾은 로마는 국력을 밖으로 쏟아 제국으로 성장해갈 수 있었다는 것이 폴리비오스 해석의 요체다.

그다음으로 폴리비오스는 로마가 강대국이 된 주요한 요인으로 로마인의 '종교적 성실성'을 꼽았다. 그는 『역사』에 로마 귀족의 장례를 서술했는데 그 장면에서 흥미로운 해석을 덧붙였다.

위업을 이뤄 이름을 남긴 사람의 초상이 줄지어 늘어서서 마치 생명을 불어넣는 듯한 광경을 보고 황홀경에 빠지지 않을 사람이 있을까. 세상에 이보다 더 황홀한 광경이 또 있을까.

이것은 폴리비오스가 어느 장례식에서 고인의 친족이 고인을 쏙 빼닮은 가면을 쓰고 나타난 모습을 보았을 때의 놀라움을 기술한 문장이다. 그는 왜 로마인의 장례식에 그토록 매료되었을까? 로마인의 장례식보다 더 황홀한 광경은 없다고 극찬한 까닭은 무엇일까? 폴리비오스는 그리스인이 '공(公)'보다 '사(私)'를 중시하는 데 반해 로마인은 개인의 이익보다 공공의 안녕을 중시하는 특징에 주목했다. 그는 로마인은 왜 그 정도로 공공의 안녕을 중시하는지 연구하다가 로마인의 장례식을 보고 비로소 수수께끼를 풀 실마리를 찾아냈다. 그 실마리는 과연 뭘까?

어려서부터 감동적인 장례식을 밀도 있게 체험한 로마 청년은 '설령 내 한 몸 죽어 없어지더라도 나의 영웅적 행위와 업적은 영원히 사라지지 않고 세상에 남아 후세의 칭송을 받게 될 것이다'라는 사상을 주입받기 때문이다. 이것이 바로 폴리비오스가 도달한 결론이었다. 그는 로마인의 이러한 사상교육을 비판하지 않았다. 아니, 비판하기는커녕 오히려 로마인은 그리스인과 달리 우직할 정도의 성실함과 겸허함을 갖췄다고 칭송했다.

폴리비오스의 이러한 견해는 과연 독특하고도 예외적인 생각이었을까? 그렇지는 않은 것 같다. 그보다는 오히려 당대인이라면

로마는 '관용'의 힘으로 세계제국을 건설했다

키케로

로마 공화정 말기의 정치가, 철학자, 웅변가. 라틴어 문학의 모범으로 여겨진다.

누구나 동의할 만한 보편적 인식이자 신념에 가까웠다고 보는 게 타당하지 않을까 싶다. 이는 로마의 정치가이자 웅변가인 마르쿠스 툴리우스 키케로(Marcus Tullius Cicero, 기원전 106~43년)의 말이 증명해준다.

"로마인은 갈리아인(켈트계·게르만계)에게는 체력과 활력에서 뒤지고 히스파니아인(이베리아반도인)에게는 머릿수에 밀린다. 그들은 또 에트루리아인에게는 대장장이 기술에서 뒤처지고 그리스인에게는 학예 능력 면에서 당해낼 수 없다. 그렇다면 로마인은 어떤 점에서 뛰어날까? 바로 '종교적 경건함'이다."

폴리비오스는 키케로가 언급한 로마인의 종교적 성실성이 개인의 이익보다 공공의 안녕을 중시하는 국민성을 낳았고 그 정신이 로마를 하나의 강력한 국가를 이루는 근원적 힘이 되었다고 본다. 여기서 한발 더 나아가 그는 견제와 균형의 원리를 적용한 국정 시스템이 국력을 나라 밖으로 쏟을 여지를 마련해준 덕분에 강대한 로마제국이 탄생할 수 있었다고 생각했다.

시대가 변해도
로마사 연구가 끊이지 않는 이유

18세기 영국 역사가 에드워드 기번(Edward Gibbon, 1737~1794년)은 이후 로마사를 연구하는 학자들이 반드시 다루게 되는 또 하나의 중요한 주제 연구에 착수했다. 그것은 바로 '최고 전성기를 구가하던 로마제국이 왜 멸망했는가'라는 주제다. 그는 그 나름의 연구 결과를 『로마제국 쇠망사』에 잘 정리해 놓았다.

에드워드 기번은 『로마제국 쇠망사』를 로마의 황금기인 5현제 시대부터 시작해 로마가 어떻게 제국으로 성장할 수 있었는지 치밀하게 파고든다. 그런 다음 그는 달이 차면 기울듯 최고 자리에 오른 자는 언젠가 반드시 쇠퇴하기 마련이라는 논조로 로마의 쇠퇴 과정을 자세히 다루었다.

로마 연구에는 양대 산맥을 이루는 두 가지 굵직한 주제가 있다. 그것은 첫째 '로마는 어떻게 제국이 되었나'이며 둘째 '로마제국은 왜 멸망했나'다. 이 두 가지 질문은 로마제국 이후 수많은 사람이 줄곧 되풀이해 연구하고 논의해온 주제다. 오랜 세월에 걸쳐 같은 주제를 두고 공방이 벌어지고 언뜻 도돌이표처럼 같은 질문을 반복하는 것처럼 보일 수도 있다. 그러나 이런 반복된 질문과 문제의식, 논의는 그 자체로 중요한 의미를 지닌다. 역사 고찰에는 각각 기대라는 필터가 있어서 시대에 따라 새로운 깨달음을 얻을 수 있기 때문이다.

예컨대 20세기 초반의 러시아 역사가 미하일 로스톱체프(Michail I. Rostovtzeff, 1870~1952년)는 러시아혁명의 거센 불길을 피해 영국과 미국으로 건너간 경험을 바탕으로 도시의 부르주아들이 당시 어떻게 움직였는지에 초점을 두고 로마의 부흥을 논했다. 최근 연구들은 주로 로마의 정보 수집력에 초점을 두고 있다. 또한 명예를 중시하는 로마의 시스템과 전쟁을 일으켜 국방을 유지하는 제국형 전수방위(공격받을 때만 군사력을 동원하되 그 범위를 최소한으로 제한하는 수동적 방어 전략) 등 다양한 관점에서도 연구가 이뤄지고 있다.

어느 시대든 제대로 된 역사가라면 사료를 객관적으로 읽고 진실을 파악하려 애쓰지만 그래도 자신이 사는 시대가 안고 있는 문제와 자신의 직·간접 경험이 어떻게 절묘하게 결합하느냐에 따라 연구 방향이 달라지는 법이다. 무릇 역사란 예외 없이 특정 시대의 입체적인 배경과 연구자의 독특한 경험 등의 필터를 필연적으로 거치게 된다. 그런 의미에서 나는 '모든 역사는 현재사'라고 생각한다.

개중에는 모든 필터를 배제하고 최대한 객관적·중립적 시각에서 냉철하게 살펴보아야 한다고 주창하는 연구자도 있다. 그러나 역사 연구도 사람이 발품 팔아 현장을 찾아다니고 자료를 뒤지고 하는 틈틈이 머릿속으로 궁리하고 또 궁리하며 하는 일이라 역사는 항상 '시대'와 떼려야 뗄 수 없는 끈끈한 관계 속에서 질문을 던지는 행위임을 잊지 말아야 한다.

시대가 변해도 왜 로마사 연구가 끊이지 않는가? 역사에 관심이 많은 사람이라면 누구나 한 번쯤 이런 의문을 품어본 적 있을 것이다. 나는 각 시대에서 현대인이 찾고 싶어 하는 문제의 답이 로마사 속에 오롯이 담겨 있기 때문이라고 답하고 싶다.

로마를 벤치마킹한 영국,
최고의 번영을 누리다

로마사는 몇십 년을 파고들며 연구해도 늘 새로운 깨달음을 안겨준다. 실제로 50년 전에는 알아차리지 못했던 문제를 그야말로 반세기가 지난 뒤에야 깨닫는 경우도 있다.

앞에서 나는 최근의 연구가 로마의 정보 수집력에 초점을 맞추고 있다고 이야기했다. 왜 그럴까? 이는 현대의 정보 수집력이 국가의 안전보장을 크게 좌우하는 요소로 작용하고 있기 때문이다. 어떤 의미에서 지금은 물리적 군사력보다 정보 수집력이 더 중요한 시대라고 해도 지나치지 않다.

나는 연구를 위해 여러 나라 도서관을 일상적으로 자주 이용하는 편이다. 한데 그 많은 도서관 중 영국 도서관만큼 방대한 정보를 질서정연하고도 체계적으로 관리하는 곳은 없었다. 그야말로 이른바 지성인에게 꼭 알맞은 곳이 바로 영국 도서관이다. 어디까지나 내 생각이지만 영국이 여러 식민지를 거느리고 통치하는 과정에서 로마제국의 방대한 정보 수집력을 집대성하는 연구를 체계적으로 진행한 덕분이 아닌가 싶다.

고대 로마와 현대의 정보 환경은 확연히 다르지만 본질은 같다. 핵심은 다음의 세 가지다. 첫째 얼마나 정확한 정보를 많이 수집하는가. 둘째 수집한 정보를 어떻게 하면 좀 더 빨리 전달하는가. 셋째 수집한 정보를 잘 활용하기 위해 어떻게 정리하는가.

로마는 정확한 정보를 수집하기 위해 이른바 첩보원, 즉 스파이를 활용했다. 온갖 음모가 난무한 로마에서는 황제뿐 아니라 유력 귀족도 각자 수하에 스파이를 두었다. 한데 중요한 정보 수집에 스파이 못지않게 중요한 역할을 한 것이 있었다. 그게 뭘까? 오늘날의 고속도로에 해당하는 '로마 가도'가 그것이다. 당대의 아피아 가도(Via Appia)는 정보 전달 속도 향상에서 무엇보다 큰 역할을 담당했다. 역사적 자료에 따르면, 로마의 많은 도시를 이어준 주요 도로의 총길이는 기원전 17년 시점에 약 8만 6,000킬로미터에 달했다. 애초에 이들 도로는 군사 목적으로 건설한 것이지만 정보 전달 면에서도 큰 역할을 담당했다.

로마의 정보 수집력이 실제로 어느 정도 수준이었는지 구체적으로 밝히기는 쉽지 않다. 스파이는 비밀리에 막후에서 활동하는 것이 기본이라 사료에 거의 남아 있지 않기 때문이다. 그래도 로마의 탁월한 정보 수집력을 가늠해볼 수 있는 증거는 여럿 있다. 그 중 하나가 로마의 우수한 도서관이다.

고대 도서관 중 특히 유명한 것은 이집트의 알렉산드리아 도서관이다. 그리고 당연히 로마에도 훌륭한 도서관이 있었다. 기원후 112년에 지은 트라야누스 포럼(Forum of Trajan, 107~112년 건축)은 라틴어와 그리스어 장서를 소장했고 두 동의 번듯한 도서관까지 두고 있었다는 사실이 밝혀졌다.

로마 도서관은 포럼 이외의 장소에도 많았다. 예를 들어 로마의 공중목욕탕 중에는 부속 도서관을 갖춘 곳이 꽤 있었다. 로마 도서관은 제국 각지에 존재했으며 나폴리 근교의 유적과 폼페이에서도 도서관 유적이 발굴되었다.

과거 영국 남부도 로마의 지배를 받았으나 로마 도서관과 영국 도서관이 직접 연관되어 있다는 증거는 없다. 다만 영국인이 여러 방면에서 로마를 본받았다는 점만은 분명하다. 영국은 오랫동안 로마의 거의 모든 분야를 심도 있게 연구하고 효과적으로 벤치마킹했는데 그런 힘들이 모여 놀라운 번영을 일군 게 아닌가 싶다.

아무튼 영국의 멋진 도서관이 로마 도서관의 정보 처리 시스템에서 배운 것이라는 사실을 상상하면 로마사 연구자 중 한 사람으로서 괜스레 흐뭇해진다.

연출력과 쇼맨십으로 승부한 로마 황제
vs. 신비주의와 신성성으로 권좌를 지킨 아시아 황제

'황제'라는 호칭은 동양과 서양에서 모두 사용되었다. '제국의 위정자'라는 의미는 같지만 성격은 완전히 딴판이었다. 가령 중국의 천자와 황제는 민중 앞에 거의 모습을 드러내지 않았다. 사람들 앞에 모습을 드러내지 않아 신성성과 신비성을 높임으로써 경외감을 품게 하는 방식으로 통치한 것이다. 이와 함께 아시아에서는 민중이 황제를 비평하거나 비판하는 일을 절대로 용납하지 않았다.

로마 황제는 검투사 경기나 전차 경주가 열리면 주빈으로 관전했다. 이때 황제가 딴청을 피우며 열심히 관전하지 않거나 주위 사람들과 적극적으로 대화하지 않으면 삽시간에 소문이 퍼졌다. 예를 들어 제국 구석구석을 시찰하며 둘러보는 꼼꼼한 순행으로 잘 알려진 하드리아누스 황제(Publius Aelius Hadrianus, 재위 117~138년)는 시인 플로루스(Florus)에게 다음과 같은 시로 조롱받았다.

황제 따위는 되고 싶지 않구나.
브리튼 사람들 사이를 어슬렁거리고
…… 사이에 숨어들어
스키타이 사람들이 사는 고장의 겨울을 참아야 하니까.

물론 하드리아누스 황제가 당하고만 있을 인물은 아니었다. 그는 플로루스의 시를 다음과 같이 맞받아쳤다.

플로루스처럼 되고 싶지 않도다.
싸구려 음식점을 떠돌고
선술집에 기어들어가
투실투실하게 살찐 모기의 먹이가 되는 일을 참아야 하니까.

요즘 래퍼들이나 할 만한 이런 대거리가 로마에서는 황제와 민중 사이에 태연하게 오갔다. 실제로 황제는 로마의 그라피티(공공

로마는 '관용'의 힘으로 세계제국을 건설했다

장소에 하는 낙서) 단골 소재로 등장했다. 그중에서도 네로 황제는 신랄한 풍자의 대상이었다. 네로가 친어머니를 살해하는 패륜을 저질렀다는 의혹이 불거졌을 때 "네로, 오레스테스, 알크메온, 패륜아"라는 낙서가 로마의 담벼락을 장식했다. 오레스테스와 알크메온은 그리스 신화에 나오는 인물로 친어머니를 살해한 이들이다. 즉 황제가 패륜아와 같은 짓을 저질렀다고 비아냥거린 셈이다.

담벼락에 괴발개발 낙서를 휘갈겼다고 해서 누가 이따위 낙서를 했느냐고 불호령을 내리며 범인을 색출해 벌을 내리는 황제는 없었다. 민중이 항상 황제를 매의 눈으로 감시하며 조금이라도 꼬투리를 잡을 구석이 있으면 놓치지 않고 낙서 소재로 삼는 걸 당연시했기 때문이다. 민중의 눈을 의식할 수밖에 없었던 로마 황제는 사람들 앞에서 늘 자신을 꾸미고 연출했다. 오늘날 연예인 등 유명인들의 일거수일투족은 대중의 감시망에서 벗어날 수 없다. 그래서 이름깨나 알려진 사람들은 대중의 시선을 의식하며 행동할 수밖에 없다. 말하자면 로마 황제는 요즘의 연예인과 비슷했다고 볼 수 있다.

그렇다고 해서 로마 황제가 오늘날의 연예인과 똑같았던 것은 아니다. 연예인은 인기를 팔아 먹고산다는 말이 나올 정도로 대중의 인기에 큰 영향을 받는다. 로마 황제에게도 민중의 인기는 중요했지만 그렇다고 해서 절대 조건은 아니었다.

로마 황제 중에는 타고난 성정상 인기를 얻기 위해 자신을 꾸미고 연출하는 일에 서툰 사람도 있었다. 티베리우스 황제(Tiberius Caesar Augustus, 재위 14~37년)가 대표적이다. 그는 교양과 학식을 갖추었고 다른 황제들에 뒤지지 않을 정도로 뛰어난 군사적 위업도 달성한 인물로 무능한 황제와는 거리가 먼 사람이었다. 그는 로마 황제를 전부 망라해서 평가해도 무능한 황제 쪽보다는 훌륭한 황제 쪽에 속하는 사람이었다. 그러나 티베리우스는 표정이 험상궂고 다른 사람과 편안하게 대화를 나누는 일이 거의 없는 무뚝뚝하기 짝이 없는 사내였다. 그래서인지 그는 민중에게 인기가 없는 황제였다. 아마도 그 붙임성 없고 융통성 없는 성격이 사람들에게 냉담하고 오만하다는 인상을 심어주었던 탓이 아닐까.

유능하지만 사교성 없는 황제가 세상을 떠났을 때 민중은 슬퍼하지 않았다. 세간에는 "티베리우스의 시신을 티베리우스강에 내던져라"라는 말장난이 나돌 정도였다.

티베리우스와 정확히 대척점에 서 있는 사람이 바로 네로 황제다. 그는 자기 친어머니를 죽이고 기독교 신자를 박해하는 등 온갖 악행을 저지른 폭군이었지만 동시에 민중에게 큰 인기를 얻은 독특한 황제였다. 비결이 무엇이었을까? 민중 앞에 나설 때마다 옷차림에 무척 신경을 쓰고 누구에게나 스스럼없이 말을 걸며 친화적이고 소탈한 사람으로 자신을 이미지 메이킹 하는 데 성공했기 때문이다. 덕분에 국가 재정은 파탄 나고 군대와 원로원의 눈 밖에 나서 끝내 권좌에서 물러나 자결로 생을 마감했으나 사후에도 네로를 향한 민중의 사랑은 시들지 않았다. 일설에 따르면 네로가 죽고 몇 년이 지난 뒤에도 민중은 그의 무덤에 알록달록한 꽃을 바쳤다고 한다.

로마는 '관용'의 힘으로 세계제국을 건설했다

동양과 서양의 최고 권력자가 완전히 상반된 성향을 보인 이유를 두고 여러 가지 해석과 주장이 나온다. 어떤 이들은 아시아의 최고 권력자는 혈통으로 후계자를 결정한 데 반해 로마에서는 혈통과 무관하게 최고 적임자를 선출한 데서 원인을 찾기도 한다. 과연 그럴까?

사실 로마도 초기에는 최고 권력자, 즉 황제의 피붙이를 후계자로 삼았다. 구체적인 예를 들어보자. 초대 로마 황제 아우구스투스에게는 친아들이 없었다. 그런 터라 아우구스투스의 아내 리비아의 아들 티베리우스가 그 뒤를 이어 제위에 올랐다. 티베리우스에게는 아들(소(小) 드루수스)이 있었지만 그에게 제위를 물려주지 않았다. 대신 영리하고 유능한 데다 인망도 높아 민중의 기대를 한 몸에 받던 조카 게르마니쿠스(Germanicus Caesar, 기원전 15년~기원후 19년)를 양자로 들여 후계자로 삼았다. 그러나 운 나쁘게도 게르마니쿠스는 티베리우스보다 먼저 세상을 떠났고 얼마 후 드루수스도 급사했다.

그 와중에 민중의 기대를 한 몸에 받으며 티베리우스의 뒤를 이은 인물이 게르마니쿠스의 아들 칼리굴라(Caligula, 재위 37~41년)였다. 칼리굴라의 후계자는 게르마니쿠스의 남동생 클라우디우스(Claudius, 재위 41~54년)였다. 그리고 그 후에는 칼리굴라 여동생의 아들인 네로가 황제가 되었다.

언뜻 관계가 복잡해 보이지만 게르마니쿠스를 중심에 놓고 보면 간단하다. 게르마니쿠스의 '친아들 → 친남동생 → 외손자' 순으로 황제 지위를 계승했음을 알 수 있다. 이처럼 로마 황제는 대부분 혈족이 계승했다.

시대 차이가 약간 나지만 69년에 즉위한 황제 베스파시아누스 (Titus Flavius Caesar Vespasianus Augustus, 재위 69~79년) 이후로도 큰아들 티투스(Titus Flavius Vespasianus, 재위 79~81년), 둘째 아들 도미티아누스(Titus Flavius Domitianus, 재위 81~96년)로 혈족 계승이 이루어졌다.

5현제 시대에 접어들면 황제가 친아들이 아닌 사람을 후계자로 지명하는 사례가 늘어난다. 그러나 이는 황제에게 제위를 물려줄 친아들이 없거나 설령 있더라도 너무 어려서 죽는 특수한 상황이 작용했기 때문이다. 이로써 우리는 혈통 중시가 동·서양 황제의 성향 차이를 만들어냈다고 볼 수 없다는 결론에 이르게 된다.

그렇다면 동·서양의 황제는 왜 그토록 달랐을까? 내 생각에 그것은 환경과 풍토와 경험의 차이 때문이 아닌가 싶다. 다시 말해 그리스인과 로마인의 객관적·주관적 경험이 아시아인과는 다르기 때문이었다고 볼 수 있다. 그리스인은 우여곡절은 겪었을지언정 민주정 아래 사람들이 경쟁을 통해 발전하는 시스템을 구축하고 또 경험했다. 왕정 독재를 꺼린 로마인은 독재를 배제하고자 500년 동안이나 공화정을 유지했다.

그리스·로마인은 어떻게 그런 선택을 하고 그런 정치체제를 구축할 수 있었을까? 유라시아 서부 지역에 살았던 고대인의 어떤 독특한 집단 경험이 최고 권력자를 특별한 사람으로 보지 않는 담대한 인식을 형성하고 이후 그런 인식을 면면히 계승했기 때문이

로마는 '관용'의 힘으로 세계제국을 건설했다

아닐까. 아무튼 그 나름대로 혈통을 지켜도 이를 얼마나 신성한 것으로 간주하는가는 동양과 서양에서 커다란 차이를 보인다. 그 차이가 동·서양 황제를 서로 전혀 다른 모습으로 바꾸어놓은 것은 아닐까.

로마의 뛰어난 인프라는
왜 제국을 좀먹는 위험요인이 되었나

일본 에도시대와 로마제국 사이에는 꽤 많은 공통점이 있다. 무엇보다도 두 나라 모두 목욕을 좋아했고 화장실을 청결하게 유지했다는 점이다.

에도시대에 사람들은 인분을 밭에 뿌려서 작물의 생장을 돕는 비료로 사용했다. 그러다 보니 자연스럽게 인분의 가치가 높아지고 일종의 상품으로 거래되었다. 게다가 당시 수도인 에도와 대도시 오사카 등지에서는 인분 값이 폭등하는 사태가 벌어졌다. 그런 터라 이곳은 공동화장실의 권리를 명확히 규정해두어야 할 정도였다. 가령 에도시대에 무사가 거주하던 주택에서는 공동화장실에 쌓인 인분을 집주인 소유로 규정했다. 집주인은 인분이 돈이 되었기에 사람들이 싸놓은 배설물을 신경을 곤두세우고 지키며 알뜰하게 변소에 모아두었다.

일본에서는 14세기 중반에 변소가 등장했다. 이후 변소는 가마쿠라 시대 말기부터 무로마치 시대 초기를 거쳐 일상생활의 한 부분으로 자리 잡았다. 유럽인들은 19세기 초까지 요강을 사용했다. 일반적으로 그들은 배설물을 자기 집 창문을 열고 거리에 버리면 그만이라는 식으로 생각했다. 한데 놀랍게도 그렇게 분뇨를 길바닥에 마구 내버리던 유럽에서도 고대 로마까지 거슬러 올라가면 훌륭한 화장실 문화가 존재했다.

로마 거리에는 수많은 공중화장실이 있었다. 놀랍게도 그 화장실들은 모두 수세식이었다. 일본에도 거리에 일종의 공공변소가 있었지만 모두 오물을 직접 퍼내야 하는 재래식이었다. 인분을 비료로 사용하지 않은 로마에서는 상·하수도를 갖춘 거리의 하수로 위에 화장실을 만들어 수세식 변소로 활용했다. 배설물이 직접 하수도로 흘러 들어간 덕분에 거리는 상당히 청결한 편이었다. 문제는 그 하수도 물을 테베레강으로 고스란히 배출해 하천 오염 문제가 심각했다. 12세기 기록에 따르면 갈레노스(Claudios Galenus)라는 의사가 테베레강에서 잡은 물고기와 조개를 먹지 말라고 경고할 정도였다.

에도시대의 상수도는 주로 지하로 흘렀고 여러 지역의 수많은 우물이 이 물을 끌어다 썼다. 즉 에도시대 우물은 상수도의 흐름으로 이어져 있었다. 당시 사람들은 1년에 한 번씩 찾아오는 칠월 칠석에 일제히 우물을 청소했다.

에도시대에는 여섯 개의 상수도가 깔려 있었다. 그중 이노카시라 저수지를 수원으로 하는 간다 상수와 다가마와 상류에서 끌어

로마는 '관용'의 힘으로 세계제국을 건설했다

온 다가마와 상수 두 줄기가 본류였다. 특히 다가마와 상수도는 총 길이가 40킬로미터 남짓 되었는데, 1미터당 고저 차이가 2밀리미터 정도밖에 나지 않았다고 한다.

로마의 수도는 이보다 훨씬 대단했다. 로마에 깔린 수도는 모두 열한 개로 기원전 140년에 완성된 가장 긴 마르키아 수도(Aqua Marcia)의 총 길이는 91.6킬로미터에 달한다. 로마의 기나긴 수도는 대개 지하수로를 따라 긴 여정을 거쳐야 했다. 로마인들은 지형적인 문제로 지하수로를 만들 수 없는 곳에는 수도교를 건설했다.

이러한 수도시설에는 막대한 비용이 든다. 일본 에도시대에는 막부가 주도적으로 유지하고 관리했다. 1년에 한 번 우물을 대청소할 때는 주민을 총동원했으나 일반적인 정비는 상수도 경유지에 상주하는 관리인이 맡아서 처리했다. 그 관리에 만만치 않은 돈이 들었고 사람들은 신분에 따라 다르게 매긴 수도요금을 냈다. 예컨대 무사 가문은 80퍼센트, 사찰은 20퍼센트 정도를 냈다. 반면 서민 가정은 거의 공짜나 다름없을 정도로 매우 저렴한 요금으로 물을 이용할 수 있었다.

로마의 수도시설 관련 비용은 자산을 보유한 개인이 부담하는 게 일반적이었다. 로마에서 가장 오래된 아피아 수도는 그 유명한 아피아 가도를 건설한 집정관 아피우스 클라우디우스 카이쿠스(Appius Claudius Caecus)가 만들었다.

여기까지는 로마 쪽이 훨씬 그럴싸해 보인다. 그러나 긴 안목으로 생각해보고 따지고 들면 반드시 로마 쪽이 낫다고 말할 수는 없다. 왜냐고? 인프라에는 반드시 일정한 시기마다 정비가 필요하고 유지와 보수에 드는 비용은 시설 및 설비가 노화할수록 기하급수적으로 늘어나기 때문이다.

새로운 시설을 만들거나 건물을 지었을 때 부유층은 자기 이름을 새기거나 기념비를 세워 민중에게 자신의 존재를 알렸다. 그렇지만 유지와 보수에는 아무리 많은 비용을 대도 돈을 들인 티가 잘 나지 않아 권력자나 부유층 입장에서는 보람을 느끼기 어려웠다. 그로 인해 시설 정비에 드는 비용을 아끼느라 제대로 유지와 보수가 이뤄지지 않았다. 공공 성격이 강한 시설물이지만 국가가 나서서 인프라 관리에 책임을 다해야 한다는 인식 자체가 희박했다. 그 결과 로마제국 말기에 이르러 인프라는 전체적으로 노후화했다. 이는 로마제국의 국력을 좀먹는 위협적인 요인 중 하나로 작용했다.

'로마의 수도' 하면 많은 사람이 가장 먼저 트레비 분수를 떠올린다. 트레비 분수에 물을 공급하는 아쿠아 비르고(Aqua Virgo)는 초대 황제 아우구스투스의 심복으로 알려진 마르쿠스 빕사니우스 아그리파(Marcus Vipsanius Agrippa, 기원전 62~12년)가 건설했다. 지금도 트레비 분수의 물을 공급하는 이 수도를 사실 로마제국이 멸망한 뒤에는 사용하지 못했다. 그러다가 그로부터 1,000년이 지난 로마 교황 니콜라오 5세(Nicolaus V, 재임 1447~1455년) 시절 재정비해 겨우 복원했다. 니콜라오 5세가 주도한 복원과 확장 공사 이후 아쿠아 비르고는 아쿠아 베르지네(Acqua Vergine)라는 새로운 이름으로 불렸다.

로마를 강대국으로 만든 두 가지, '관용'과 '패자부활전을 가능케 하는 문화'

위에서 던진 질문을 한 번 더 던져보자. '고대 지중해 세계에 1,000개가 넘게 존재했던 수많은 도시국가 중에서 왜 유독 로마만 제국이 될 수 있었을까?' 나는 로마인에게 모스 마이오룸(Mos maiorum, 로마적 전통) 개념이 정신적 지주 역할을 했기 때문이라고 생각한다.

모스는 '관습 혹은 전통', 마이오룸은 '선조'라는 뜻이다. 다시 말해 선조의 훌륭한 가르침을 가슴에 새기는 동시에 스스로 선조의 명예가 부끄럽지 않도록 당당히 살아가겠다는 강한 다짐이다. 그 다짐이 흔들리지 않도록 로마에서는 해마다 조상의 음덕을 기리며 유훈을 가슴에 새겼다. 다음의 인용문은 로마 최고의 웅변가 키케로의 말이다.

로마는 오랜 관습과 사람의 힘으로 존립한다. 선조의 가르침을 되새기는 행동은 로마 사회의 주춧돌이고 지혜이자 기술이며 로마인의 삶의 방식 그 자체다.

전쟁 목적은 어디까지나 승리에 있다. 이 점에서는 로마인도 예외는 아니었다. 한데 더 중요한 점이 있다. 그것은 바로 승리하되 명예롭게 승리하느냐였다. 이는 로마의 제국주의(Imperialism)를 논할 때 특히 관심을 기울여야 할 점이다. 단순한 영토 확장이 아니라 전쟁 과정에서 원로원 고위직에 있는 귀족 등의 특권층에게 자신이 다른 사람보다 얼마나 우수한 존재인지 알리는 것이 중요했기 때문이다.

로마가 제국을 이루고 경영하던 시대에 자신의 이름을 널리 알리고 싶은 사람이 있다면 그 목적을 달성하기 위한 가장 확실한 방법은 무엇이었을까? 전쟁에서 큰 공을 세우는 일이다. 로마인들은 자신이 참전한 전쟁을 승리로 이끌기 위해, 좀 더 노골적으로 말하자면 자신이 남보다 좀 더 돋보이는 공을 세우기 위해 미친 듯이 노력했다.

명예욕은 시공을 초월해 인간이라면 누구나 가진 기본 욕구 중하나다. 그러나 명예를 대하는 관점과 사고방식에는 결정적인 차이가 있다. 그게 뭘까? 한마디로 말해 '관용'과 '패자 부활 가능성'의 유무다. 다시 한번 고대 그리스와 로마의 차이를 비교해서 살펴보자. 명예를 중요시한 고대 그리스에서 전쟁에 패한 장수는 두 번다시 자신이 태어나고 자란 고국 땅을 밟지 못했다. 패하고 살아서 돌아갈 경우 운이 좋으면 추방, 운이 나쁘면 사형을 당했기 때문이다. 반면 로마는 전쟁에 패한 장수나 병사라도 조국에 귀환할 수 있었다. 당당히 적에 맞서 싸웠다면 설령 패배했더라도 로마인들은 따뜻하게 맞아주었다.

그리스인은 패전이라는 결과를 엄청난 불명예로 여겼다. 그러나 로마는 최선을 다해 싸운 결과가 패전이라면 살아 돌아온 시점에 그 자신이 이미 충분한 불명예와 치욕을 겪었다고 생각해서 돌팔매를 던지거나 손가락질하지 않았고 책임을 따져 묻지도 않았다.

바로 이 점에 임무에서 패한 동족이나 동료를 보는 관점과 태도에 고대 그리스인과 로마인의 결정적 차이가 있다. 이 차이는 어떤 결과를 낳았을까? 그리스의 패전 장수는 죽을 때까지 싸우거나 패배하고 비루하게 목숨을 부지한 경우 다른 나라로 망명할 수밖에 없었다. 이와 달리 로마의 패전 장수는 전쟁에서 맛본 쓰라린 치욕을 떨쳐내기 위해 다음 전쟁에서 그야말로 죽을 각오로 싸움에 임했다.

로마인들은 그런 마음에 기대를 걸고 패전 장수에게 기꺼이 명예를 회복할 기회를 주었다. 그런 로마인의 가장 대표적인 인물로 율리우스 카이사르(Gaius Julius Caesar, 기원전 100~44년)를 꼽을 수 있다. 카이사르는 자신도 실패를 딛고 일어선 경험이 있어서인지 부하 장수나 병사들의 실수나 실패를 무조건 질책하지 않고 관대하게 대하며 스스로 만회할 기회를 주고자 항상 노력했다.

로마인이 지닌 '관용'과 '패자 부활전을 허용하는 자세'는 로마를 강대국으로 발돋움하게 하고 수백 년 동안 패권을 유지하게 해준 근원적인 힘이 되었다. 실제로 로마의 유명한 장수들은 누구나 한 번쯤 쓰라린 패배를 경험한 적이 있었다. 그러나 그들은 죽음보다 더한 굴욕감을 딛고 자신에게 주어진 다음 전쟁을 승리로 이끄는 데 크게 공헌했다.

사람이 아무리 치욕적인 일을 겪는다고 해도 이후 그가 어떤 자세로 임하고 또 어떻게 처신하느냐에 따라 그 치욕을 상쇄시키고도 남을 만큼 큰 명예를 얻을 수 있다. 이 진리를 잘 아는 로마인은 무슨 일이든 중간에 포기하지 않고 끈기 있게 매달렸다. 또 근성과 인내력을 바탕으로 그리스와는 달리 마침내 대제국을 건설했으며 오랫동안 패권을 유지할 수 있었다.

무자비함과 관용의 두 얼굴을 가진
영웅 카이사르

로마는 어떻게 위대한 제국이 되었을까? 반복되는 이 질문에 한마디로 압축해서 대답하자면 '관용'의 힘이라고 나는 생각한다. 인류 역사를 통틀어 세계제국으로 불릴 정도로 크게 성장하고 성공을 일군 나라 중 처음부터 관용이 넘쳐나는 나라는 한 나라도 없었다. 로마 역시 이 점에서 예외는 아니었다. 어느 나라나 세력을 얻고 강대해질수록 처음에는 자신이 굴복시키고 복속한 다른 나라를 군사력을 동원해 힘으로 제압하려 들기 쉽다. 그러나 그러한 방식의 통치는 처음에는 어느 정도 효과가 있겠지만 오래갈 수 없고 반드시 부작용이 생기게 마련이다. 지배당하는 나라나 사람들의 입장에서는 맞서 싸울 힘이 부족하므로 처음에는 어쩔 수 없이 굴복하고 굴욕을 참고 견딘다. 그럴수록 점점 더 불만이 쌓여갈 수밖에 없다. 결국 불만과 저항정신이 한데 모여 거대한 저항의 불길로 번져간다. 그러므로 그런 시행착오를 겪는 과정에 지배자들은 조금씩 관대해지면서 '이 정도는 너희에게 맡겨주는 것도 나쁘지 않겠다' 하는 식으로 태도와 정책이 변하게 된다. 로마 역시 오랜 시간을 지나고 그 과정에 수많은 성공과 실패를 겪으며 패권을 이루고 그 패권을 오래 유지하는 가장 좋은 방법이 '관용'이라는 점을 체득했을 것이다.

실제로 세계사를 통틀어 처음의 강압적인 체제를 끝까지 고수한 제국이 오래 유지된 예는 없다. 가장 전형적인 사례가 고대 아시리아제국이다.

아시리아는 기원전 2000년대 초 무렵 북메소포타미아에서 일어난 작은 왕국으로 시작한 나라다. 이후 아시리아는 급속히 국력을 키워 주변 영토를 집어삼켰으며 마침내 아시리아제국을 이룩했다. 참고로 아시리아제국은 신 아시리아왕국의 티글라트 필레세르 3세(Tiglath-Pileser Ⅲ, 재위 기원전 744~727년) 즉위부터 아슈르바니팔(Ashurbanipal, 재위 기원전 669~627년) 치세까지 약 120년 동안 존속했다.

아시리아는 한마디로 '탄압의 제국'이었다. 이 나라는 자신이 지배하는 속주에 억 소리가 날 정도로 무거운 세금을 부과하는 등 강압적인 정책으로 일관했다. 그중에서도 속주민에게 가장 큰 고통을 안겨준 정책은 강제이주 정책이었다. 물론 피지배 지역 주민을 포로로 사로잡고 혹독하게 대하는 정책은 당시 오리엔트 세계

고대 아시리아의 건축물 벽에 새긴 부조

아시리아는 철제 전차와 기병을 이용해 주변 여러 국가를 정복했다. 기원전 7세기에 오리엔
트를 통일하고 최초의 세계제국으로 자리매김했다.

에서 흔한 일이었다. 그런데 아시리아제국의 잔혹함은 여기서 그치지 않았다. 그들은 속주민의 조직적인 대규모 강제이주 정책을 감행했는데, 역사상 비슷한 유례를 찾아보기 힘들 정도로 잔혹한 방식으로 이루어졌다. 그들은 속주민의 삶의 터전을 송두리째 빼앗았으며 빈털터리 신세로 만들어 낯설고 척박한 땅으로 모질게 내몰았다.

이 강압적인 정책은 단순히 속주민의 반감을 사는 데서 멈추지 않았다. 머지않아 대규모 반란으로 이어졌으며 꼬리에 꼬리를 물고 이어진 반란은 국력을 좀먹었다. 기원전 612년 메디아인과 칼데아인(신바빌로니아) 연합군이 수도 니네베를 점령하면서 아시리아제국은 하루아침에 멸망했다.

강압적인 방법만으로는 제국을 오래 유지할 수 없다. 이는 오랜 인류 역사가 명확히 검증해준 것일 뿐 아니라 수많은 나라와 그 나라의 민중이 실제 경험으로 체득한 바다. 그렇다면 무한한 관용만이 정답일까? 그렇지는 않다. 나라를 떠받치고 경영하는 자들이 매사에 지나치게 관용을 보이다가는 자칫 사회 통합을 해칠 우려가 있다. '관용'과 '규제(혹은 절제)'라는 두 가지 이질적인 가치관 사이에서 마치 줄타기하듯 아슬아슬하게 균형을 잡으며 과연 어디까지 허용하고 관대해질지 가늠해야 한다.

로마는 절묘한 방법으로 관용을 베풀고 정책으로 활용했다. 예를 들어 로마는 속주에 라틴어 사용을 강요하지 않았다. 뭔가를 억지로 강요하면 누구나 반발하는 게 인지상정이다. 언어도 마찬가지다. 로마에 패배하고 복속 당한 나라와 민족에게 오랫동안 써왔던 자기 언어 사용을 무조건 금지하고 라틴어를 사용하라고 하면 반발이 일어날 수밖에 없다. 그와는 반대로 자기 언어를 사용하며 자유롭게 생활하도록 허용하되 라틴어를 사용하는 것이 유리한 환경을 조성한다. 그로 인해 얻는 혜택이 많아지게 한다. 그렇게 하면 속주민들은 억지로 강요하지 않아도 알아서 라틴어를 배우고 사용하게 된다.

마치 오늘날 영어가 전 세계적으로 광범위하게 사용되고 널리 퍼져 나가는 것처럼 말이다. 억지로 영어를 배우고 사용하라고 강요하면 반발이 일어나고 부작용이 생기기 십상이다. 그러나 해외여행을 가거나 취업하는 데 영어 실력이 큰 도움이 되는 상황이다 보니 영어가 모국어가 아닌 사람들도 누구나 자기 돈을 들여서라도 열심히 영어를 배우고 실력을 키우고자 노력하기 마련이다.

로마제국에서 관용 정책을 가장 탁월하게 활용한 지도자는 카이사르다. 라틴어에 '클레멘티아 카이사리스(Clementia Caesaris, 카이사르의 관용)'라는 말이 널리 회자하고 오늘날까지 전해 내려오는 것도 그런 연유에서다. 그렇다면 카이사르는 과연 뼛속까지 관용으로 가득 채운 관용의 화신 같은 인물이었을까? 그렇지는 않다.

카이사르는 본래 매우 입체적인 인물이었지만 '관용'의 측면에서도 그러했다. 오늘날 누구나 '관용' 하면 카이사르를 머릿속에 떠올릴 정도로 그는 관용적인 인물로 평가받는다. 동시에 그는 눈 하나 깜짝하지 않고 잔혹한 행위를 저지르는 사람이기도 했다. 카

로마는 '관용'의 힘으로 세계제국을 건설했다

카이사르

기원전 1세기 로마 공화정 말기의 군인이자 정치가

이사르가 관용적인 사람인 것은 일면 맞지만 그가 관용을 베푼 대상은 어디까지나 로마 시민과 로마에 철저히 복종하는 사람뿐이었다. 반대로 그는 로마에 끝까지 맞서고 저항하는 이들을 무자비하게 짓밟았다.

카이사르가 갈리아를 정벌할 때 갈리아인들에게 보인 그의 자세와 대처는 유명하다. 그는 로마의 목에 칼을 들이댄 갈리아인을 막강한 군사력으로 가차 없이 제압한 뒤 많은 사람을 잔혹하게 처형했다. 이후 갈리아인이 복종의 뜻을 표하자 언제 그랬냐는 듯 백팔십도 태도를 바꿔 관용의 자세를 보여주었다.

카이사르는 로마 시민에게만은 한없이 관대하고 포용적이었다. 그 대표적인 예가 바로 브루투스(Marcus Junius Brutus, 기원전 85~42년)다. 카이사르는 브루투스가 아무리 자신에게 대항하고 적대시해도 같은 로마인이라는 이유로 몇 번이고 관용을 베풀며 용서해주었다. 사실 브루투스를 향한 그의 관용은 좀 남다른 데가 있었다. 왜냐하면 자신을 미워하는 사람을 단지 용서만 하기도 쉽지 않은 일인데 카이사르는 브루투스를 새로 만든 요직에 중용하기까지 했기 때문이다.

내 생각에 카이사르는 관용을 베풀 대상을 의식적으로 선별해 행동한 것 같다. 카이사르가 원로원에서 칼에 찔렸을 때 "브루투스 너마저(Et tu, Brute?)"라고 외친 말에는 복합적 의미가 있다. 아마도 무엇보다 '나는 너를 수없이 용서했는데 왜 너는 내게 이런 짓을 하는가?'라는 마음이 담겨 있지 않았을까?

로마는 '관용'의 힘으로 세계제국을 건설했다

관용으로 일어선 로마,
나태와 오만의 함정에 빠져 무너지다

로마를 제국으로 발돋움하게 한 원동력이 관용이라면 멸망으로 내몬 원인은 무엇일까? 로마의 멸망 원인을 한마디로 규정하자면 나는 '휴브리스(Hubris, 오만)'라고 생각한다. 휴브리스는 그리스 신화에서 유래한 말로 사람의 마음에 극도의 야심과 자만, 방만을 불러일으켜 그 사람을 결국 파멸로 이끈다. 휴브리스는 그리스 비극의 단골 소재로 등장하기도 한다. 사실 로마인이 독재를 극단적으로 혐오한 배경에도 어쩌면 휴브리스를 본능적으로 두려워하는 마음이 강하게 작용한 결과라고 볼 수도 있다.

왜 휴브리스는 그리스 비극의 단골 소재로 사용되었을까? 답은 간단하다. 비극은 본래 승자에게만 일어나는 일이기 때문이다. 애초에 패자에게는 비극이 일어나지 않는다. 패자는 단지 슬픔과 상실감만 체험할 따름이다. 비극은 승자가 된 행운아가 패자로 전락할 때 생긴다. 즉 비극은 일종의 '승자의 저주'인 셈이다.

로마제국이 멸망한 구체적인 요인을 몇 가지로 들 수 있다. 무엇보다 '이민족 침입'이 있다. 로마제국 말기에 로마는 반복해서 이어진 이민족의 침입에 시달렸다. 또 제국 각지의 인프라 노후화로 크고 작은 문제가 불거지면서 국력을 갉아먹는 중요한 요인 중 하나로 작용했다. 여기에 더해 지속적인 군사비 증가가 국가 재정을 압박하고 위협했다.

물론 이 모든 문제가 로마제국 말기에 시작된 것은 아니었다. 옛날부터 호시탐탐 로마를 노리는 이민족이 많았다. 그리고 그들이 실제로 로마 국경을 넘어 침입한 일도 여러 번 있었다. 그러나 그때마다 로마는 거뜬히 이민족의 침입을 막아냈고 당당히 격퇴했다. 결국 문제는 이민족 침입 그 자체라기보다는 로마가 자신의 심장을 향해 칼을 겨눈 그 이민족의 침략을 격퇴할 힘을 상실했다는 데 있었다.

인프라 역시 보수와 수리에 비용을 대는 귀족들이 투자에 걸맞은 대가를 얻지 못한 측면이 있기는 했어도 손을 쓸 수 없을 지경이 되도록 방치하지는 않았다. 이따금 대대적인 보수공사가 이루어지곤 했다. 그렇지만 시간이 지날수록 노후화는 점점 걷잡을 수 없이 진행되었고 근본적인 노후화를 해결하는 데는 한계가 있었다. 좀 더 서둘러 새로운 인프라로 교체해야 했으나 로마의 부유층에게 예전과 같은 재정적 여유가 없었다.

로마의 부유층이 힘을 잃자 당장 국방 예산에도 심각한 문제가 불거졌다. 전쟁이 일상화된 유럽에서 18세기까지만 해도 어느 나라든 군대에 들어가는 비용이 예산에서 가장 큰 비중을 차지했고 국가 예산의 3분의 2를 국방비로 사용하는 걸 당연하게 여겼다. 로마도 마찬가지였다. 로마제국은 국가 예산의 약 70퍼센트를 국방에 사용했다.

로마는 중앙에서 제국 각지로 파견한 관료(유력 귀족)가 현지 국

로마는 '관용'의 힘으로 세계제국을 건설했다

정 운영에 필요한 비용을 대부분 자비로 충당하면서 광대한 제국을 유지했다. 귀족에게 공직 취임이란 가문의 이름을 드높이는 명예로운 일이었기 때문이다.

이처럼 개인 자산과 명예심에 의존하는 국가 운영은 국가가 발전하고 안정적인 시기에는 문제없이 돌아간다. 그러나 일단 정국이 불안정해지면 곳곳에서 문제가 발생할 위험이 있다.

3세기 무렵, 군인 황제가 난립하면서 정국이 불안정해지자 안정을 회복하기 위한 군사 활동이 필요해졌다. 그에 따라 로마 정부는 로마 시민과 속주민에게 무거운 세금을 부과했다. 부유층은 온갖 수단을 동원해 세금을 요리조리 피했고 그에 따라 가난한 사람들은 더욱더 무거운 부담을 짊어져야 했다. 그런 상황에 세수가 원하는 만큼 늘지 않는 상태에서 시민의 불만은 날로 커졌고 나날이 악화하였다.

여기에 더해 어느 경제학자가 지적했듯 로마처럼 노예제도가 존재하는 사회에서는 힘든 노동을 모조리 노예가 도맡아 했기 때문에 뭔가를 개량하고 개선하려는 노력이 끼어들 여지가 없었다. 역사학자가 놓치기 쉬운 이 참신한 지적은 매우 타당하고 날카로운 주장이다.

로마의 발전을 뒷받침한 것은 그리스와 에트루리아에서 배운 지식을 세련되게 다듬는 뛰어난 능력이다. 하지만 로마는 강대한 제국이 되자 오만해졌으며 더는 세계 최고의 '다른 민족에게 배운 지식을 세련되게 다듬는 능력'을 갈고닦지 않았다. 결론적으로 로마제국의 멸망은 로마라는 나라 자체가 '휴브리스'에 휘말린 결과라고 볼 수 있다.

로마는 미국, 그리스는 유럽, 카르타고는 일본을 닮았다?

고대 그리스 철학자 플라톤(Plato, 기원전 427?~347?년)은 인간의 '흥미'와 관련해 유익한 통찰을 남겼다. 플라톤은 인간에게 세 종류의 흥미가 있다고 했다. 그것은 첫째 '지식', 둘째 '돈벌이', 셋째 '승리'다. 그는 사람은 대부분 이 세 가지 중 하나로 움직인다고 말했다. 놀랍게도 이 주장은 그리스, 카르타고, 로마에 딱 들어맞는다. 실제로 그리스인은 지식, 카르타고인은 돈벌이, 로마인은 승리에 강한 흥미를 보였다.

플라톤이 활동하던 시대에 로마는 아직 작은 도시국가 중 하나에 지나지 않았다. 플라톤이 로마라는 나라의 존재를 알았는지조차 의심스러울 정도다. 그런 터라 플라톤이 한 위의 말이 딱히 로마를 두고 한 말이라고 보기는 어렵지만 레고 조각을 끼워 맞추듯 그리스인과 카르타고인과 로마인에 적용해보면 신기할 정도로 각 민족의 성향과 잘 맞아떨어진다.

일본 평론가 모리모토 데쓰로(森本哲郎)는 『어느 통상국가의 흥망 ─ 카르타고의 유서』에서 "로마는 미국, 그리스는 유럽, 카르타

로마는 '관용'의 힘으로 세계제국을 건설했다

고는 일본을 닮았다"라고 말했다. 그의 말처럼 고대 그리스와 유럽은 둘 다 자국의 역사와 문화에 무한한 긍지를 느낀다는 점에서 공통점이 있으며 지식을 얻는 일에 강한 흥미를 보인다는 특징이 있다.

카르타고는 비교적 작은 영토를 가진 나라지만 당대 무역을 독점하던 경제 대국이었다. 제2차 포에니전쟁에서 로마에 패배한 후 카르타고는 군사력을 상실했으나 경제 부흥을 통해 다시 나라를 일으켰다. 이는 제2차 세계대전에서 패배한 일본이 경제력으로 국력을 회복한 모습과 절묘하게 겹친다. 카르타고인과 일본인은 모두 돈벌이에 매우 관심이 많은 민족이다.

로마와 미국은 군사력과 경제력 양 측면에서 타의 추종을 불허하는 강대국으로 둘 다 승리에 집착한다. 모리모토 데쓰로는 유럽을 그리스에, 일본을 카르타고에, 미국을 로마에 빗대며 그리스·카르타고·로마의 운명을 살펴봄으로써 일본에 경종을 울렸다.

카르타고는 제2차 포에니전쟁에서 영토의 대부분을 상실했지만 경제로 부흥해 '지중해의 여왕'이라 불릴 정도의 경제 대국으로 성장했다. 카르타고와 오랜 세월 동안 전쟁을 되풀이한 로마조차 카르타고의 엄청난 부흥 속도에 위협을 느낄 정도였다. 로마가 카르타고의 발목을 잡을 작정으로 요구한 막대한 전쟁 배상금도 카르타고는 깔끔하게 갚아버렸다.

경제력을 통해 국력을 완전히 회복한 카르타고는 로마의 허가 없이는 다른 나라와 절대로 교전하지 않는다는 약속을 깨고 주변

전쟁에 코끼리를 동원한 카르타고 군대

의 여러 소국과 국지전을 벌였다. 힘이 생겨 오만해진 카르타고는 로마가 그 정도 행위는 눈감아주리라고 여겼던 것 같다. 그러나 그 것은 오만함에 빠져 현실을 냉철하게 파악하지 못한 카르타고인 의 어리석음의 증거일 뿐이었다.

자긍심이 하늘을 찌르고 승리에 유난히 집착하는 로마는 미래 의 화근이 될지 모르는 위험한 싹을 사전에 잘라버리기 위해 카르 타고 섬멸의 기치를 내걸고 전쟁을 선포했다. 바야흐로 제3차 포 에니전쟁(기원전 149~146년)의 막이 오른 것이다. 이것은 '로마는 약 속 불이행을 절대 용납하지 않는다'라는 점을 주변 여러 나라에 본 보기 삼아 보여주고자 벌인 전쟁이기도 했다. 전쟁에서 승리한 로 마는 카르타고를 모두 불태우는 데서 그치지 않고 초토화한 땅에 소금을 뿌려 풀 한 포기 자라지 못하도록 철저히 응징했다. 카르타 고는 전멸했고 글자 그대로 지구상에서 사라져버렸다.

"역사에서 배워라"라는 말은 카르타고의 처참한 최후를 보고 일본이 똑같은 전철을 밟지 않으려면 어떻게 해야 하는지 교훈을 얻으라는 뜻이라고 생각한다. 나는 인도의 독립운동 지도자 마하 트마 간디(1869~1948년. 본명 Mohandas Karamchand Gandhi)가 남긴 다음 말을 무척 좋아한다.

"내일 죽을 것처럼 살고 영원히 살 것처럼 배워라."

Live as if you were to die tomorrow. Learn as if you were to live forever.

인간은 죽을 날을 받아두면 '지금 배워봤자 무슨 소용이냐'며 배우고자 하는 의지 자체를 스스로 꺾어버린다. 그래서는 안 된다. 간디의 말처럼 자신이 영원히 살게 될 것으로 생각하고 배워야 한다. 다른 한편으로 사람은 내일 죽는다고 생각하면 남은 하루를 후회 없이 살려고 애쓴다. 그러므로 자신이 내일 죽을 것으로 생각하고 순간순간을 그야말로 온 힘을 다해 살아야 한다.

간디의 말은 하루하루를 소중히 여기고 눈을 감는 그 순간까지 꾸준히 배워야 한다는 소중한 깨달음을 준다. 지금 우리는 무엇을 배워야 할까? 세계사에서 그리고 로마사에서 많은 깨달음을 얻고 배우기 바란다.

로마는 '관용'의 힘으로 세계제국을 건설했다

Simultaneity

02

'동시대성'이 역사를 비약적으로 발전시킨다

한제국과 로마제국, 공자와 소크라테스, 석가모니와 조로아스터의 탄생

"과거를 지배하는 자가 미래를 지배하며
현재를 지배하는 자가 과거를 지배한다."

— 조지 오웰(영국 작가)

일란성 쌍둥이 같은
두 세계제국, 한과 로마

세계사를 연구하다 보면 서로 교류가 전혀 없는, 지리적으로 멀리 떨어진 장소에서 동일한 사건이 동일한 시간대에 발생하는 불가사의한 현상을 종종 접하곤 한다. 기원전 202년, 드넓은 바다를 사이에 둔 동양과 서양에서 각각 거대한 세계제국이 탄생했다. 바로 '한제국'과 '로마제국'이다. 두 제국은 마치 서로 약속이나 한 듯 거의 같은 시기에 탄생했다.

물론 이 두 제국이 인류 역사상 최초의 제국은 아니었다. 교과서적 의미의 제국은 그 이전에도 존재했다. 그렇다면 세계사에서 가장 먼저 등장한 제국은 무엇일까? 역사 기록으로 남은 제국 중 가장 오래된 제국은 아시리아제국이다. 그 후 페르시아제국이 출현했고, 그 페르시아를 무너뜨린 알렉산드로스의 헬레니즘제국이 연이어 등장했다. 로마제국의 성립은 그 이후의 일이었다.

동쪽으로 눈을 돌리면 시황제(始皇帝, 기원전 259~210년)의 진(秦)제국이 첫 테이프를 끊었다. 유방이 세운 한제국은 바로 그 뒤를 이었다. 그러나 쟁쟁한 이름의 이 제국들은 분명 광대한 땅을 차지하며 전 세계를 호령하던 강대국들이었으나 진정 세계제국이라고 부를 만한 수준은 못되었다. 왜 그럴까? 모두 영속성을 갖지 못하고 비교적 빠르게 붕괴하고 사라져버렸기 때문이다(동양과 서양을 모두 제패한 몽골제국도 있지만 제국으로서 존재했던 기간이 대략 100여 년으로 역시 영속성 면에서는 한제국이나 로마제국과 같은 진정한 제국으로 보기 어렵다고 본다). 예컨대 시황제가 세운 진제국은 겨우 한 세대 만에 몰락했고 알렉산드로스의 제국도 그의 죽음과 동시에 사분오열되어 서로 대립하며 약해져갔다. '영속적인 제국'의 개념에서 세계제국이라는 이름을 붙일 만한 나라는 딱 둘뿐이었다. 바로 서양의 로마제국과 동양의 한제국이다. 흥미롭게도 인류사 최초의 세계제국 탄생은 거의 동시에 일어난 셈이었다. 그 해가 바로 기원전 202년이다.

로마가 제국으로서 첫발을 내디딘 때를 언제로 보아야 할까? 초대 황제 아우구스투스의 즉위 시점으로 보는 것이 합리적이지 않을까. 다시 말해 로마에 황제가 탄생해 공화정을 끝내고 제정기로 접어든 시기는 카이사르의 양자 옥타비아누스가 '아우구스투스' 호칭을 얻으면서부터다. 이는 기원전 31년 악티움해전(Battle of

Actium)에서 옥타비아누스가 클레오파트라와 안토니우스 연합군을 무찌르고 난 4년 뒤의 일이었다. 그러므로 '황제 유무'의 관점에서 볼 때 로마제국 탄생은 기원전 27년이 되는 셈이다.

나는 로마제국이 제국으로서의 조건을 충족하게 된 시점을 제2차 포에니전쟁의 승패를 가른 자마전투 때라고 본다. 이 역사적인 전쟁에서 카르타고를 상대로 대승을 거둔 그즈음에 로마가 비로소 제국으로서의 면모를 갖추었다고 보는 것이다. 자마전투야말로 로마의 향후 방향을 송두리째 뒤바꿔놓았으며 운명을 결정지은 터닝포인트였기 때문이다. 그러므로 로마제국 탄생 시점을 카르타고를 상대로 펼친 자마전투에 승리한 기원전 202년으로 보는 것이 타당하다고 본다.

기원전 3세기 카르타고는 막강한 나라였다. 한데, 카르타고가 우여곡절 끝에 로마에 완패하는 바람에 오늘날 사람들은 카르타고를 은근히 얕잡아보는 경향이 있는 것 같다. 그러나 만약 당대의 사람들에게 '카르타고와 로마 중 어느 쪽이 더 강할까?'라고 물었다면 아마도 비슷하게 표가 나왔을 것이다. 두 나라는 그야말로 백중지세의 라이벌 관계였던 셈이다.

제1차 포에니전쟁에서 로마는 다소 유리한 형국으로 승리를 거머쥐긴 했으나 사실 생각만큼 시원한 승리는 아니었다. 제2차 포에니전쟁은 최종적으로 로마의 승리로 끝났지만 한니발과 맞붙은 로마는 적의 본국 침입을 허용했다. 게다가 남이탈리아에서 벌어진 칸나에전투(Battle of Cannae)에서는 치명적인 패배를 맛보기도 했다.

'동시대성'이 역사를 비약적으로 발전시킨다

기원전 2세기의 세계

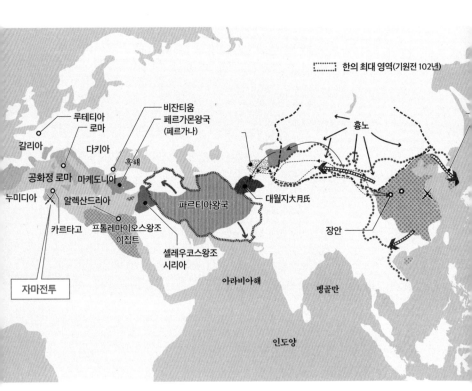

한의 최대 영역(기원전 102년)

비잔티움
페르가몬왕국
(페르가나)

루테티아
로마
갈리아
다키아
흑해
흉노

공화정 로마
마케도니아
누미디아
알렉산드리아
대월지大月氏

카르타고
프톨레마이오스왕조
이집트
장안

셀레우코스왕조
시리아

자마전투
아라비아해
뱅골만

인도양

칸나에전투는 역사에 남은 매우 중요한 전쟁이기는 하지만 뜻밖에도 그리 오래 걸리지는 않았다. 단 하루 만에 승패가 갈렸기 때문이다. 그러나 비록 하루 만에 승패가 결정된 전투이기는 하지만 피해 규모는 엄청났다. 무려 제1차 세계대전 이전 최다 사망자를 기록할 정도로 악전고투였으며 그야말로 피비린내 나는 장면이었다. 전장은 남이탈리아였고 카르타고군을 지휘한 장군 한니발에게 이 전투는 자신의 홈그라운가 아닌 원정 경기인 셈이었다. 군세 면에서도 카르타고군이 로마군보다 약간 열세였으나 결과는 카르타고군의 압승이었고 전사자도 대부분 로마군 쪽에서 나왔다.

제2차 포에니전쟁은 마지막 자마전투에서 로마군이 승리를 거두었으나 그전까지 로마군은 한니발의 카르타고군에 당해 번번이 고배를 마셨다. 제2차 포에니전쟁을 기원전 218년에 시작해 칸나에전투가 기원전 216년, 자마전투가 기원전 202년으로 로마군은 16년이라는 긴 세월에 걸쳐 카르타고군과 싸우면서 결정적 승리를 거두지 못하고 고군분투했다.

자마전투에서 로마군을 승리로 이끈 인물은 스키피오 아프리카누스였다. 그는 로마군에게는 악몽과도 같았던 칸나에전투에 참전했다가 가까스로 살아남은 인물로 보인다. 수적으로 우세였음에도 불구하고 쓰라린 패배를 맛봐야 했던 칸나에전투에서 귀중한 교훈을 얻은 스키피오는 방심하지 않고 치밀하게 준비해 카르타고군에 맞섰다.

자마전투에서 완벽한 승리를 거둔 로마는 숙적 카르타고의 영

'동시대성'이 역사를 비약적으로 발전시킨다

토를 본국으로만 한정하고 교전권, 즉 다른 나라와 전쟁을 벌일 권리를 박탈했다. 여기에 더해 막대한 전쟁 배상금을 부과했다. 그 정도 조치면 카르타고가 예전의 국력을 회복하지 못하리라고 짐작했던 모양이다.

한데 예상과 달리 카르타고는 엄청난 속도로 경제력을 회복했다. 50년에 걸쳐 갚기로 약속한 전쟁배상금도 20년 만에 갚고 모든 빚을 청산했다. 카르타고의 부흥을 목격한 로마는 마침내 카르타고 섬멸을 기치로 내걸고 제3차 포에니전쟁을 일으켜 다시는 일어설 수 없을 정도로 철저히 짓밟았다.

카르타고는 제3차 포에니전쟁으로 완전히 멸망했다. 마지막에 벌어진 전쟁은 카르타고의 존재마저 사라지게 한 마무리 전쟁인 셈이었다. 그러나 실질적으로 로마는 제2차 포에니전쟁, 구체적으로 자마전투에서 압도적 승리를 거둔 시점에 로마제국으로 서지중해 패권을 장악하는 단계에 접어들었다.

그렇게 서로마가 패권을 확정한 시기와 같은 기원전 202년 유라시아 동쪽, 즉 오늘날 중국에서 비슷한 사건이 일어났다. 바로 해하전투가 벌어진 것이다. 이것은 항우와 유방 사이에 벌어진 세기의 결전으로 '사면초가'라는 고사성어로 잘 알려져 있다.

항우가 이끄는 초나라 군대와 유방이 이끄는 한나라 군대의 대결은 초반에는 항우 쪽이 유리한 고지를 차지하는 듯 보였다. 그러나 항우의 독불장군 같은 성격이 화를 부르면서 부하의 배신과 하극상이 끊이지 않다 보니 차츰 유방의 군대가 바짝 숨통을 조여 왔다.

양측은 한때 천하를 둘로 나누자는 조약을 맺었다. 그러나 마침내 때가 왔다고 판단한 유방이 일방적으로 조약을 파기했다. 유방의 한나라 군대가 판세 굳히기에 나서면서 결국 해하전투가 벌어졌다. 옴짝달싹할 수 없는 상황에서 항우의 귀에 자기편 군사들이 부르는 초나라 노래가 들려왔다. 사실 그 노래는 초나라 군대의 사기를 떨어뜨리기 위한 유방측의 교묘한 심리적 교란 작전이었다. 다시 말해 '한나라 군대로 전향한 초나라가 이렇게 많으니 항복하라'라는 의미였다.

유방의 계략에 말려든 항우는 겨우 몇몇 부하만 거느린 채 가까스로 포위망을 뚫고 피신했다. 그러나 끝내 도망치지 못하고 우장강(烏江)에서 스스로 목을 베 생을 마감했다고 전해진다. 항우의 죽음은 한제국 탄생을 결정적으로 뒷받침하는 역사적 사건이었다. 이 해가 바로 기원전 202년이다.

이처럼 기원전 202년은 한제국과 로마제국이라는 동서 유라시아 세계제국이 거의 동시에 출사표를 던진 역사적인 해다.

로마제국과 한제국을 동시에 덮친
3세기의 치명적 위기

무슨 우연인지 모르겠지만 로마제국과 한제국은 존망의 기로도 거의 같은 시기에 겪었다. 로마제국은 자마

'동시대성'이 역사를 비약적으로 발전시킨다

전투로부터 약 400년이 지난 뒤 '3세기의 위기'라고 부르는 극심한 혼돈의 시기를 맞이했다. 한제국도 별반 다르지 않았는데, 2세기 말에 일어난 황건의 난(184년) 이후 군웅할거 하는 '삼국지 시대'로 돌입했다.

로마제국이 가장 안정적이던 때는 언제였을까? 2세기 무렵으로, 사람들은 이 시기를 '5현제 시대'라고 부른다. 이 시대는 로마사뿐 아니라 인류사를 통틀어 가장 행복한 시대로 인식될 만큼 그야말로 번영의 절정기였다. 5현제 시대 로마의 번영은 어떻게 이루어졌을까? 많은 이들이 이 시대의 놀라운 번영의 공을 황제, 즉 5현제에게 돌리지만 사실은 강력한 군사력이 든든히 뒷받침해준 결과였다. 한데 아이러니하게도 이 점은 훗날의 불운과 비극으로 이어졌다. 강력한 군사력이 이후 군인 황제 옹립의 배경으로 작용하며 로마제국을 혼돈 속으로 몰고 갔기 때문이다.

5현제의 마지막 황제인 마르쿠스 아우렐리우스는 '철인 황제'라는 별칭이 붙을 정도로 유능한 인물이었다. 그런데 그의 사후 친아들 콤모두스(Lucius Aelius Aurelius Commodus, 재위 180~192년)가 황제의 지위를 넘겨받은 때부터 로마에 서서히 먹구름이 드리워지기 시작했다.

콤모두스가 아버지처럼 현명하고 절제의 미덕을 아는 인물이었다면 아무런 문제가 없었을 것이다. 그러나 안타깝게도 그는 아버지를 닮지 않은 못난 아들로 어리석고 황당무계한 행실과 폭정을 일삼다가 재위 12년 만에 암살당했다. 참담하게도 그 암살에 그의 아내가 연루되었다는 풍문이 돌았다.

어느 나라든 최고 권력자의 암살에는 측근이 가담하기 마련이다. 그들의 협력 없이는 최고 권력자에게 감히 가까이 다가갈 수조차 없기 때문이다. 콤모두스의 암살에는 한 이불을 덮고 자던 아내가 가담했고 도미티아누스가 암살되었을 때는 황제와 가까운 사람이 배후에서 손을 썼다.

콤모두스 사후 페르티낙스(Publius Helvius Pertinax, 재위 193년 1~3월), 디디우스 율리아누스(Didius Julianus, 재위 193년 3~6월)가 짧은 기간 동안 제위에 올랐다가 암살당하는 혼란이 이어졌다. 그 혼란의 와중에 황제 자리에 오른 이가 바로 셉티미우스 세베루스였다. 그때까지 로마 황제는 예외 없이 순수한 인도·유럽계 혈통이었다. 반면 셉티미우스 세베루스는 로마 역사상 최초로 셈족 황제, 즉 로마가 정복한 이민족 출신 황제였다.

셉티미우스 세베루스 사후 '3세기의 위기'라고 불리는 군인 황제 시대가 막을 열었다. 3세기의 위기는 엄밀히 말해 막시미누스 트락스(Maximinus Thrax, 재위 235~238년)가 황제 자리에 오른 235년부터 누메리아누스(Numerianus, 재위 283~284년)가 암살된 284년까지의 기간을 가리킨다. 그러나 실제로는 셉티미우스 세베루스가 세상을 떠난 211년 군인 황제 시대가 시작되면서부터라고 할 수 있다.

이 시대에 이미 혼란을 암시하는 징조가 나타났다. 5년 동안 옹립된 황제의 수만 보아도 당시의 혼란상이 얼마나 극심했는지 짐

'동시대성'이 역사를 비약적으로 발전시킨다

작이 갈 정도다. 로마에서는 누구나 정식 황제가 되려면 원로원의 승인을 받아야 했다. 원로원의 승인을 받은 정식 황제만 26명으로 2년에 한 명꼴로 교체된 셈이었다. 이것도 엄청나게 빠른 속도인데, 충격적이게도 정식 황제 외에 군단이 제멋대로 옹립한 황제도 여럿 있었다.

이처럼 원로원의 승인을 받지 못한 황제를 '참칭제(僭稱帝)'라고 불렀다. 이 무인가 황제까지 포함하면 5년간 무려 47명의 황제가 난립하는 어처구니없는 시대가 이어졌다. 정식 황제도 열에 아홉은 군단이 제멋대로 옹립한 참칭제의 성격이 컸다. 그들은 군단의 힘이 너무도 막강해서 원로원이 그 존재와 요구를 인정하지 않을 수 없어 울며 겨자 먹기 식으로 승인한 인물들이었다. 그러다 보니 로마는 정치적, 사회적으로 극심한 혼란을 겪을 수밖에 없었다.

"자고 일어나면 황제가 바뀐다"라는 말이 공공연히 나돌 정도로 수시로 황제를 갈아치우자 민중 사이에서는 누가 황제가 되든 상관없다는 자포자기 분위기가 팽배했다. 그런 분위기가 지속되자 차츰 사람들은 정치적으로 아무것도 기대하지 않게 되었다. 혼란스럽고 불안한 시대를 견뎌내기 위해 민중은 기독교를 버팀목으로 삼았다.

예수가 십자가에 매달린 기원전 30년 무렵부터 5현제 시대까지 로마에서 기독교 신자는 거의 늘지 않았다고 볼 수 있다. 기독교 신자가 전혀 없는 건 아니었지만 신자 수는 인구의 1퍼센트 미만으로 미미한 수준이었다. 그러다가 230년 무렵부터 신자 수가 폭발적으로 증가하기 시작했다. 이로써 우리는 로마제국을 짓눌렀던 군인황제 시대의 사회적 불안이 기독교의 급속한 확산 현상을 불러왔다는 것을 알 수 있다.

불과 100년 전까지만 해도 1퍼센트 남짓이던 기독교 신자 수는 10퍼센트를 훌쩍 넘어서는 수준으로 많아졌다. 콘스탄티누스 1세 (Constantinus I, 재위 306~337년)가 기독교를 공인하는 밀라노 칙령 (Edict of Milan)을 반포한 313년 즈음의 일이었다. 그야말로 매우 짧은 기간 내에 이렇듯 폭발적인 증가 현상이 일어난 것이었다. 이는 사람들이 낯선 종교에 매달릴 정도로 군인 황제 시대의 혼란이 극심했다는 의미다.

로마가 혼란의 소용돌이를 겪으며 갈 길 몰라 헤매던 무렵 동쪽의 한제국도 위기를 맞이하고 있었다. 유방이 건국한 한제국은 한때 국호를 '신(新)'으로 바꾸었다. 기원전 8년의 일이었다. 15대 황제가 되어야 할 황태자가 외척 왕망에게 실권을 빼앗기면서 발생한 일이었다. 그러나 왕망의 시대는 그리 오래가지 못했다. 기껏해야 한 세대 만에 종말을 맞이했다. 이후 정권은 다시 한왕조 혈통을 물려받은 광무제(光武帝, 재위 25~57년)에게 돌아갔다. 역사가들은 유방에서 '신'까지는 전한(前漢), 광무제 이후를 후한(後漢)이라는 이름으로 부른다.

광무제는 뛰어난 지도자였으나 거기까지였다. 그의 손자 숙종 (肅宗: 장제(章帝), 재위 75~88년)이 열여덟 살의 젊은 나이로 즉위한

3세기의 세계

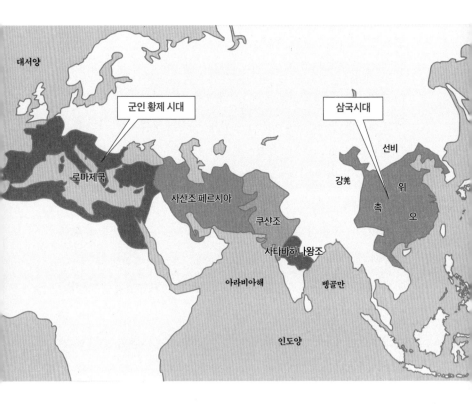

대서양

군인 황제 시대

삼국시대

선비

로마제국

강羌

위

사산조 페르시아

촉

오

쿠샨조

사타바하나왕조

아라비아해

벵골만

인도양

무렵부터 정치는 혼란스러워졌다. 각지에서 농민의 난이 일어났다. 엎친 데 덮친 격으로 184년 시작된 황건의 난(태평도의 교조 장각(長角)을 우두머리로 하여 전국 각지의 신도들이 세력을 모아 일으킨 농민의 난)으로 국력이 급격히 쇠퇴하기 시작했다.

이때가 『삼국지』로 널리 알려진 삼국지 시대의 서막이다. 위의 조조, 촉의 유비, 오의 손권이라는 세 명의 걸출한 영웅과 각 영웅을 보필한 참모이자 전략가인 사마의·제갈량·주유의 활약은 너무도 유명해서 세간에 널리 알려져 있다. 그중에서도 특히 유비 수하의 무장 관우와 장비의 눈부신 활약으로 대중의 관심을 집중시킨 삼국 이야기는 진수(陳壽)가 쓴 역사서 『삼국지』에 여러 모험담과 전설, 상상을 덧입혀 『삼국지연의(三國志演義)』를 낳았다. 예전에 관련 전문가에게 물었더니 가공한 이야기가 상당수 포함되어 있기는 해도 전체적인 줄거리는 정확한 역사적 사실에 바탕을 두고 있다고 한다. 그런 의미에서 한제국의 종말을 알고 싶지만 딱딱한 역사서는 부담스러운 독자라면 『삼국지연의』를 읽어보기를 권하고 싶다.

3세기 거의 동시에 찾아온 절체절명의 위기를 로마제국은 위태위태하게 넘어간 반면 한제국은 멸망하고 말았다. 그러므로 두 나라의 결말이 일란성 쌍둥이처럼 완전히 똑같지는 않다. 그렇지만 같은 해에 등장한 동양과 서양의 세계제국이 거의 같은 시기에 존망의 기로를 맞이했다는 사실만으로도 무척 흥미롭고 주목할 만한 '역사의 동시대성'이라고 할 만하지 않은가.

'동시대성'이 역사를 비약적으로 발전시킨다

왜 '역사의 동시대성'에
주목해야 할까

'역사의 동시대성'을 얘기하면 어쩌다 이렇게 반문하는 사람이 있다.

"비슷한 사건이 동시에 일어났다고 굳이 의미를 부여할 필요가 있나요?"

절반은 맞고 절반은 틀린 지적이다. 실증사학의 관점에서는 별다른 의미가 없는 우연의 일치에 지나지 않을 수도 있다. 그러나 '세계사를 통찰하는 안목'을 기르고 싶다면 얘기가 다르다. 관점을 달리 하면 역사의 동시대성은 충분히 깊이 궁리하고 탐구할 만한 주제다.

무릇 사람은 자신과 직접 관계가 있는 대상에만 관심을 보이기 쉬운 존재다. 예컨대 자기 자신과 아무런 연결고리도 없는 다른 나라의 먼 옛날 일에는 흥미가 잘 동하지 않는 법이다. 오늘날 많은 사람이 중동 문제에 지대한 관심을 보이는 이유는 뭘까? 한마디로 말해 '석유' 때문이다. 이것 없이는 살아갈 수 없을 정도로 석유는 현대인에게 중요한 연료이자 도구다. 그런 석유가 대부분 중동 지역에서 생산되고 우리는 비싼 비용을 치르고 그걸 수입해다 쓴다. 그러다 보니 국가나 개인 모두 중동 관련 이슈에 무관심해질 수 없는 것은 너무도 당연하다. 그곳에서 어떤 일이 벌어지느냐가 나와 내가 속한 국가나 사회에 직접적으로 영향을 미칠 수밖에 없기 때문이다.

중동에서 석유가 생산되지 않았다면 아마도 대다수 사람이 그쪽 관련 이슈에 별다른 관심을 기울이지 않았을 것이다. 우리는 미국 뉴욕이나 프랑스 파리, 혹은 영국 런던처럼 귀에 익숙한 도시에서 테러가 일어나면 역시 관심을 기울인다. 이유가 뭘까? 그 나라나 도시 역시 중동의 '석유'처럼 나의 삶에 직·간접적으로 중대한 영향을 미치는 뭔가 중요한 요소가 있다고 본능적으로 믿기 때문이 아닐까.

과거의 일, 즉 옛날에 벌어졌고 지금은 역사가 되어버린 일들은 어떨까? 자기 나라나 민족의 이야기라면 근대든 중세든 고대든 나름대로 흥미를 보이는 사람이 많겠지만 다른 나라 이야기라면 아무래도 무관심해지기 쉽다.

역사를 대하는 관점과 태도를 바꿔보라고 권해주고 싶다. '나'를 기준으로 시간과 공간이 멀어질수록 나와는 상관없는 이야기라고 생각해서 무관심해지거나 흥미를 잃기 쉽다. 그러나 다른 나라의 고대 이야기조차 21세기 현대를 살아가는 우리와 무관하다고 볼수 없다. 지구상에 존재하는 모든 나라는 각각 그 나라의 지나간 시간 위에 세워진다. 마치 벽돌 위에 새로운 벽돌을 차곡차곡 쌓아가며 튼튼한 집을 짓듯 역사라는 건축물도 시간 위에 시간이, 사건위에 사건이 쌓여가며 완성된다. 그렇게 지어진 각 나라와 민족의역사라는 건축물들은 '교집합'이 생겨나고 마치 도시의 광장처럼누구도 독점할 수 없는 공공의 영역이 만들어진다. 예컨대 로마사

'동시대성'이 역사를 비약적으로 발전시킨다

는 이탈리아반도가 중심이기는 해도 유럽, 북아프리카, 중동 여러 나라의 역사가 뒤얽혀 있으며 공통분모를 가진 수많은 사건의 집합체라고 할 수 있을 정도로 수많은 교집합을 갖는다. 우리가 로마사를 제대로 공부하면 유럽사는 물론이고 아프리카사와 중동사까지 두루 꿰고 통찰할 수 있는 것도 바로 그런 맥락에서다.

2000년에 개봉해 큰 반향을 일으켰던 할리우드 영화 〈글래디에이터〉를 예로 들어 생각해보자. 이 영화의 무대는 제정 로마 중기 무렵으로 콤모두스 황제 재위 시절이다. 주인공인 로마 장군 막시무스는 황제 마르쿠스 아우렐리우스의 친아들 콤모두스의 원한을 사서 한순간에 노예 신분으로 전락한다. 노예가 되어 팔린 막시무스는 콤모두스에게 복수하기 위해 검투사(글래디에이터)가 되어 싸우며 경기마다 드라마틱한 승리를 거두고 새로운 영웅으로 거듭난다.

영화를 유심히 본 사람은 눈치챘겠지만 주인공 막시무스가 자신의 팔에 새겨진 문신 'SPQR'을 지우는 장면이 나온다. 이 장면은 무엇을 의미할까? 로마사에 관한 지식이 부족한 사람은 그 장면에 담긴 속뜻을 제대로 헤아리지 못한다. SPQR은 Senatus Populusque Romanus의 머리글자로 '로마 원로원과 민중'을 의미한다. 막시무스가 이 문신을 지우는 행위는 자신이 로마군의 병사였던 증거와 흔적을 지우는 것으로 '로마와의 결별'을 뜻한다. 로마사를 자신의 과거 역사로 여기는 서구 유럽인은 굳이 해설을 덧붙이지 않아도 이 장면을 보자마자 단박에 의미를 파악한다.

오늘날 세계는 국경이 큰 의미를 갖지 않는 세상이 되었다. 국가의 틀을 벗어나 국제사회라는 무대에서 다른 나라 사람들과 함께 부대끼고 어울리며 살아가자면 그들의 역사를 기꺼이 배우려는 적극적인 자세와 마음가짐이 필요하다. 또한 우리와 접점이 거의 없어 약간 생경하게 느껴지는 타국의 역사, 그중에서도 먼 과거의 역사에 흥미를 가지려고 노력해야 한다.

자마전투와 해하전투가 같은 해에 일어났다는 사실이 어쩌면 그 자체로는 역사적 의미가 그리 크지 않을 수도 있다. 그러나 역사를 좀 더 입체적으로 조망하고 중요한 맥락을 놓치지 않으려고 애쓰며 밀도 있게 공부하다 보면 시간과 공간의 무수한 접점에서 만들어지는 연관성과 공통점 같은 것이 눈에 들어오기 시작한다. 한제국과 로마제국의 공통점과 동시대성도 그런 사례 중 하나다.

알파벳, 유일신 신앙, 화폐는
모두 '동시대성'의 산물이다

지금부터 풀어놓는 내용은 순전한 나의 가설이다. 알파벳과 일신교, 화폐 탄생에도 기원전 2000년 무렵이라는 세계적 동시대성이 존재한다.

사실 문자는 그보다 훨씬 오래전부터 존재해왔다. 실제로 문자 자체는 기원전 3000년경부터 쐐기문자와 히에로글리프(Hieroglyph, 고대 이집트 상형문자) 같은 여러 문자가 있었다. 기원전 200년에 접어들면 초기 문자부터 원시 시나이 문자나 원시 가나안 문자라고 부르는 알파벳의 원형이 탄생한다.

쐐기문자와 히에로글리프 등의 초기 문자는 문자 개수가 수백 개에서 수천 개에 달했다. 또 어느 문자든 문자의 종류가 아주 많았다. 그 많은 문자를 간소화해 일정 범위 내로 사용하면서 사람들에게 본격적으로 보급된 시기가 기원전 1000년 즈음이다. 알파벳이 오늘날과 비슷한 스물네 글자로 통합된 시기도 이 무렵이다.

알파벳의 기원으로 여겨지는 원시 가나안 문자 중에서 대표적인 것은 고대 지중해 세계에서 사용한 페니키아 문자다. 오늘날 전 세계적으로 사용되는 알파벳의 원형이 이집트 문자인 히에로글리프라는 뜻밖의 사실을 알고 나면 잠시 어리둥절해진다.

히에로글리프는 종류가 매우 많아서 일반인이 쉽게 사용할 만한 문자가 아니었다. 그러자 '필요는 발명의 어머니'라는 말대로 어느 순간 문자 개량이 이뤄지기 시작했다. 이집트가 시나이반도까지 정복지를 확대한 시기에 문자 개량이 이뤄진 셈이다. 정복지 공사 현장에서는 페니키아인과 팔레스타인인 등의 토착민이 노동자로 일했는데, 그때 정복지 주민도 편의성에 눈을 떴다.

그런데 히에로글리프는 너무 어렵고 복잡해서 설령 문자를 배운다 해도 곧바로 사용할 수 없었다. 사람들은 이 어려운 문자를 간소화하기 위해 무진 애를 썼다. 그 결과 기원전 2000년대 후반 무렵 스물두 글자로 이뤄진 페니키아 문자가 탄생했다.

알파벳의 전신인 페니키아 문자에는 모음이 없고 스물두 글자

페니키아 문자

알파벳을 포함해 현대 여러 문자 체계의 모체다.

모두 자음이다. 알파벳과 마찬가지로 페니키아 문자가 원형인 아랍 문자도 기본적으로 스물여덟 글자 모두 자음이다. 물론 아랍어에는 모음이 있지만 일반적인 표기에서는 생략한다. 회화체에는 모음이 포함되어 있어도 문자로 표기할 때는 모음을 생략하는 식이다. 아랍어를 배우는 사람들이 발음과 듣기로 애를 먹는 경우가 많은 것도 그래서다. 가령 L을 발음할 때 아랍 문자에서는 모음을 표기하지 않아 '라'로 읽어야 할지 '루'로 읽어야 할지 글자만 보고는 알 수 없다.

아랍인은 익숙해서 모음 없이도 쉽게 알아보지만 외국인의 경우 아랍어를 제법 할 줄 아는 사람조차 머리를 싸매고 끙끙대는 일이 많다고 한다. 여기에 더해 방언의 경우 같은 단어도 다른 모음을 사용할 때가 있다. 내 지인은 이집트사 전문가로 아랍어가 유창하지만 같은 이집트 안에서도 지방에 따라 아랍어 방언이 서로 달라 듣기만 해서는 무슨 뜻인지 알 수 없을 때가 종종 있다고 푸념한다. 그런데도 문자 표기에는 차이가 없어서 글로 써주면 충분히 이해가 가능하다고 한다.

나는 현대 알파벳으로 이어진 히에로글리프계 페니키아 문자의 흐름 외에 이 시기 쐐기문자를 원형으로 삼은 또 다른 알파벳, 즉 스무 개 남짓한 문자로 간소화한 '우가리트(Ugarit) 문자' 탄생에서 문자 발생의 동시대성을 발견했다. 이 두 가지 알파벳 원형의 탄생 시기는 100여 년 남짓 차이가 나는데, 오늘날 우가리트 문자의 흐름을 보여주는 알파벳은 애석하게도 남아 있지 않다. 지중해 연

안에 자리 잡은 도시 우가리트가 문자를 개발했을 무렵 바다 민족 (Sea People) 침입으로 문자와 동시에 멸망했기 때문이다.

다양하고 복잡한 문자를 간소화해 누구나 사용하기 쉽게 개량하는 이른바 '알파벳 운동' 움직임이 동시다발적으로 일어났다. 기원전 2세기 중엽의 일이었다.

이러한 간소화 현상은 언어와 문자에서만 일어난 것은 아니었다. 예컨대 비슷한 시기에 종교에서도 그런 간소화 경향이 뚜렷이 나타났다. 말하자면 이 시기에 몇백 몇천에 달하던 다신교의 신들을 하나로 통합하고 일신교의 모양새를 갖추었다. 고대 세계의 메소포타미아 문명과 이집트 문명에도 수많은 신이 존재했다. 단순히 열 명이나 스무 명 수준이 아니다. 어느 정도까지를 신의 범위에 넣을지에 따라 차이는 있지만 적어도 몇백에서 몇천 명의 신이 존재했다.

그러던 중 어느 순간 진정한 신은 유일신 한 분뿐이라며 다른 신을 부정하는 종교관이 탄생했다. 유일신 탄생에 관해서는 지대한 관심을 두고 연구한 학자들이 더러 있었다. 20세기를 대표하는 심리학자 지그문트 프로이트도 그런 학자 중 하나였다. 앞으로 좀 더 자세히 다루겠지만 프로이트도 '인간에게 지극히 부자연스러운 유일신 개념이 왜 생겨났는가'에 깊은 관심을 표명하고 연구에 몰두한 적이 있다.

초점을 종교에만 맞추고 바라보면 확실히 부자연스럽다. 관점을 약간 바꾸고 시야를 넓혀보자. 기원전 2000년 전후 무렵의 '간소화' 운동의 하나로 말이다. 그러면 그리 부자연스럽지도 않을 뿐 아니라 좀 더 자연스럽게 얼개가 맞춰진다.

기원전 2000년 무렵, 문자 등 다른 영역의 간소화 움직임과 맞물려 오랜 시간 동안 너무도 방대한 숫자로 불어나 버린 복잡한 신의 체계를 간소화하자는 움직임이 일어났다. 다만 구체적인 간소화 과정은 저마다 차이가 있었고 종교의 간소화는 종교의 독특한 특성을 반영해 이뤄졌다. 예컨대 문자는 방대한 수의 문자를 분류하고 정리해 최소화하는 방식으로 간소화가 이루어졌다. 그러나 신과 종교의 간소화는 문자와는 전혀 달랐다. 구체적으로 어떻게 달랐을까? 전체 신의 위계서열(피라미드형 조직구조)이 생기면서 그 정점에 유일신이자 진정한 신인 최고신을 두고 나머지를 모두 배제하는 방식으로, 그러니까 일종의 교통정리를 하는 방식으로 간소화가 이뤄졌다.

그렇다면 화폐의 간소화는 어떤 방식으로 이뤄졌을까? 화폐의 경우 시대적으로 약간 뒤처지지만 대략 기원전 1000년대 초반 무렵 각지에서 물물교환이나 동과 은의 무게를 달아 거래하던 방식에서 화폐를 매개로 교환하는 형태로 통일이 이루어졌다. 이러한 간소화를 이뤄낸 곳은 동지중해 그리스인 주거지역이다.

본래 교역은 물물교환으로 시작되었다. 그런데 물건의 상태에 따라 물물교환에 적합한지 여부와 정도에 큰 차이가 났다. 물물교환에서는 특정 물건이 거래 대상이면서 동시에 그 자체가 화폐로 이용된다. 그러므로 과일이나 생선처럼 쉽게 상하고 부패해서 오랫동안 보관하기 어려운 물건은 부로 축적하는 데 적합하지 않기 때문에 화폐 가치가 떨어질 수밖에 없다. 그런 터라 사람들은 차츰 좀 더 가치 있고 시간이 오래 지나도 변질하거나 부패하지 않는 물건을 찾아 화폐로 사용하기 시작했다. 금과 은, 혹은 동 같은 물질(물건)이 대표적이다.

금속은 부패하지 않아 편리하지만 거래할 때는 적절한 값어치가 있는지 일일이 무게를 재고 시가를 확인하는 등의 번거로움을 감수해야 한다. 그 수고를 덜자면 어떻게 해야 할까? 일정한 무게에 맞먹는 금속을 미리 만들어두면 된다. 화폐는 이런 과정을 거쳐 탄생했다. 그런 의미에서 화폐 역시 교역 가치체계의 간소화 과정에 탄생한 것으로 볼 수 있다.

알파벳과 일신교, 화폐는 세계사의 거대한 흐름 속에서, 또 동지중해 세계라는 일종의 '광장'에서 거의 동시에(엄밀히 말해 보급에는 몇백 년의 차이가 있지만) 탄생했고 널리 보급되었다는 것이 나의 지론이다. 어디까지나 이것은 내가 세운 하나의 가설이다. 아무튼 '거의 동시에' 간소화가 이뤄졌다는 사실을 통해 우리는 문명이 어느 정도 복잡해지면 자연스럽게 단순화하려는 움직임이 생겨난다는 걸 알 수 있다.

이러한 관점으로 역사를 좀 더 큰 틀에서 보자. 그러면 간소화 현상이 과거에 끝난 것이 아니라 오늘날에도 여전히 일어나고 있음을 알게 된다. 구체적인 예로 '컴퓨터'를 들 수 있다. 컴퓨터의 대대적인 보급은 단순한 기술 진보가 아닌 명백한 '간소화' 움직임

중 하나로 볼 수 있다.

근대화 이후 점점 더 복잡해진 정보는 어떤 의미에서 역치에 도달해 0과 1이라는 단순한 형태로 수렴해서 처리하는 현상이 일어났다. 그리고 이 '간소화' 현상은 21세기 역사를 송두리째 뒤바꿔놓은 컴퓨터 탄생으로 이어졌다.

기원전 1000년경의
동시대성 흐름을 좌우한 '간소화' 움직임

기원전 1000년대에도 흥미로운 '동시대성'이 존재했다. 바로 '사상'의 탄생이다. 당시 문명 선진지역인 그리스, 오리엔트, 인도, 중국 등지에서 거의 동시다발적으로 우후죽순 사상과 철학이 태동했다.

먼저, 그리스에서는 호메로스부터 이오니아 철학을 거쳐 소크라테스와 플라톤으로 대표되는 그리스철학이 탄생했다. 오리엔트에서는 예레미야 등 구약성서에 등장하는 수많은 예언자가 나타났다. 오늘날 이란 부근에서는 배화교의 시조 조로아스터가 태어났다. 인도에서는 우파니샤드 철학이 출현했고 뒤이어 불교 창시자 고타마 싯다르타가 탄생했다. 그리고 중국에서는 공자, 노자를 필두로 '제자백가'라고 부를 정도로 무수히 많은 사상가가 등장했다.

물론 이들 사이에는 200~300년의 시간 차이가 있지만 오늘날까지 사람들의 마음을 사로잡는 사상과 철학이 왜 이 시기에 일제히 꽃을 피웠는지는 아직도 역사학의 수수께끼의 하나로 남아 있다.

　이 시기에 특별히 주목한 철학자가 있다. 20세기 독일 철학자 카를 야스퍼스다. 그는 이 시대를 '축의 시대(Achsenzeit)'라고 불렀다. 그 이유는 이 시기에 꽃피운 사상이 모두 이후 인류 사상의 근간이 되었기 때문이다.

　나는 동시대에 세계 각지에서 수많은 사상가가 출현한 이 현상을 기원전 2000년대에 일어난 문자, 일신교, 화폐 등의 탄생과 별개로 간주해서는 안 된다고 생각한다. 간소화한 문자가 널리 보급되면서 민중 사이에 읽고 쓸 줄 아는 지식계급이 탄생했으리라는 점은 누구나 쉽게 상상할 수 있다. 또 화폐 탄생이 교역을 활발하게 만들어 사람들이 더 광범위한 정보를 얻게 된 것도 이와 무관치 않으리라고 본다.

　여기서 한발 더 나아가 일신교가 등장한 배경에는 신들 사이에 위계질서가 생겨나 인간의 사상과 가치관에 심대한 영향을 끼쳤다고 추정할 수 있다. 한데 초월 신 개념은 사람들이 일상에서 친숙하게 느끼던 신의 세계와 다소 멀어지게 만들지 않았을까? 아무튼 사람들은 기존 신을 대체할 새로운 삶의 길라잡이를 찾아야 했다.

　광범위한 곳에서 쏟아져 들어오는 다양한 정보를 비교하고 융합하다 보면 새로운 관점과 사상이 생겨난다. 그것을 문자로 기록할 경우 더 먼 지역 사람들과 후대의 사고에 영향을 미친다.

현대 역사학은 알파벳과 일신교 등장, 화폐 탄생을 각각 별개의 사건으로 취급해 알아차리기가 쉽지 않다. 나는 이들 사건이 모두 당시 인간의 사고방식에서 같은 부분에 뿌리를 내렸다고 생각한다. 그리고 기원전 2000년대 후반부터 일어난 간소화 움직임 덕분에 '축의 시대'가 올 수 있었다고 본다.

마르코 폴로를 능가하는 '동서 발견'의 업적을 달성한 인물 라반 바사우마

동시대성이 고대에서만 발견할 수 있는 현상은 아니다. 중세와 근대 등 다양한 시대에 여러 종류의 유사성 있는 사건이 같은 시기에 일어났다. 다시 말해 중세와 근대에도 '동시대성'이 발생한 것이다. 그중 대표적인 사례를 하나 꼽아보자면 13세기에 일어난 '동서 발견'을 들 수 있다.

우리는 이탈리아인 마르코 폴로(Marco Polo, 1254~1324년)가 베네치아 상인이던 아버지와 함께 1274년 원나라 수도를 찾아왔다는 이야기를 잘 알고 있다. 마르코 폴로가 자신이 직접 경험한 일을 기록한 책『동방견문록』을 통해서다.

그런데 흥미롭게도 그로부터 불과 2년 뒤 원의 초대 황제 쿠빌

13세기의 세계

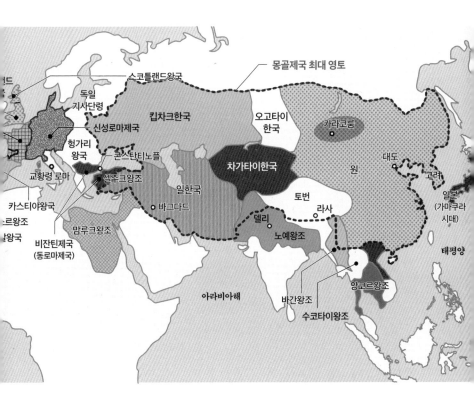

스코틀랜드왕국

몽골제국 최대 영토

독일
기사단령

킵차크한국

오고타이
한국

카라코룸

신성로마제국

헝가리
왕국

차가타이한국

대도

원

고려

콘스탄티노플

교황령 로마

셀주크왕조

일한국

토번

라사

일본
(가마쿠라
시대)

카스티야왕국

바그다드

르왕조

맘루크왕조

델리

노예왕조

왕국

비잔틴제국
(동로마제국)

바간왕조

앙코르왕조

태평양

아라비아해

수코타이왕조

라이의 칙명을 받은 위구르인 라반 바사우마(Rabban Bar Sauma, 1220?
~1294년)가 성도 예루살렘을 향해 여정에 올랐다는 사실은 거의
알려지지 않았다.

라반 바사우마는 열렬한 네스토리우스파 기독교 신자였다. 그
런 터라 그의 여행은 황제의 칙명을 받드는 동시에 자신의 신앙에
바탕을 둔 일종의 성지순례이기도 했다. 바사우마는 먼저 자신이
믿는 네스토리우스파의 교황(총주교)을 알현하고자 몽골계 일한국
이 지배하는 바그다드로 향했다. 바그다드에서 네스토리우스파
교황을 알현한 뒤 다시 서쪽으로 향했다. 그의 진로 계획에 따르면
시리아를 다스리던 이슬람 세력(맘루크왕조)으로 가야 했지만 통행
권을 얻지 못해 발이 묶이면서 잠시 바그다드에 머물렀다.

바그다드에 머무르는 동안 네스토리우스파 교황이 서거하자 그
와 동행한 제자 마르코스(Markos)가 차기 교황으로 추대되었다. 그
이유는 마르코스가 유서 깊은 몽골 귀족 가문의 혈통이었기 때문
이다.

다시 몇 년이 지난 뒤 일한국 군주가 아들인 아르군(Arghun)으로
바뀌면서 서서히 일이 풀리기 시작했다. 기독교 신자를 특별히 우
대한 아르군은 이슬람 세력을 억압하고 유럽의 기독교 세력과 군
사동맹을 맺는 것을 목표로 삼았다.

이 목표를 완수할 임무를 맡은 사람이 네스토리우스파 새 교황
마르코스의 스승이던 바사우마였다. 그는 비잔틴 황제와 로마 교
황 앞으로 보내는 아르군의 신임장과 칙서, 유럽 각국 국왕에게 보

내는 선물을 바리바리 들고 서쪽으로 향했다.

바그다드에서 흑해 연안까지는 육로로, 흑해부터는 배로 오늘날의 이스탄불인 콘스탄티노플로 들어간 바사우마는 비잔틴 황제 안드로니코스 2세(Andronikos Ⅱ, 재위 1282~1328년)를 알현하고 환대를 받은 다음 다시 로마로 향했다. 한데 로마에 도착하자 교황 호노리우스 4세(Pope Honorius Ⅳ, 재위 1285~1287년)가 타계하고 새 교황은 아직 정해지지 않은 상태라 난감했다. 게다가 교황청이 호의적으로 대응하면서도 명확한 의사를 표명하지 않아 애를 먹었다.

갈 길이 급했던 바사우마는 다시 서쪽으로 발길을 돌려 제노바를 거쳐 프랑스로 들어갔다. 프랑스에서는 국왕 필리프 4세(Phillippe Ⅳ, 재위 1285~1314년)를 알현했다. 당시 유럽은 십자군 원정의 막을 올릴 무렵으로 아직 시들지 않은 이슬람 세력 탓에 골머리를 앓던 필리프 4세에게서는 "아르군 전하에게 답신을 보낼 때는 이쪽에서도 고관을 파견하겠노라"라는 호의적인 답변을 받아냈다.

바사우마는 한 달가량 프랑스에 머물렀다. 그동안 그는 잉글랜드 왕 에드워드 1세(Edward Ⅰ, 재위 1272~1307년)를 알현하고 환대를 받았다. 또한 돌아가는 길에 로마에 다시 들러 새 교황 니콜라우스 4세(Pope Nicolaus Ⅳ, 재위 1288~1292년)와 만났다. 비록 그 둘은 서로 만나 군사동맹은 맺지 못했지만 융숭한 대접을 받았다. 이토록 어려운 임무를 무사히 완수한 바사우마는 1288년 바그다드로 돌아와 그곳에서 말년을 보냈다.

바사우마는 중국인이 아니라 위구르인이었다. 그는 원 황제의 칙령을 받아 서쪽으로 향했다. 언어에 능통했던 바사우마는 몇 개 국어를 할 줄 알았던 모양이다. 공교롭게도 오늘날 위구르 지구에서 이런저런 문제가 불거지는 바람에 중국 정부는 이 지역을 관리하는 데 어려움을 겪고 있다. 그러나 과거에 광대한 지역을 호령한 제국 시대에는 민족에 집착하지 않고 우수한 인물을 부지런히 등용해 효과적으로 활용했다. 인재 발탁 면에서는 몽골이 오히려 지금의 중국 정부보다 유연하게 제국을 통치한 셈이다.

끝내 몽골로 돌아오지 않았음에도 바사우마는 무슨 수를 썼는지 원에 많은 보고를 한 것 같다. 바사우마의 유럽 방문을 계기로 몽골에서 유럽으로 사절을 줄줄이 파견했고 유럽에서도 동방으로 활발하게 선교사를 파견해 동서교류가 국가라는 틀을 넘어 본격적으로 이루어졌기 때문이다.

지금껏 세계사는 서양 중심으로 돌아가고 기록되었다. 그러다 보니 대부분 마르코 폴로의 업적을 집중 조명해 왔으나 사실 동아시아 세계에서는 바사우마의 업적이 훨씬 더 컸다. 다행히 최근에는 바사우마를 비롯해 지금까지 잘 알려지지 않았던 동아시아 인물들에게 초점을 맞춰 재평가하는 움직임이 일어나고 있다.

15세기에 활약한 정화(鄭和, 1371~1433년)도 그중 한 명이다. 명나라 영락제(永樂帝, 재위 1402~1424년) 시절의 환관 출신 장수 정화는 황제의 명을 받들어 인도에서 아라비아반도를 거쳐 아프리카까지 대항해에 성공한 걸출한 인물이다. 명의 정식 역사서 『명사(明史)』

는 이 항해를 "서양으로 내려갔다"라고 기록하고 있다.

'인도와 아프리카 항해' 하면 우리는 머릿속에 거의 자동반사적으로 바스쿠 다가마(Vaco da Gama, 1469~1524년)를 떠올린다. 유럽에서 아프리카를 거쳐 인도에 이르는 바닷길을 항해한 포르투갈인이 바로 그다. 바스쿠 다가마는 1497년 출항해 이듬해인 1498년 인도에 도착했다. 반면 정화가 최초로 아프리카에 도달한 제4차 항해는 1409년 출항, 1415년 귀국으로 바스쿠 다가마와 거의 같은 항로로 80년 이상 먼저 임무를 완수했다.

이처럼 같은 시대에 같은 사건이 일어나는, 즉 동시대성이 이루어지는 과정에서 아시아인이 일군 업적의 가치는 오랫동안 외면되거나 폄하되다가 최근에야 겨우 재평가받기 시작했다. 개인적으로 역사의 진실을 연구하는 모든 연구자가 동시대성이라는 현상에도 관심을 기울였으면 하는 바람이다. 그 과정에서 지금까지 보이지 않던 역사의 진실을 접할 수 있을 테니 말이다.

왜 유독 영국에서만
산업혁명이 일어났을까

세계사의 동시대성은 18세기 후반에도 찾아볼 수 있다. 그러나 그것은 지금까지 소개한 사건들과는 그 양상이 조금 다르다. 말하자면 이 시대의 동시대성은 고대의 그것처럼 같은 사건이 동시에 일어나는 방식으로 나타나지는 않았다. 그러나 사건이 일어나는 조건이 각지에서 비슷하게 갖춰져 있었다는 의미에서 보자면 명백히 '동시대성'의 범주에 들어간다.

이번에 주목할 사건은 바로 '산업혁명'이다. 산업혁명은 18세기 영국에서 일어난 근대 세계 경제의 출발점이다. 이 시점에 한 가지 궁금증이 생긴다. '왜 하필 영국에서만 산업혁명이라고 부를 수 있을 정도로 획기적인 공업화가 이뤄진 것일까?' 논점이 이리저리 뒤얽혀 내로라하는 전문가들도 이 질문에 명쾌한 해답을 내놓지 못하고 있다.

기존 통설은 아시아와 아프리카, 남북아메리카 같은 식민지를 비롯해 유럽의 하층계급에서 착취한 자본이 유럽에 축적된 덕분이라는 관점을 취한다. 더불어 유럽 이외의 지역에서 정체기를 겪던 농업생산이 서유럽에서 많이 증가한 사실도 지적한다.

그런데 세계적 관점에서 당시 환경을 살펴보면 사실상 유럽과 여타 지역에 그다지 큰 차이는 없다. 특히 산업혁명이 일어난 18세기에 초점을 맞춰 시장 경향, 노동력, 기술혁신, 출생자 수, 노동 배분 등의 경제지표를 세밀히 비교해볼 때 서유럽과 동아시아 인구밀집 지역에서 이렇다 할 차이는 발견되지 않는다. 즉 유럽의 생산력이 다른 지역과 비교해 월등히 높았다고 볼 명확한 근거는 없다는 얘기다.

그렇다면 다시 한번 질문을 던져보자. '왜 유독 영국에서는 산업혁명이 일어나고 다른 나라, 그리고 아시아에서는 일어나지 않았을까?' 이 질문에 기존과 달리 새로운 관점으로 접근한 사람이 있다. 미국 역사학자 케네스 포메란츠(Kenneth Pomeranz)가 바로 그다. 그는『대분기(The Great Divergence — 중국과 유럽 그리고 근대세계 경제의 형성)』에서 각 지역의 생태환경 차이에 주목했다.

이 연구는 일종의 최신 지정학 연구로 보아도 좋을 만큼 가치를 인정받고 있다. 그의 주장을 요약하자면 영국은 다른 지역에 없는 행운을 누렸고 그 덕분에 산업혁명에 이를 수 있었다는 것이다. 그중 하나는 런던 등 일정 수준의 인구가 밀집한 지역 근처에 에너지원인 양질의 석탄이 풍부하게 매장되어 있었다는 사실이다. 한마디로 에너지 자원 획득이 행운의 실체라는 얘기다.

세계는 인구 증가와 함께 에너지 자원인 목재가 부족해졌다. 산업혁명이 일어나기 직전의 상황이다. 18세기 이후 수백 년간 영국과 중국의 공업지대인 양쯔강 삼각주 지역의 연료용 목재 가격은 일곱 배나 폭등했다. 이처럼 전 세계가 에너지 부족에 시달리던 중 영국은 목재를 대신할 에너지원으로 석탄을 이용할 수 있었다.

새로운 에너지원을 획득한 영국은 생산성이 높아졌다. 사람들의 생활 수준은 점점 좋아졌고 인구가 증가하면서 인구 과잉 현상이 일어났다. 자원이 있다고 물건을 너무 많이 생산하면 문제가 불거지게 마련이라는 것이 그 시절 사회적 인식이기도 했다.

바로 그 시점에 행운의 여신은 또 한 번 영국을 향해 미소 지었다. 사실 영국은 멀리 떨어진 곳에 식민지를 두고 있었다. 그때까지 영국은 잉여생산물 처리 시장 측면에서만 식민지의 가치에 주목하고 있었다. 하지만 본국의 남아도는 인구를 식민지로 내보냈을 때 얻는 이득도 상당하다는 사실을 깨달았다.

영국은 공업지역 근교에 있는 석탄을 에너지원으로 확보했고 광대한 식민지 덕분에 거대한 시장을 개척했다. 또 토지에 예속되어 있던 인구 부양력이라는 제약에서 풀려나 인구가 급증하면서도 일인당 소비량이 상승하는 기적이 발생했는데 바로 이것이 산업혁명을 촉발했다.

산업혁명 하면 가장 먼저 '증기기관 발명에 따른 동력 쇄신이 동서의 명암을 갈라놓았다'라는 말이 나온다. 사실 증기의 열을 기계 작동 에너지로 활용하는 기술은 고대 지중해 세계의 사람들이 이미 사용하고 있었다. 그런데도 로마제국에서조차 산업 근대화는 일어나지 않았다. 생태환경이 기술 이상으로 중요하다는 주장이 설득력을 얻는 것도 그래서다.

영국을 중심으로 한 서유럽은 이처럼 축복받은 생태환경에서 착실하게 성장했지만 아시아는 산업혁명을 일으킬 힘이 있으면서도 유리한 조건을 확보하지 못해 저 멀리 뒤처졌다. 그렇게 한 번 뒤처진 간격을 따라잡지 못한 채 시간이 흘러 19세기 제국주의 시대로 접어들었고 격차는 더 많이 벌어졌다.

만약 산업혁명이 로마제국이나 한제국 시절에 일어났다면 이 정도로 큰 격차가 벌어지지는 않았을 것이다. 설령 100년의 격차가 있었더라도 양 제국은 제각각 세계제국으로 부상할 수 있었으리라고 본다.

하지만 18세기에 벌어진 50년 정도의 격차는 결정적이고도 치명적인 차이를 만들어냈다. 비교사 관점에서 아시아는 아직도 그 시절에 벌어진 격차를 완전히 따라잡지 못했다는 생각이 든다. 가령 '국제화'라는 말도 따지고 보면 미국과 영국의 영어권 국가들을 중심으로 한 국제화에 지나지 않는다. 이는 영어권 국가가 줄지어 선진국 반열에 들어서면서 그들이 압도적으로 유리한 국제화 환경을 만든 결과다.

케네스 포메란츠는 자신의 책에 '대분기'라는 제목을 붙였다. 이는 산업혁명을 불러일으킨 약간의 생태환경 차이가 그야말로 서유럽과 동아시아의 이후 명암을 결정적으로 갈라놓은 분기점이 되었다는 의미로 볼 수 있다.

'동시대성'이 역사를 비약적으로 발전시킨다

Deficiency

03

'결핍(건조화)'이
문명을
탄생시켰다

문명 태동부터 도시국가를 거쳐 민주정 탄생에 이르기까지

"문명은 도전과 응전의 과정이다."

— 아널드 토인비 (역사가, 『역사의 연구』 저자)

문명은 도시, 문화는 농촌과
밀접한 관련이 있다?

　　문명은 어떻게 태동하고 발전하는가? 이
주제에 관해 본격적으로 논하기 전 먼저 문명의 정의에 대해 곰곰
이 생각해보자. 문명은 영어로 Civilization이다. 이 단어의 어원은
Civitas(혹은 Civis)인데 본래 '시민'이라는 의미다. Civitas를 글자 그
대로 번역하면 'Civis가 될 자격이 있는 자'라는 뜻이다. 이 단어가
'시민권'이라는 이해하기 쉬운 의미로 바뀌었다. 그런 다음 차츰
'시민이 될 권리를 가진 사람의 무리', 즉 '시민 집단'으로 의미가
달라졌다. 이후 이 단어는 다시 '국가'라는 뜻으로 사용되었다. 결
국 문명은 기본적으로 '국가나 시민이 모인 도시'라는 의미를 지
닌다.

사람들이 문명과 자주 혼동하는 단어가 있다. '문화(Culture)'가 그것이다. Culture는 라틴어 Colere에서 유래한 단어로 '경작하다'라는 의미다. 이로써 문화는 특정 지역의 자연과 풍토의 영향을 강하게 받는다는 사실을 알 수 있다.

결국 문명은 지역적 영향이라는 한계에서 벗어나 사람들이 모이는 곳으로 전파되는 데 반해 문화는 자연과 풍토의 영향을 강하게 받는다. 쉽게 말하자면 문명은 지역성을 초월해 보편성을 획득한 개념이라고 할 수 있다. 반면 문화는 자연과 풍토의 영향을 받아 그 땅에서는 효력을 발휘하지만 다른 지역에서는 통용되지 않을 가능성이 크다.

문명은 농촌보다 도시와 관련이 깊다. 왜 그럴까? 인구가 밀집한 지역이 도시다. 이런 곳에 사는 사람들은 편의성을 추구한다. 한데 다른 도시에 사는 사람에게도 똑같이 쓸모 있지 않는 한 진정한 편의성은 발생하지 않기 때문이다. 문명이 보편성을 획득하는 것은 이런 이유에서다.

'경작하다'라는 뜻을 지닌 문화는 '농경(Agriculture)'과 관련이 깊다. 농경을 의미하는 단어 Agricultue 안에 문화를 의미하는 단어 Culture가 들어 있으므로 우리는 이 점을 쉽게 유추할 수 있다. 단어 자체로도 간과할 수 있듯 권위 있는 식물학자 나카오 사스케(中尾 佐助)는 농경과 목축의 기원을 비교 분석하며 세계를 네 개의 농경 문화권으로 나누었다. 그가 집필한 책『재배 식물과 농경의 기원』에 나오는 내용이다. 자세히 살펴보자.

① 근채根菜 농경문화

바나나, 사탕수수, 고구마, 참마, 토란 등의 작물을 생계용으로 재배하는 지역. 주로 습지대가 많은 동남아시아와 오세아니아 등의 지역이 이 범주에 속한다.

② 사바나 농경문화

줄콩(Yard Long Bean), 피, 표주박, 깨 등을 재배하는 곳으로 아프리카와 인도가 여기에 속한다. 또 전혀 연관이 없어 보이지만 피를 재배한 사바나 농경문화가 인도를 거쳐 동북아시아로 전해져 벼농사 문화가 정착했다.

③ 지중해 농경문화

보리, 밀, 완두콩, 순무를 재배하는 곳으로 '지중해'라는 이름이 붙었다. 그러나 그 출발점은 '오리엔트'라는 이름으로 불린 서아시아다. 특히 4대 문명의 하나인 메소포타미아 문명에서 탄생한 '비옥한 초승달 지대'는 농업의 발생지다.

④ 아메리카 대륙 농경문화

콜럼버스가 탐험한 남북아메리카 대륙의 농경문화다. 이곳에서 재배된 작물은 감자, 옥수수, 토마토, 고추 등으로 예외 없이 우리에게 친숙한 것들이다. 이들 작물은 모두 아메리카 대륙이 원산지인데 콜럼버스의 아메리카 대륙 탐험을 계기로 유럽에 전해졌다. 이후 대항

'결핍(건조화)'이 문명을 탄생시켰다

해시대, 제국주의·식민주의 시대와 맞물려 다른 대륙, 다른 나라들로 퍼져 나갔다.

위의 네 가지 중 아메리카 대륙의 농경문화를 좀 더 자세히 살펴보자.

콜럼버스의 아메리카 대륙 탐험은 유럽에 크고 작은 변화를 몰고 왔다. 주목할 만한 변화의 하나로 '인구 증가'를 꼽을 수 있다. 이 역사적 사건으로 인해 실제로 유럽 인구가 폭발적으로 증가했기 때문이다. 아메리카 대륙이 원산지인 여러 작물이 유럽에 전해지면서 식량 문제 해결에 큰 도움을 준 덕분이었다. 대기근이 사라지고 영양 상태가 좋아지면 자연스럽게 인구도 증가하기 마련이다.

아메리카 대륙에서 건너온 작물 중 굶주림 해소와 인구 증가에 결정적으로 기여한 것은 '감자'였다. 감자를 비롯한 여러 작물이 한동안 외면당하거나 '악마의 식물'로 오해받았다. 그러나 차츰 유럽인의 인식에 변화가 일어나고 각 나라에 본격적으로 보급되어 굶주림으로 고통받던 수많은 사람을 먹여 살렸다. 콜럼버스의 아메리카 탐험 이전 유럽인의 식량으로 주로 이용된 작물은 보리와 밀이었다. 이 작물들은 다른 작물과 비교해 생산량이 많지 않아 굶주림을 해결하는 데는 역부족이었다. 그런 상황에서 감자 등의 새로운 작물이 부족했던 유럽인의 식량 자원을 훌륭하게 보충해주었다.

이런 분류를 문화로 여기는 이유는 무엇인가? 농경이 자연조건에 종속되기 때문이다. 물론 문화 중에는 유럽에 전해지고 성공적으로 자리매김한 감자처럼 기후와 풍토가 전혀 다른 곳에 전해져 뿌리내리거나 퍼져 나가는 것도 있다. 또 그 과정에 획기적으로 수확량을 늘리기 위해 품종개량이 이루어지거나 농경기술 향상으로 이어지기도 한다. 이는 문화적 요소에서 보편적 요소를 얼마나 많이 만들어내느냐에 따라 문명이 태동할 가능성이 높아진다는 의미다.

'4대 문명'과 '5현제'가
부정확한 용어인 까닭

'문명'이라는 단어를 들으면 머릿속에 맨먼저 무엇이 떠오르나? 아마도 대다수 사람은 무엇보다 '4대 문명'이라는 용어를 떠올릴 것이다. 실제로 세계사 책을 펼치면「문명 탄생」이라는 제목 아래 '4대 문명'이라는 항목이 곧바로 눈에 들어온다. 역사를 주제로 한 프로그램을 방영하는 TV에서도 '4대 문명'이라는 용어를 당연하다는 듯 아무렇지도 않게 사용한다.

4대 문명이란 정확히 무엇을 말하는가? 기원전 5000년~기원전 2000년경 큰 강 유역에서 태동한 네 개의 고대 문명을 일컫는 용어다. 서아시아 티그리스강·유프라테스강 유역에서 생겨난 '메소포타미아 문명', 아프리카 대륙 동북부를 흐르는 나일강 유역에서 발생한 '이집트 문명', 인도 인더스강 유역에서 태동한 '인더스 문명', 동아시아 황허강 유역에서 번성한 '황허 문명'이 그 주인공들이다.

얼마 전까지만 해도 문명 탄생을 말할 때는 대부분 '4대 문명'을 빼놓지 않고 다루었다. 그러나 최근 들어 이 용어를 잘 사용하지 않는 추세다. 기원전 5000년~기원전 2000년 무렵, 혹은 그보다 더 오래전에 이른바 4대 문명에 포함되지는 않지만 인류사에 뚜렷한 발자국을 남긴 여러 문명이 존재했다는 사실이 고고학적 연구를 통해 밝혀졌기 때문이다.

로마사에 자주 등장하는 '5현제'라는 용어도 마찬가지다. 5현제란 96년부터 98년까지 재위한 네르바부터 트라야누스(Marcus Ulpius Trajanus, 재위 98~117년), 하드리아누스, 안토니누스 피우스(Antoninus Pius, 재위 138~161년), 마르쿠스 아우렐리우스(Marcus Aurelius Antoninus, 재위 161~180년)까지 로마가 '팍스 로마나(Pax Romana, 로마에 의한 평화)'로 불리던 번영의 시대를 다스린 황제를 총칭하는 말이다.

'5현제' 역시 '4대 문명'과 비슷한 이유로 생겨난 용어다. 세계사에 관한 이해가 상대적으로 부족하던 시절 대중이 복잡하고 난해한 역사적 사실을 좀 더 쉽게 배우고 정리할 수 있도록 돕고자 분류한 방법이라는 면에서 그렇다. 그러나 글로벌화한 현대 사회에서는 그런 다소 작위적이고 편의적인 용어를 버리고 좀 더 입체적이고도 풍부한 어휘를 동원해 기술하고 이해할 필요가 있다.

대규모 '건조화'는
어떻게 문명 태동으로 이어졌나

문명이란 무엇인가? 학자마다 다양한 기준과 방식으로 문명을 정의한다. 나는 '문자'를 기준으로 문명을 정의하는 것이 가장 합리적이라고 본다. 왜 문자가 문명의 기준이 되어야 할까? 위에서 언급한 대로 문명은 문화와는 달리 지역성을 초월해 보편성을 획득한 개념인데, 그 보편성을 획득해가는 과정에 문자가 수행하는 역할이 매우 크고 중요하기 때문이다. 또하나. 문명은 '도시'와 매우 관련이 깊은데, 하나의 집단이 농촌에서 도시로 진화해가는 과정에 점점 규모가 커져 인구가 많아지고 복잡해지면서 문자, 즉 기록의 필요성이 더욱더 절실해지기 때문이다.

고대 문명들은 어떤 문자를 발명하고 사용했을까? 먼저 가장 오래된 메소포타미아 문명은 설형문자를, 이집트 문명은 상형문자인 히에로글리프를, 인더스 문명은 인더스문자를, 황허 문명은 한자의 원형인 갑골문자를 발명해 사용했다.

문자 못지않게 중요한 문명 조건이 있다. 바로 '건조화'다. 고고학자와 역사학자들의 연구에 따르면 세계 4대 문명이 태동한 시대에 전 세계적으로 대규모 '건조화'가 진행되었다. 이는 문명사·인류사의 관점에서 매우 중요한 사실이지만 이 점을 명확히 지적하는 사람은 의외로 많지 않다.

메소포타미아, 이집트, 인더스, 황허의 이른바 4대 문명을 비롯한 주요 고대 문명들의 탄생 시기를 살펴보자. 흥미롭게도 대부분 기원전 5000년부터 기원전 2000년 시기에 서로 약속이나 한 듯 '거의 동시에' 태동했다. 왜 마치 비 온 뒤 여기저기 죽순 돋아나듯 이 시기에 인류사에 거대한 발자취를 남긴 문명들이 다투어 탄생한 걸까?

기원전 3000년부터 기원전 2700년 무렵 티그리스강·유프라테스강 유역에 많은 도시국가가 탄생했다. 한데 이 도시국가들은 거의 예외 없이 농경문화를 기반으로 성립되었다. 기원전 3000년경 이집트 나일강 유역에서도 통일국가가 등장했다. 동서로 퍼져 나간 오리엔트 문명은 서쪽에서는 에게 문명 태동을 촉진했고 동쪽의 인도에서는 인더스강 유역에 청동기를 사용하는 도시국가 성립의 길을 열었다. 기원전 2300년경의 일이었다.

자, 이제 아시아로 눈을 돌려 중국 북부 황허 유역의 황토지대를 잠시 살펴보자. 이 지역에서는 간석기와 칠무늬토기(채문토기, 채색토기)를 만들어 사용하는 농경문화가 탄생하고 발전했다. 황허 문명이 태동하기 훨씬 전인 기원전 5000년대(기원전 5000~4001년)의 일이었다.

오늘날 문명 발상과 건조화가 서로 깊은 연관이 있다는 주장을 대놓고 반박하거나 이의를 제기하는 학자는 거의 없는 것 같다. 대다수 고고학자와 역사학자들이 이 주장을 정설로 받아들이는 추세다. 그런데 왜 그런 내용이 기록으로 남아 있지 않은지는 여전히 의문이다.

당시 건조화는 상당히 광범위하게 진행된 것으로 보인다. 좀 더 구체적으로 아프리카 북부에서 중동, 고비사막을 거쳐 중국에 이르는 드넓은 지역에서 '건조화'가 진행되었다. 이는 기원전 5000년 무렵부터 거의 전 지구적으로 일어난 현상이었다.

아프리카 대륙 북부에 펼쳐진 광대한 사하라사막에 주목해보자. 오늘날 이곳은 메마른 사막지대지만 역사적으로 늘 그랬던 것은 아니다. 사실 이곳은 지구환경이 차츰 변화해감에 따라 습윤기후와 건조기후를 반복해온 지역이다. 그렇다면 언제부터 이곳에 사막화가 진행되었을까? 학자들은 대략 그 시기를 기원전 5000년 경으로 추정한다. 그 이전 사하라는 녹음이 우거져 '그린 사하라(Green Sahara)'라고 불렸다. 풀과 나무가 우거지고 공중엔 새들이 땅위엔 수많은 동물이 먹이를 찾아다니고 질주하는 사하라의 광경이 머릿속에 그려지는가?

사하라에 지금도 남아 있는 타실리나제르(Tassili n'Ajjer) 동굴 벽화를 보면 당시 습윤기후 풍토에서 생활하던 사람들의 흔적을 엿볼 수 있다. 지금이야 저런 완벽한 사막지대에서 어떻게 사람이 살 수 있었을까 싶지만 당시에는 물도 풍부하고 식량으로 이용되는 동식물도 넘쳐났다.

그러다가 그곳에 살던 사람들이 생명 유지의 필수 요소인 물을 찾아 큰 강 주위로 모여들기 시작했다. 아프리카 대륙과 중동 지역에 대규모 건조화와 사막화가 본격적으로 진행되면서 일어난 현

'결핍(건조화)'이 문명을 탄생시켰다

상이었다. 아프리카는 나일강 유역, 중동은 티그리스강·유프라테스강 유역, 인도는 인더스강 유역, 중국은 황허강과 양쯔강처럼 큰 강 유역이 바로 그런 지역이었다.

문득 궁금해진다. 대규모 건조화가 진행되면서 사람들이 물가로 몰려든 일이 어떻게 문명 태동으로 이어진 걸까? 혹독한 겨울 추위를 이겨낸 땅속 식물 뿌리나 씨앗이 봄에 새싹을 틔우고 나무를 키워 꽃을 피우고 열매를 맺는 일과 비슷한 이치로 볼 수 있지 않을까. '건조화'와 '물 부족'이라는 절체절명의 위기에 맞닥뜨린 인류는 역경을 극복하기 위해 지혜를 짜내야 했을 것이다. 살아남기 위해 모든 수단과 방법을 동원해야 했을 것이다. 현실에 순응하기보다는 적극적으로 열악한 환경에 맞서야 했을 것이다. 그런 역동적인 과정에 그 시대의 인간들은 좀 더 영리해지고 유능해졌을 것이다. 새로운 도구를 개발하고 기술을 발전시키고 마침내 찬란한 문명을 이룩했을 것이다. 마치 식물이 겨울이라는 역경을 이겨내고 이듬해에 싱싱한 새싹을 틔우고 탐스러운 열매를 맺듯 말이다. 이렇듯 문명이 태동하고 성장하는 원리도 자연의 이치와 맥을 같이한다.

지구가 건조화해가는 열악한 환경에서 인류는 어떻게 고도로 발달한 문명을 이룩했을까? 잠시 이 점을 살펴보자. 먼저 생존을 위한 가장 필수적인 요소인 '물(강)'을 중심으로 사람들이 한곳에 모여들기 시작했다. 그렇게 크고 작은 마을이 만들어지고 그 마을들이 통합되며 차츰 도시라고 부를만한 규모로 성장했다. 그 과정

타실리나제르 동굴 벽화

흥겹게 춤추는 고대인과 소·양의 무리, 기린 등이 있다. 아프리카 북부 사하라가 지금처럼
사막이 되기 이전의 모습을 묘사하고 있다.

에 마을과 마을, 집단과 집단 사이에 물을 둘러싸고 하루가 멀다고 분쟁이 벌어졌다. 도시나 국가의 통치자는 이런 물 분쟁 문제를 무엇보다 우선적으로 해결해야만 했다. 그런 필요에 따라 물 분쟁을 방지하는 '물 사용 시스템'이 개발되고 정교하게 다듬어졌다. 통치자와 지배 계층은 이런 사실을 후세에 남겨야 한다고 생각했을 것이고 기록할 필요를 느꼈을 것이다. 그에 따라 자연스럽게 문자가 탄생했을 것이다.

실제로 고대 기록을 살펴보면 거래기록 등 실무적인 기록이 꽤 많이 발견된다. 위에 언급한 대로 문자는 필요에 따라 생겨난 것이므로 '왜 필요했는지' 파악하려면 당대의 사람들이 무엇을 기록했는지 확인하는 방법이 가장 효과적이다.

어느 시대 어느 지역이든 제대로 역사를 이해하고자 한다면 무엇보다 먼저 해야 할 일이 있다. 그것은 바로 '왜?'라는 질문을 던지는 일이다.

· '왜' 문명이 탄생했는가?
· '왜' 도시가 생겨났으며, 문명은 어떻게 도시의 발달로 이어졌는가?
· '왜' 사람들은 한곳에 모여 살았는가?

이런 식의 '왜'라는 질문에 답하는 과정을 한 발자국 한 발자국 따라가다 보면 문명 태동과 발전에 이르는 일련의 흐름의 본질이 '건조화'에 있음을 알 수 있다.

아메리카 대륙에서 거대 문명이
태동하지 못한 이유가
'말의 멸종' 때문이라고?

문명은 큰 강을 중심으로 생겨났지만 그 주위에서는 '건조화'가 진행되고 있었다.

아시아의 경우 중국의 황허 문명과 창장 문명, 인도의 인더스 문명이라는 걸출한 문명이 세 개나 태동했다. 반면 일본에서는 고대 문명이 탄생하지 않았다. 이유가 뭘까? 아이러니하게도 중국과 달리 일본은 물이 풍부한 환경이기 때문이었다. 여러분도 알다시피 문명의 씨앗은 풍요로운 환경이 아닌 척박한 환경에서 더 잘 싹을 틔우고 열매를 맺는 까닭이다.

그렇다면 아메리카 대륙에서는 어째서 문명이 태동하지 못했을까? 사실 이 질문에는 약간 어폐가 있다. 왜냐하면 아메리카 대륙에서는 4대 문명만 한 규모는 아니어도 남미를 중심으로 '메소아메리카 문명'이 탄생하고 나름대로 번성했기 때문이다. 메소아메리카 문명이 등장한 시기는 기원전 1000년대 무렵이다.

메소아메리카 문명이 이른바 4대 문명처럼 주요 문명으로 발전하지 못한 데는 또 한 가지 무시하지 못할 요인이 있었다. 그것은 바로 말이 멸종한 일이다. 아메리카 대륙에서는 인간이 지나치게 잡아먹는 바람에 어느 시점에 말이 멸종하고 말았다.

문명 발전에서 말이 왜 중요할까? 문명 발전에는 물자와 사람,

정보가 활발히 이동하고 흘러야 하는데 말이 사라지면서 그것들이 더디게 흐르고 제대로 확산하지 못했다. 사람과 물자, 정보 교류가 적으면 아무래도 문화, 즉 자연 풍토에 구속당하는 정도가 높아질 수밖에 없다. 다시 말해 이런 환경에서는 문화가 문명으로 이행하는 속도가 더뎌질 수밖에 없다.

한 지역이 다른 지역과 교류하고 교역하는 과정에 그 지역의 문화가 자연 풍토에 구속당하는 정도가 차츰 엷어진다. 그 결과 그 문화는 좀 더 보편성을 지닌 문화로 발전하고 문명으로 승화한다. 이런 맥락에서 말이 멸종하여 존재하지 않게 된 아메리카 대륙의 경우 상대적으로 문화 구속성이 강했으며 더 크고 발전된 문명으로 나아가지 못했다.

나는 내 책 『말이 바꾼 세계사』의 에필로그에 다음과 같이 썼다.

만약 말이 없었다면 21세기는 아직 고대에 머물러 있을 것이다. 사람들의 의식 속에 흐르는 시간은 느긋하고 멀리 떨어진 지역의 지식은 희미하며 확실치 않다. 남의 나라 사건 따위는 그저 강 건너 불구경일 뿐이다. 고대사회에 그런 완만함과 막연함은 당연한 일이었다. 만약 지상에 말이 존재하지 않았다면 여전히 고대가 이어지고 있을 가능성이 크다.

만약 말이 없었다면 세상은 지금과 많이 달랐을 터다. 속도나 마력(馬力) 개념은 존재하지 않았을 것이다. 말이 아니었다면 기원후 2000년 무렵에도 고대가 지속하였을 가능성이 크다.

단, 우리는 스스로 생각하는 문명 개념이 유럽인의 가치관에 갇혀 있을지도 모른다는 사실을 의심해야 한다. 분명 유럽인이 처음 발을 디뎠을 무렵 아메리카 대륙에는 그들의 관점에서 '문명'이 존재하지 않았다.

이것은 어디까지나 내 생각이지만 당시 아메리카 대륙의 문명 수준은 아직 피라미드를 짓지 못한 이집트 고왕국 초기(기원전 2500년경) 단계에 해당한다. 메소포타미아에 적용하자면 기원전 3000~2800년경의 수준에 해당한다고 볼 수 있지 않을까.

그러나 이런 판단도 타당하다고 보기는 어렵다. 유럽인의 가치관을 바탕으로 한 문명 수준일 뿐 아메리카 대륙 원주민은 그들 나름대로 풍요롭고 안정적인 생활문화를 영위하고 있었기 때문이다. 우리는 이 사실을 인정해야 한다. 하나부터 열까지 유럽적인 요소를 발달한 문화라고 단정해서는 안 된다.

실제로 오늘날 문명이 이 정도 수준까지 발달한 것이 과연 좋기만 한 일인지 의문을 제기하는 사람이 많아지고 있다. 누군가가 '문명 발달이 정말로 좋은 일이냐'고 진지하게 묻는다면 선뜻 '그렇다'라고 대답하기 어려운 게 사실이다.

아무튼 현대문명의 빛과 그림자는 잠시 접어두고 당시 안정적인 생활문화를 영위하던 사회를 외부 가치관으로 뭉뚱그려 판단하는 오류를 범하는 태도는 삼가자. 이런 관점을 늘 머릿속에 넣어두고 사는 것이 올바른 자세가 아닐까.

'결핍(건조화)'이 문명을 탄생시켰다

'독창성'이 부족한 로마인이
지중해 패권을 거머쥘 수 있었던 비결

문명 태동과 도시는 떼려야 뗄 수 없는 관계를 맺고 있다. 인간이 어느 한곳에 모여 집단생활을 하지 않으면 문명은 탄생할 수 없기 때문이다. 그렇다면 과연 문명 태동과 발달에는 어느 정도 규모의 집단이 필요할까? 예컨대 20~30명 규모의 마을 단계에서는 문명이 발달하기 어렵다. 문명이 발달하려면 어느 정도 분업화가 이루어져야 하고 분업화에는 상당히 많은 인구가 필요하기 때문이다. 인구가 늘어 사회에서 분업화가 이루어지면 각 직업은 합리성이라는 가치와 목표를 추구한다. 뭔가 한 가지 일에 집중하고 특화하여 그 능력을 집중적으로 갈고닦는 것이다. 그렇게 함으로써 문명에 필요한 요소인 '편의성'이 증가하고 좀 더 체계적이고 효율적으로 사회가 돌아간다.

특정 집단에 인구가 많아지고 사회조직이 갖춰지면 그다음 단계로 '계급 격차'가 발생한다. 인간은 본능적으로 자신이 속한 조직에서 최대한 높이 올라가고 싶어 하는 존재이기 때문이다. 그렇게 위로 올라가려고 애쓰는 과정에서 격차가 발생하며 격차는 계급으로 발전한다.

규모가 작은 부족사회에서는 구성원 간에 어느 정도 격차가 존재하기는 해도 계급 수준으로까지 발전하지는 않는다. 오히려 작은 부족사회 안에서는 다른 사람을 제치고 위로 올라가려는 사람을 응징하고 타도하려는 움직임이 나타난다.

반대로 인구가 많아지면 그들을 하나로 모으기 위해 특수한 능력을 지닌 사람이 필요해진다. 이 과정에 한편으로는 격차가 발생하고 다른 한편으로는 대중을 이끌 지도자를 갈구하는 마음이 생겨 계급 개념이 더욱더 확고해진다. 이처럼 결국 계급 개념도 마찬가지로 도시의 산물인 셈이다.

문명은 일단 발달하기 시작하면 일정 단계에 머무르지 않는다. 그보다는 현재의 자원을 개량해 끊임없이 뭔가 새로운 것을 만들어내려고 애쓴다. 이때 창의력을 발휘해 좋은 물건을 만들어낸 사람이 최종적으로 승리한다. 이처럼 '갈고닦는' 능력이 탁월한 이들이 바로 로마인이다.

'어떻게 로마는 당대 서양 세계의 패권을 거머쥘 수 있었나?' 이는 로마사 연구의 크고 중요한 주제다. 여기에는 다양한 요인이 있겠지만 나는 로마인이 가진 '향상심'과 '뛰어난 능력'도 그 요인의 하나라고 생각한다.

사실 로마인은 독창성(Originality)이 부족한 민족이다. 로마의 기술이 그리스인이나 에트루리아인의 기술을 모방하는 데서 출발한 것도 그런 이유에서다. 로마인이 다른 민족의 기술을 모방한 흔적은 토목건축 등 여러 분야에서 찾아볼 수 있다. 예컨대 콜로세움과 수도교에 활용한 아치 공법을 인류 역사상 최초로 고안한 민족은 에트루리아인이다.

그뿐만이 아니다. 로마가 자랑하는 도로와 수도도 그리스인들

'결핍(건조화)'이 문명을 탄생시켰다

의 기술을 흉내 낸 것에 지나지 않는다. 그렇다고 로마가 다른 민족, 다른 나라의 기술과 유산을 단순히 따라 하기만 한 것은 아니다. 로마인은 에트루리아와 그리스의 것을 단지 베끼고 흉내 내는 데서 그치지 않고 창조적으로 발전시켰다. 비록 그들은 독창성을 지니지는 못했으나 나름의 창의력을 발휘해 원작을 뛰어넘는 물건을 만들어내는 능력이 탁월했다.

기록을 찾아보면 로마인의 기술이 얼마나 우수했는지 보여주는 사례는 무수히 많다. 그중에서도 오늘날 관광명소로도 유명한 트레비 분수가 대표적이다. 분수에 흐르는 풍부한 물은 로마 황제 아우구스투스 시대에 완성한 아쿠아 비르고 수도를 통해 운반해온 물이다.

여러분도 알다시피 이탈리아는 수자원이 그다지 풍부한 국가가 아니다. 그런데도 로마에는 항상 물이 충분해서 물 걱정이 별로 없었다. 이는 모두 11개에 이르는 로마의 수도교 덕분이었다. 건설한 지 2,000년이 넘은 지금도 수도교는 물을 공급하는 기능에 아무런 문제가 없다.

로마인이 지닌 창의력은 어디에서 기인할까? 이런 궁금증을 품은 사람이 많은 것 같다. 내 생각에 그것은 '정직'과 '성실'에 뿌리를 두고 있다. 독자 중에는 뜻밖이라고 생각하는 이도 있겠지만, 자신이 보유한 것을 좀 더 세련되게 다듬고 좀 더 나은 상태로 개선하는 능력은 남을 '속이지 않는' 태도와 재능을 통해 발현되기 때문이다. 우리는 자칫 이 능력을 간과하기 쉽지만 역사를 대할 때

이는 매우 중요한 요소 중 하나다.

창의력이란 무언가를 좀 더 세련되게 만드는 능력을 말한다. 나는 이 점을 한 번 더 강조하고 싶다. 이는 단순히 편리하게 만들거나 그저 보기 좋게 만드는 능력과는 차원이 다르다. 창의력이라는 재능의 밑바탕에 자신과 남을 속여서는 안 된다는 신념에 가까운 집념이 담겨 있기 때문이다. 또한 이러한 올곧은 의지와 장인정신을 지니고 있지 않으면 기나긴 역사 속에서 살아남을 수 없기 때문이기도 하다.

제갈공명과 카이사르가
같은 시간 같은 장소에서 만나
건곤일척의 승부를 벌인다면?

프랑스 남부에 있는 퐁 뒤 가르(Pont du Gard). 역사가들은 이 수도교를 아우구스투스 황제가 가장 신임하는 부하 중 하나였던 아그리파의 명령을 받은 로마군이 건설한 것으로 추정한다.

로마인은 천성적으로 우직한 민족이다. 지구 위 모든 민족의 인내력과 지구력을 정밀 테스트한다면 과연 어느 민족에게 1등 상이 돌아갈까? 장담하건대 로마인이 당당히 1등 상을 차지할 것이다. 처음에는 그들 역시 다른 민족의 사람들과 마찬가지로 여러 가지

'결핍(건조화)'이 문명을 탄생시켰다

시행착오에 맞닥뜨리기도 하고 우여곡절을 겪기도 하지만 그 지난한 과정을 겪으며 자신의 실수에서 배우고 오류를 수정했다. 그들은 결국 역사에서 살아남기 위해서는 양이 아닌 질로 경쟁하고 대결해야만 한다는 사실을 잘 보여주었다. 그리고 그들의 노력을 인류 역사가 증명해주었다. 로마의 대표적 유적 중 하나인 콜로세움과 프랑스 프로방스에 남아 있는 로마 시대 수도교 퐁 뒤 가르가 대표적인 사례다.

먼저 콜로세움을 살펴보자. 콜로세움은 세계 7대 불가사의 중 하나로 꼽히는 타원형 건축물로 '플라비우스 원형극장'이라는 이름으로도 불린다. 이 건축물은 로마제국 제9대 황제 베스파시아누스가 기원후 72년 공사를 시작했고 그의 후계자 티투스 황제가 기원후 80년에 완공했다. 놀랍게도 콜로세움은 당시 5~8만 명이 동시에 입장할 수 있을 정도로 엄청난 규모를 자랑하는 건축물이었다. 이곳에서 검투사 경기와 야생동물 사냥을 비롯한 다양한 행사가 자주 열렸다고 한다. 이 시대에 초기 기독교는 로마에 의해 많은 박해를 받았으며 수많은 신자가 콜로세움에서 순교한 것으로 알려져 있다.

현재 남아 있는 콜로세움의 외관은 건물 내부 벽이었다. 수 세기에 걸쳐 일어난 지진으로 치명적인 피해를 당해 상당수 외벽이 파괴되고 북쪽 외벽만 남아 있는 상태다. 오랜 세월을 견뎌낸 그 건축물은 로마인의 우직하고 성실한 자세를 보여주기에 손색이 없다.

원형경기장 콜로세움

외관은 아름다운 아치가 늘어선 4층 구조다. 1층은 도리아식, 2층은 이오니아식, 3층은 코린
토스식으로 서로 다른 양식의 아치로 장식했다.

그다음으로 퐁 뒤 가르 수도교를 보자. 총 길이가 50킬로미터에 달하는 퐁 뒤 가르는 구불구불하게 이어진다. 이 다리는 가장 높은 곳에 있는 수도교로도 유명하다. 전 세계의 모든 수도교를 통틀어 가장 잘 보존된 건축물이며 '죽기 전에 꼭 봐야 할 세계 역사 유적' 중 하나로 꼽히기도 한다. 퐁 뒤 가르는 돌 틈 사이로 물을 흘려보내는 실용적인 기능을 담당한다. 한데 놀랍게도 2,000여 년 전 로마인들은 이곳에 단순히 돌을 쌓아 올리기만 한 게 아니었다. 그들은 강을 비롯한 주변 자연과의 조화로움을 세밀히 고려해 퐁 뒤 가르를 건설했고, 그 덕분에 오늘날에도 전 세계에서 수많은 사람이 즐겨 찾는 빼어난 풍광을 자랑하는 관광지로 자리 잡았다.

역사를 모티프로 한 게임 중에 〈만약에〉라는 게임이 있다. 이 게임에 『삼국지』의 대표적인 전략가이자 뛰어난 정치가인 제갈공명과 로마 시대를 주름잡은 걸출한 장수이자 위대한 정치가였던 카이사르가 맞붙는다면 어떤 결과가 나올지 상상하고 예측하는 것이 있다. 약간 유치한 생각도 들지만 자못 궁금해진다. 과연 어떤 결과가 나올까? 내 생각에 대결 국면의 초반에는 카이사르가 제갈공명에게 패하고 수세에 몰리지 않을까 싶다. 의외로 로마인들은 정공법으로 우직하게 밀어붙이는 타입인데 이 점에서 카이사르도 예외는 아니기 때문이다. 반면 『삼국지』 속 제갈공명은 매우 창의적이고 신출귀몰한 책략과 현란한 전략·전술을 구사한다(제갈공명의 이런 특성은 나관중이 지은 소설 『삼국지연의』에 근거한 내용일 뿐 실제 역사와는 커다란 차이가 있다). 이렇다 보니 초반에 우직하게 정공법을 구

사하는 카이사르가 창의적이고 현란한 전략을 구사하는 제갈공명에게 밀리는 것은 어찌 보면 당연하지 않을까. 그러나 대결이 장기화할수록 제갈공명의 임기응변력과 현란한 전략·전술은 차츰 효과가 떨어지고 반대로 카이사르의 우직한 정공법이 빛을 발하기 시작한다. 상황이 이런 방향으로 흘러가기 시작하면 쉽사리 어느 한쪽의 승리를 점칠 수 없게 되고 카이사르의 로마군이 승기를 잡게 될 것이다. 로마인의 우직함에서 나오는 정공법이 시간이 지날수록 빛을 발하고 위력을 발휘하게 될 것이다.

역사에서 뭔가를 배우고자 하는가? 그렇다면 우선 고대 로마인에게서 우직함과 성실함, 그리고 이 두 가지 덕목에서 우러나오는 정공법을 삶과 일에 적용하는 지혜를 배우기 바란다.

메소포타미아 문명의 도시국가와
고대 그리스 도시국가의 결정적 차이

문명은 도시에서 태어나고 국가로 성장해간다. 그야말로 도시국가의 탄생이다. 도시국가 하면 누구나 고대 그리스를 떠올릴 것이다. 그러나 고대 그리스의 도시국가인 폴리스보다 훨씬 이른 시기에 도시국가를 태동시킨 문명이 있다. 메소포타미아 문명이 그 주인공이다.

메소포타미아에서 도시 형태를 갖춘 국가는 구체적으로 언제,

퐁 뒤 가르

프랑스 남부에 있는 이 수도교는 아우구스투스 황제의 심복이던 아그리파의 명령으로 건설
한 것으로 추정된다.

어디에서 탄생했을까? 고대문명의 시초를 이룬 수메르 지역에서 시작되었다. 대략 기원전 4000년 무렵의 일이다. 이후 메소포타미아에서는 수메르 외에 아카드, 바빌로니아 등 여러 왕국이 성립되었는데 그 중심에 도시국가들이 자리 잡고 있었다. 문명 태동 이후 처음 1,000년여 동안 각 지역은 도시나 도시국가 규모로 발달했다.

위에서 언급했듯 오늘날 그리스는 도시국가의 대명사 격으로 불리지만 실상 도시국가의 출발점은 그리스가 아니었다. 한데 그리스는 왜 마치 도시국가의 대명사이자 상징처럼 인식되어왔을까? 그 배경에는 '도시국가＝폴리스'라는 등식이 마치 공식처럼 우리의 인식 속에 깔려 있기 때문이다. 폴리스는 도시국가라는 의미지만 같은 도시국가라도 그리스의 폴리스와 메소포타미아의 도시국가는 성립 과정부터가 다르다.

메소포타미아 문명의 도시국가들은 '건조화'가 원인으로 작용하여 생겨났다. 그 시대에 전 지구적으로 건조화가 진행되자 광대한 초원지대에 흩어져 살던 사람들이 자신도 마시고 가축에게도 먹일 물을 찾아 큰 강 주위로 모여들었다. 사람들이 모여들면서 마을이 만들어지고 점점 더 규모가 큰 집단이 형성되어갔다. 그에 따라 좀 더 효율적으로 물을 공급해야 할 필요성이 커졌다. 자연스럽게 관개시설의 도입이 절실해졌다.

많은 사람에게 효율적으로 물을 공급할 관개시설을 짓는 일은 녹록한 일이 아니었다. 한두 사람의 의지와 노력으로 되는 일도 아니었다. 수많은 사람의 조직력과 협력이 뒷받침된 힘이 필요했고 그 사람들을 효과적으로 통솔할 권위와 능력을 갖춘 리더가 필요했다. 관개시설의 필요성을 느끼고 건설해가는 과정에 가장 강력한 힘과 권위를 가진 사람으로 인정받은 이가 왕이 되었고 집단 속에 계급 분화가 일어났다. 이런 흐름으로 왕을 중심으로 한 도시가 탄생하고 국가로 발전해간 것이 메소포타미아의 도시국가 성립 과정이다.

반면 그리스의 경우 대부분 왕국으로 이뤄져 있었다. 미케네 왕국이 대표적이었다. 기원전 2000년대, 즉 그 지역에서 트로이전쟁이 벌어지던 시대의 상황이었다. 그리스인들은 메소포타미아와는 달리 권력자들이 중심에 왕궁을 짓고 그 주위로 다수의 마을과 집단을 형성해가는 식으로 국가를 성립했다. 메소포타미아인들과 달리 고대 그리스인은 도시를 만들지 않은 셈이다.

그 시대의 왕은 선형문자 B(*Γραμμική B*, Linear B. 기원전 15~12세기의 그리스어 음절문자)라는 초기 그리스어로 '와나카(Wanaka)'라는 명칭으로 불렸다. 왕국을 둘러싸고 있는 주위 마을의 촌장은 '파시레우(Pasireu)'였다. 다시 말해 지금으로부터 4,000여 년 전 그리스에서 최초의 왕국이 탄생했고, 그 정점에 왕국을 다스리는 와나카가 존재했으며, 이를 둘러싼 주위 마을에 촌장 격인 파시레우가 있었다는 의미다.

와나카의 궁전은 어떻게 생겼을까? 크레타섬에 남아 있는 크노소스 궁전을 살펴보면 어느 정도 짐작이 간다. 크노소스 궁전이 바로 와나카의 궁전이기 때문이다.

크노소스 궁전에는 1,000개가 넘는 많은 방이 있다. 이 방들은 방대한 넓이와 복잡한 구조 탓에 일단 길을 잃고 헤매기 시작하면 도저히 빠져나올 수 없다는 미노타우로스 미궁 전설이 남아 있을 정도로 유명하다. 이렇듯 웅장한 왕궁 주위로 여러 마을이 마치 밭에 씨앗을 흩뿌려놓은 듯 점점이 흩어져 있었다. 이것이 고대 그리스의 전형적인 모습이었다.

이 시점에 문득 궁금증이 생긴다. 왕국으로 출발한 고대 그리스에서는 어떻게 도시국가 폴리스가 탄생한 걸까? 기원전 12세기 무렵으로 돌아가 보면 그 실마리를 찾을 수 있다. 그 시기에 동지중해 일대에서 크게 세력을 떨친 바다의 유목민 바다 민족이 왕궁을 파괴한 일이 직접적인 계기가 되었다.

자, 잠시 여러분이 타임머신을 타고 3,200여 년 전 고대 그리스로 돌아갔다고 상상해보자. 당신은 그리스의 한 왕국을 다스리는 왕이다. 한데 어느 날 갑자기 바다의 무법자 바다 민족이 침략해온다. 그들은 육지가 아닌 바다를 거점으로 삼고 있다. 순간 당신은 혼란스러워질 것이다. 상대가 육지를 거점으로 삼으면 말을 탄 군사들을 이끌고 추격하거나 하는 식으로 대항해볼 여지가 있다. 그

크노소스 궁전
그리스 크레타섬에 있는 궁전 유적. 전설에 나오는 미노스 왕의 거주지로 알려져 있다. 그리스 신화의 괴물 미노타우로스에 얽힌 전설의 무대이기도 한 미궁은 크노소스 궁전일 것으로 추정하고 있다.

러나 바다 민족은 말 대신 배로 이동하고 공격하는 민족이라 어떻게 맞서 싸워야 할지 막막해진다. 당대의 그리스 왕국들은 실제로 바다 민족의 침략에 제대로 맞서 싸워보지도 못한 채 속수무책으로 당했다. 동지중해 인근의 왕국 대다수가 그들에 의해 파괴되었다. 미케네왕국과 트로이왕국이 멸망한 시기도 이 즈음이다.

이후 300~400년간 동지중해 세계는 '암흑시대' 혹은 '영웅시대'로 불리는 새로운 시대로 접어든다. 영웅시대라는 화려한 수식어가 붙기는 했으나 실제로는 왕이라고 할 만한 강력한 권력자가 사라지면서 작은 부족과 마을의 수장들이 난립하며 서로 치열하게 세력을 다투던 혼란의 시대였다.

극도의 혼란 속에서 안정의 씨앗이 싹트고 평화의 기운이 움트는 것은 자연의 이치이며 인간사회를 지배하는 법칙이기도 하다. 이 시대에도 극도로 혼란스러운 상황 속에서 안정을 찾으려는 움직임이 일어나기 시작했다. 바야흐로 수백 년간의 혼란을 정리하려는 분위기가 형성되고 무르익었다. 이를 그리스어로 '시노이키스모스(Synoikismos)'라고 부른다. 시노이키스모스는 '집주(集住)', 즉 몇 개 마을 중 입지조건이 가장 좋은 곳에 많은 사람이 모이는 현상을 의미한다. 고대 그리스 최초의 폴리스는 이 시노이키스모스에서 비롯되었다.

그리스 폴리스는 이렇게 탄생했다. 흥미롭게도 그 흐름은 언어에도 흔적이 남아 있다. 고대 그리스어로 왕을 바실레우스(Basileus)라고 부르는데 이는 유력 촌장을 의미하는 파시레우에서 왔다. 과거의 와나카는 잊히고 각 부족의 수장이나 호족 같은 유력자가 새로운 권력자로 부상한 셈이다. 그런 까닭에 폴리스의 바실레우스는 예전의 와나카처럼 사람들 위에 군림하는 왕과는 달리 민중과 거리가 가까운, 즉 민중과 밀접한 관계를 맺는 형태의 새로운 왕이었다.

같은 도시국가라 해도 수메르와 도시국가 아카드, 그리스의 폴리스는 성립 배경이 저마다 크게 다르다. 그리고 그 차이는 훗날 왕과 민중의 관계에도 반영되었다.

살라미스해전이
아테네 민주정을 낳았다고?

폴리스의 지도자는 민중과 상당히 거리가 가까운 관계였다. 어쩌면 이 점이 고대 그리스의 폴리스에서 인류 역사상 최초로 민주정이 탄생한 요인으로 작용했을 수도 있다.

메소포타미아와 이집트의 왕은 민중 위에 군림하는 절대군주이자 신과도 같은 존재였다. 비록 동시대는 아니었지만 그리스에서는 지도자와 민중 사이가 매우 가까웠다. 그런 터라 그리스에서는 민중의 힘이 차츰 강해지는 방향으로 변화했고 마침내 '민주정 폴리스'가 탄생했다.

그렇다고 해서 그리스의 모든 폴리스에서 민주정이 수립되고

'결핍(건조화)'이 문명을 탄생시켰다

민주정치가 이루어진 것은 아니었다. 그리스의 민주정은 어디까지나 아테네(고대명은 아테나이)를 중심으로 한 한정적인 제도로 그리스 전체를 보면 '폴리스=민주정'이라고 할 정도로 높은 비중을 차지하지는 않았다.

아테네에는 수많은 민중이 모여 산 반면 다른 폴리스에서는 아테네만큼 인구 밀집이 이뤄지지 않았다. 이에 따라 왕이 아닌 튀라노스(Tyrannos, '통치자'라는 뜻인데 나중에 '독재자'란 의미로 바뀜), 즉 귀족·평민 항쟁을 이용한 비합법적 수단으로 독재정을 수립한 참주가 권력을 잡는 게 일반적이었다.

다시 말해 그리스에서 민주정이 탄생한 것은 사실이지만 엄밀히 말하자면 그리스 전체가 아닌 아테네 등 일부 폴리스에서만 민주정치가 이루어졌다고 볼 수 있다. 더구나 민주정의 중심인 아테네조차 국력을 충실히 다진 때는 민주정 시기가 아니라 페이시스트라토스(Peisistratos, 기원전 600?~527년)라는 참주가 다스리던 시절이었다.

'참주' 하면 머릿속에 독재자를 떠올리기 쉽다. 그러나 '참주=독재자' 식으로 같이 위치시키기에는 무리가 있다. 고대 그리스의 참주 중에는 독재자라기보다는 유능한 지도자로 보는 것이 좀 더 타당한 지도자도 더러 있었기 때문이다. 그리스의 참주 중 한 명인 페이시스트라토스가 그런 대표적인 인물 중 하나였다. 아테네는 고대 그리스 전체에서 가장 강력한 폴리스로 자리매김하고 꽤 오랫동안 강력한 영향력을 발휘할 수 있었는데, 그가 민중을 잘 이끌며 부국강병에 힘을 쏟은 덕분이었다. 그러나 안타깝게도 뒤를 이어받은 그의 아들은 변변치 못한 인물이었다. 그에 따라 페이시스트라토스를 신뢰하고 따랐던 민중의 마음은 멀어졌다. 결국 아테네는 많은 우여곡절과 시행착오를 거친 끝에 클레이스테네스(Kleisthenes, 기원전 6세기 후반~5세기 초반)가 단행한 개혁에 힘입어 비로소 민주정 형태를 갖추었다.

여기서 '민주정 형태'라고 표현한 데는 그럴 만한 이유가 있다. 왜냐고? 한마디로 민주정은 책임자가 어느 정도 의식을 갖추고 실행에 옮기지 않으면 제대로 기능하기 어려운 정치체제이기 때문이다.

당시에는 오늘날처럼 국방을 위한 군대의 개념이 없었다. 그저 필요에 따라 무장한 시민이 그때그때 국방의 의무를 수행하는 식이었다. 또한 무장하는 데 드는 비용도 모두 시민 스스로 부담하고 해결해야 했다. 그리스만 이런 방식으로 군대를 운영한 것도 아니었다. 기본적인 체계와 운용 방식 면에서 로마도 크게 다르지 않았다.

자기 비용으로 무장한 시민이 참여한 군대가 국방을 책임진다는 것은 무슨 의미일까? 당대에는 군대에 들어가려면 어느 정도 개인 재산을 소유하고 있어야 한다는 뜻으로 해석할 수 있다. 당연하게도 도시에는 빈부격차가 존재하기 마련이다. 한데 같은 시민이라도 가난한 사람은 군대에 들어갈 수 없었다. 그로 인해 시민들 사이에 위상과 신분에 차이가 생겨났다. 군 복무를 마친 시민은 더

'결핍(건조화)'이 문명을 탄생시켰다

많은 특권을 누리게 되었고 그렇지 않은 시민은 혜택을 받지 못했다. 결국 군대에 들어가는 것은 특권층임을 인정받는 길인 셈이었으며 국가 운영에 참여할 조건을 획득하는 길이기도 했다.

살라미스해전(기원전 480년)은 아테네에서 민주정이 발달한 직접적인 계기가 되었다. 페르시아전쟁 말기에 벌어졌던 그 유명한 전쟁 말이다. 이 말을 들으면 의아한 생각이 들지도 모르겠다. '어떻게 피비린내 나는 전쟁이 민주정의 계기가 될 수 있었다는 거지?'

그 이유는 이렇다. 살라미스전쟁 당시 아테네는 성인 남자를 총동원했다. 재산이 없는 하층민도 배의 노잡이로서 전투에 참여하게 되었다. 페르시아와 바다에서 운명을 건 일전을 벌이기 위해서는 신분과 지위 고하를 막론하고 그야말로 모든 아테네 시민을 동원해야 했다. 이때 참전해 페르시아에 맞서 싸운 시민들은 누구나 승리의 주역이었다. 전쟁이 끝난 뒤 그들의 위상이 높아지고 권한이 막강해지는 것은 자연스러운 일이었다. 전쟁이 가진 것 없고 보잘것없는 신분의 아테네 시민들을 당당한 시민으로 격상해준 셈이었다.

사실 아테네 민주정은 클레이스테네스의 개혁을 통해 제도적으로 완성되었다. 그러나 당시만 해도 아직 한 사람 한 사람은 자신이 직접 국정에 참여해야 한다는 자각도 자신감도 없는 상태였다. 그러다가 살라미스해전에 참여해 실제로 적군에 맞서 목숨을 건 전투를 치르게 되면서 비로소 자신에게 국정에 참여할 책임과 권한이 있음을 깨닫게 되었다.

요약하면 이렇다. 아테네는 클레이스테네스의 개혁으로 민주정의 형식적인 꼴을 갖추었다. 이후 평상시 국방과는 관계가 없던 하층민까지 살라미스해전에 참여하여 직접 전투를 치르는 과정에 자각하게 되고 진정한 시민으로 거듭남으로써 한 차원 높은 수준의 민주정으로 발전했다.

아테네는 이런 우여곡절을 거치며 황금기인 페리클레스 시대를 맞이했다. 독자 여러분도 알다시피 페리클레스는 아테네 민주정의 전성기로 칭송받는 '페리클레스 시대'를 이끈 인물이다. 그의 유명한 말이 고대 그리스 역사가 투키디데스(Thukydides, 기원전 460?~400년)가 쓴 『펠로폰네소스 전쟁사』를 통해 후세에 전해진다.

우리의 정치체제는 이웃 나라 제도를 모방하지 않았습니다. 우리는 남을 모방하기보다 남에게 본보기가 되고 있습니다. 소수가 아닌 다수의 이익을 위해 통치하는 우리의 정치체제를 민주정이라고 부릅니다. 시민 사이의 사적인 분쟁을 해결할 때는 만인이 법 앞에 평등해야 합니다. 반면 주요 공직에 취임할 때는 개인의 탁월한 역량을 우선하고 잠재력을 중요시해야 합니다. 따라서 누군가가 가난이라는 불리한 조건에도 불구하고 도시를 위해 바람직한 일을 할 능력을 갖추고 있다면 가난 탓에 공직에서 배제당하는 일은 없어야 합니다. 우리는 정치 생활에서 자유롭고 개방적입니다. 이는 일상생활에서도 마찬가지입니다. 우리는 서로 시기하거나 감시하지 않습니다. 이웃이 자기 하고 싶은 일을 해도 화를 내거나 못마땅한 기색을 드러내

'결핍(건조화)'이 문명을 탄생시켰다

지 않습니다. 얼굴에 언짢은 감정을 드러내면 실제로는 해가 되지 않더라도 감정이 상하게 마련입니다. 우리는 사생활에서는 자유롭고 인내심이 강하며 공무에서는 법을 잘 지킵니다. 이는 우리가 만든 법을 스스로 존중하기 때문입니다. 우리는 우리의 법을 어기는 일과 억압받는 자를 보호하고자 제정한 나쁜 법을 치욕으로 간주하는 불문율에 기꺼이 복종하기에 이렇게 말할 수 있습니다.

이처럼 고귀한 뜻을 내건 아테네 민주정은 이후 마케도니아의 알렉산드로스가 그리스 전역으로 세력을 확장해가는 과정에 궤멸하고 말았다. 다시 말해 고대 그리스의 직접 민주정은 100~150년밖에 이어지지 못했다.

오늘날 '그리스 하면 아테네, 아테네 하면 민주정'이라는 인식이 자리 잡고 있다. 여기에는 아테네가 고대 그리스의 도시국가를 통틀어 압도적으로 많은 사료를 남긴 영향이 크다. 그러나 실상 그리스 전체를 보면 민주정보다 오히려 참주정을 훨씬 더 강력히, 그리고 오래 유지했다.

한편 도시와 함께 문명이 탄생하고 그 도시가 도시국가 형태를 갖춘 지역이 비단 오리엔트와 지중해 세계에만 있었던 것은 아니다. 예컨대 남아시아와 동아시아에서 관찰할 수 있는 여러 역사적 사실들로 볼 때 문명사 초기 단계에서 이는 어느 정도 보편적 현상이었을 가능성이 크다. 그런데 왜 유독 그리스에서만 민주정이라는 다소 희귀한 형태의 정치체제가 등장했는지는 세계사 관점에

페리클레스

페르시아전쟁 이후 아테네 민주정을 완성한 정치가

서도 매우 중요한 화두다.

바실레우스는 우리가 생각하는 왕의 개념과는 달랐다. 실제로는 바실레우스 외에 각 지역을 다스리는 호족과 유사한 지도자가 있었다. 이들과 평민의 격차도 그지 크지 않았다. 또 뿔뿔이 흩어져 있던 데모스(Demos, 구(區))가 한곳으로 집중되면서 도시국가 폴리스를 형성했다. 여기에다 사람들의 집안과 자산에 격차를 만들어낼 여지가 적어 경쟁적으로 자신의 능력과 자산을 뽐낼 수 있었다. 그 전형적인 사례가 기원전 8세기에 시작된 올림피아 제전으로 이는 육체 능력을 다투는 장이었다.

그리스인은 지적 영역에서도 남다른 데가 있었다. 그들은 일찍부터 세계와 우주가 어떻게 생겨났는지 알고 싶어 했고 그 성립 근원으로 거슬러 올라가 생각하고자 했다. 그 과정에 자연과학이 탄생하면서 그들은 자신의 견해를 논리적으로 설명했고 사고력 훈련을 꾸준히 반복했다.

이처럼 그리스에서는 체력과 사고력 모두에서 서로 치열하게 경쟁하며 능력을 갈고닦아 좀 더 우수한 경지에 도달하고자 하는 노력이 배가되었고 그런 긍정적인 분위기가 고조되었다. 그들은 점점 그런 방식의 경쟁을 당연시했으며 무슨 일이든 남에게 맡겨준 채 팔짱 끼고 지켜보려 하지 않았다. 그런 연유로 아테네 시민이라면 누구나 국정에 참여해 당당히 발언할 수 있도록 하는 민주정 체제가 세워졌다. 그리스에서만 볼 수 있는 이 독특한 도시국가를 '폴리스'라고 부른다. 이 폴리스야말로 세계사를 통틀어 '기적'이라고 부를 만한 몇 가지 가치 있는 행위 중 하나라고 인정할 만하다.

다만 좀 더 파고들면 민주정 탄생도 인구가 적정 규모였기에 가능했다는 사실이 드러난다. 아테네는 그리스 최고의 폴리스였으나 최대 규모일 때도 30만 명을 넘지 않았다. 그중 확실한 정치적 발언권을 가진 남성 시민은 4만 명밖에 되지 않았다. 이로써 우리는 민주정이 제대로 작동하는 데는 수만 명 정도가 적정 인구가 아닐까 짐작해볼 수 있다. 그보다 적을 경우 치열한 경쟁을 통해 능력을 향상할 여지가 적고 그보다 많을 경우 아비규환의 혼란이 벌어질 위험성이 크다.

이렇게 농경과 풍토가 만들어낸 문화가 서로 절묘하게 어우러지면서 누구나 이해하기 쉬운 문명이 태동하고 발달했다. 도시국가 형태는 세계 각지에서 나타난 보편적 현상으로 볼 수 있지만 민주정은 그리스인의 폴리스가 유일했다. 그 전통은 온갖 우여곡절을 겪었으나 현대인의 정치의식 속에도 강하게 뿌리내리고 있다.

Huge Migration

04

'대이동'하며
세계지도를
다시 그린
민족들

게르만족·몽골제국의 드라마틱한 역사, 대교역시대부터 난민 문제까지

"내 자손들이 비단옷을 입고 벽돌 집에 사는 날 내 제국은 멸망할 것이다."

— 칭기즈 칸

국가의 흥망성쇠를 결정지은
민족대이동

민족이동을 누구나 겪는 것은 아니다. 민족이동을 겪어보지 못한 사람은 그 개념을 정확히 이해하지 못하며 낯설게 느낀다. 그러나 사실 민족이동은 세계사에서 상당히 흔하게 일어나는 일이다. 그 역사도 아주 오래되었다. 아니, 그냥 오래된 정도가 아니라 인류사와 함께했다고 말해도 지나치지 않을 정도다.

수메르인은 메소포타미아에 최초로 문명을 세운 위대한 민족이다. 한데 오늘날까지도 이 민족의 계통이 명확히 밝혀지지 않았으며 여전히 수수께끼로 남아 있다. 수메르인이 셈족이라는 학설이 오랫동안 정설처럼 받아들여져 왔다. 그러나 그들은 셈족이 아니라는 최근 학설이 좀 더 설득력을 얻고 있다.

수메르인은 쐐기문자로 기록한 사료를 남겼다. 그러나 이후 셈어 계통의 언어가 수메르인이 주로 사용하는 언어가 되었다. 아카드를 건국한 사르곤 왕(Sargon of Akkad, 재위 기원전 2334~2279년경)의 침략을 받은 이후의 일이었다. 이때가 기원전 24세기 무렵이었다.

수메르 문명 발굴 작업 초기에는 셈어 계통의 언어로 기록한 문서만 나왔다. 많은 고고학자와 역사학자들이 그보다 앞선 시대에 이 지역에 살았던 수메르인을 셈족 계통으로 추정한 것도 그런 이유에서였다.

한데 발굴과 연구가 지속하면서 쐐기문자로 기록한 문서가 나오기 시작했다. 처음에 연구자들은 그 문서의 기록을 해독할 수 없어 골머리를 앓았다. 처음에 도저히 해독할 수 없었던 그것이 수메르어로 기록된 문서였다는 사실이 나중에 밝혀졌다. 비유하자면 독일어를 알파벳을 이용해 기록한 문서였다고나 할까. 알파벳을 사용했다고 해도 언어가 독일어이니 영어의 문법과 지식으로는 읽을 수 없는 것과 비슷한 상황이었다. 아무튼 이 쐐기문자 기록으로 인해 수메르어와 셈어가 서로 다른 언어라는 사실이 가까스로 밝혀진 셈이었다.

수메르어는 어떤 언어일까? 전문가들은 수메르어는 조사가 있는 언어로 코카서스어나 몽골어, 터키어에 가까웠던 것으로 조심스럽게 추정한다. 그러므로 언어 계통 면에서 보면 수메르인은 동북아시아인에 가까운 민족이 아닐까 싶다. 이런 추정을 더욱더 신빙성 있게 만드는 대표적인 증거로 수메르인의 머리카락 색깔을 들 수 있다. 그들의 머리카락은 동북아시아인들과 마찬가지로 검은색이었다.

19세기에 최초로 메소포타미아 문명의 아카드 이후 역사를 발굴해 연구를 진행하던 중 출처를 알 수 없는 문서가 나왔다. 그 문서들은 오랫동안 베일에 싸여 있다가 20세기에 들어서서 학자들의 연구로 그보다 앞선 시기 그 지역에 살던 수메르인들이 남긴 것이었다는 사실이 밝혀졌다.

그 지역에 먼저 살았던 이민족이 있었다는 사실은 무엇을 의미할까? 수메르에서 아카드로 권력이 넘어갈 때 침략을 위한 대규모 민족이동이 진행되었음을 암시한다. 그 후 비슷한 사건이 바빌로니아 민족이 역사에 등장할 때 또다시 일어났다. 그리고 보면 『구약성서』에 등장하는 모세의 출애굽기도 일종의 민족이동으로 볼 수 있다.

기원전 20세기 무렵에도 이곳에서는 대규모 민족이동이 있었다. 인도·유럽어족이 들어온 것이었다. 이 시기에 이 지역으로 이동한 인도·유럽어족 후예가 오늘날의 이란인이다. 뿌리를 캐고 들어가다 보면 같은 중동에 살고 같은 이슬람교를 믿으면서도 이란과 다른 나라들이 치열하게 대립하는 것도 바로 이런 맥락에서 기인한 것으로 볼 수 있다.

사람들은 이슬람교도 사이의 대립과 분쟁을 시아파와 수니파의 갈등 측면으로만 해석하는 경향이 있다. 그러나 자세히 들여다

보면 종교 이외의 좀 더 근원적인 문제도 작용하고 있다는 걸 알게 된다. 즉 종교 문제와 더불어 아랍인들 사이에는 인도·유럽어족과 셈어 계통이라는 근본적인 민족 차이가 존재한다. 사실 이란인은 중동의 다른 나라들보다 오히려 유럽인과 민족적으로 좀 더 가깝다고 볼 수 있다.

실제로 고대사를 꾸준히 연구하다 보면 셈어 계통의 나라인 아시리아제국과 인도·유럽어족 국가인 페르시아제국은 사고방식 자체가 판이하다는 사실을 알게 된다. 이렇게 근본적으로 서로 다른 여러 민족이 패권을 차지하기 위해 치열하게 다투며 빈번히 이동하고 또 이동했다.

중동 지역의 민족이동은 격동기를 맞이했다. 기원전 1000년 전후의 일이었다. 이 시대에는 아직 강대국이라 불릴 만한 나라가 존재하지 않았다. 이후 300년 가까이 히타이트, 바다 민족 등 여러 세력이 아귀다툼을 벌였다. 그 과정에서 오리엔트 전역을 지배하는 아시리아제국이 탄생했다.

페니키아인과 그리스인은 지중해 각지로 퍼져 나갔다. '민족이동'이라는 이름으로 부를 만한 성격의 대이주였다. 그 후 각지에서 소규모 민족이동이 되풀이되었다. 그리고 로마제국 후기 4~5세기에 걸쳐 게르만족 대이동이 일어났다. 우리가 잘 알다시피 게르만족 대이동은 서로마제국의 주요한 멸망 원인으로 작용했다. 그 결과 서유럽 각지에 게르만 국가가 탄생하면서 '고대 세계'는 종말을 맞이했다.

'입력'과 '출력' 개념으로
통찰하는 민족이동

민족이동은 인류사와 함께 시작되었다고 해도 지나치지 않다. 이후 영토를 상실한 유대인의 방랑, 영국인·프랑스인을 비롯한 유럽인의 아메리카 대륙으로의 대이주, 노예무역, 전쟁 난민 등 다양한 형태로 오늘날까지 민족이동은 이어지고 있다.

민족이동은 왜 일어나는 걸까? '출력'과 '입력' 개념으로 살펴보면 이해가 쉽다. 먼저 출력의 관점에서 생각해보자. 근대 이전의 세계에서 민족이동의 가장 큰 부분을 차지하는 요인은 '식량 부족 문제'였다. 식량 부족은 왜 생기나? 여기에는 단 한 가지로 압축해서 말하기 어려울 정도로 다양한 원인이 존재한다. 그중에서도 갑작스러운 인구 폭증과 한랭화나 건조화와 같은 이상기후가 원인이 되는 경우가 많다.

오늘날 사람들은 온난화를 전 지구적 차원의 문제로 여겨 따뜻한 기후를 부정적으로 인식하는 경향이 있다. 그러나 근대 이전으로 돌아가면 한랭화가 온난화보다 훨씬 심각한 문제였다. 그러던 인류는 근대 이후 비닐하우스 재배, 품종개량으로 추위에 강한 작물 개발하기, 따뜻한 지역에서 작물을 재배해 한랭지로 운송하기 등 다양한 방법으로 한랭화로 인한 문제를 해결했다. 그러나 기술이 발달하지 않은 근대 이전의 사회에서는 위와 같은 대책을 세울 수 없었기 때문에 사람들은 굶어 죽지 않으려면 철새처럼 따뜻한 지역으로 이동해야 했다.

전근대 사회에서는 한랭화만큼은 아니지만 건조화도 매우 심각한 문제였다. 고대의 4대 문명은 큰 강 유역에서 번성했는데, 이는 전 지구적인 건조화 현상으로 인해 물을 찾는 사람들이 강가로 모여들었기 때문이다. 그 전형적인 예가 나일강 유역에서 번성한 이집트 문명이다. 이집트 문명이 일어난 아프리카 대륙 북부는 오늘날 드넓은 사하라사막이 펼쳐져 있지만 기원전 5,000~6,000년 전까지만 해도 녹음이 우거진 비옥한 지역이었다.

'그린 사하라'가 사막으로 변한 것은 기원전 5000년 무렵이었다. 왜 이런 일이 일어났을까? 기후 변동으로 전선이 뒤바뀌어 비가 내리지 않으면서 건조화가 일어난 탓이었다. 그 후 전 지구적으로 기후 변동이 일어나 세계 각지에서 전염병이 번져 나가듯 건조화가 발생했다. 그때까지 주위에 흩어져 살던 사람들은 물이 풍부한 큰 강 유역으로 모여들었고 집단 규모가 점차 커지면서 도시를 이루고 국가를 형성했다. 그 일련의 과정에 이른바 4대 문명이 탄생한 것이었다.

이처럼 주거 조건과 주변 환경이 좋은 곳으로 사람이 모여드는 현상은 기후 변동에 따른 민족이동의 한 유형이다. 사실 기후 변동에 따른 이동은 처음에는 소규모 인원으로 시작하는 경우가 많다. 가령 시나브로 건조화가 일어날 때는 물이 풍부한 곳을 찾아, 서서히 한랭화가 일어날 때는 따뜻한 곳을 찾아 소규모 집단 형태로 이동한다. 그러다가 갑작스럽게 극심한 가뭄이 들고 기근이 찾아오면 한자리에 터를 잡고 살던 사람들이 한꺼번에 그야말로 민족이동이라 부를 만한 대규모 이주를 하게 된다.

'출력'에는 기후 변동 이외에도 다양한 요인이 있다. 예를 들면 종교 박해로 신앙의 자유를 찾아 떠나는 이동, 노예매매처럼 인위적인 강제 이동 등이다. 최근 시리아 등지에서 일어난 전쟁의 참화를 피해 다른 나라로 이동한 전쟁 난민의 사례가 여기에 속한다. 그들은 자신이 나고 자란 고향이 싫어져서 떠나는 것이 아니다. 전쟁으로 인해 국토가 황폐해지고 생명의 위협마저 느껴 어쩔 수 없이 고국을 떠나게 되는 것이다.

다른 나라에서 온 난민을 받아들이는 쪽의 상황도 제각각 다르다. 그들을 수용할 충분한 공간이 있는지, 정치가 안정적인지, 종교적으로 관용성이 있는지 등 구체적인 환경에 따라 허용 범위는 크게 달라진다. 대규모 이동은 많은 경우 분쟁으로 비화하곤 한다.

다른 지역이나 나라에서 이주해온 사람 중에는 어디에서도 제대로 자리를 잡지 못해 이리저리 떠도는 사람도 생긴다. 말하자면 그들은 정착민이 아니라 유목민으로 살아가는 것이다. 기원전 12세기 무렵 기승을 부린 바다 민족처럼 뭍을 벗어나 바다에서 주로 생활하며 그때그때 필요한 물자를 도시를 침범하여 약탈하는 민족도 있었다.

어떤 경우든 민족이동은 전쟁의 불씨가 될 소지를 안고 있다. 개중에는 노동력이 부족한 지역에서 이들을 받아들여 다방면의

'대이동' 하며 세계지도를 다시 그린 민족들

이득을 취하는 경우도 있다. 과거 아메리카 대륙은 개척지 개발과 금광 채굴 등에 굉장히 많은 일손이 필요했으므로 이주자를 두 팔 벌려 맞아들였다. 19세기 감자 역병으로 인한 참혹한 대기근으로 수많은 사람이 미국으로 이주한 사건이 바로 그런 대표적인 사례다. 미국은 세계 최초로 산업혁명을 일구어낸 영국의 바통을 이어받아 급속히 공업화를 이루고 있었고 상당 부분 아일랜드 등 다른 나라에서 이주해온 사람들의 땀과 노력에 힘입어 눈부신 성장과 번영을 달성했다.

오늘날까지 널리 읽히는 명저가 영국에서 출간되었다. 미국이 독립을 선언한 1776년 무렵이었다. 바로 역사가 에드워드 기번의 『로마제국 쇠망사』다. 명저라는 이름이 아깝지 않을 만큼 정제된 언어로 방대한 역사적 지식을 담아낸 이 책은 출간 직후 영국에서 베스트셀러가 되었다. 나는 강의할 때마다 학생들에게 이 책의 일독을 권하며 "되도록 에드워드 기번의 책을 원서로 읽어라"라고 말한다.

이 책이 명저로 인정받는 데는 단지 문장력이 뛰어나기 때문만은 아니다. 문장력 외에 어떤 점에서 탁월할까? 우선 방대하고 체계적인 지식도 지식이지만 균형 잡힌 시각과 통찰력 면에서 높은 점수를 주고 싶다.

또 하나, 이 책이 가진 뛰어난 '현재성' 덕분이 아닐까. 이 책의 마지막 장에서 좀 더 자세히 이야기하겠지만 모든 역사는 현재사다. 아무리 오래된 역사적 사실이라도 정치인 등의 리더나 오피니

언 그룹뿐 아니라 지금 땅에 발을 디딘 채 숨 쉬고 서로 부대끼며 일상을 살아가는 평범한 사람들의 삶에 구체적으로 적용할 만한 혜안과 통찰력을 지니고 있기 마련이다. 그런 역사의 현재성을 잘 담아낸 책일수록 명저라는 이름값을 하는 책이라고 볼 수 있는데, 에드워드 기번의 『로마제국 쇠망사』가 그런 책이다. 아무튼 이 책이 당시 영국에서 날개 돋친 듯 팔려나간 이유는 역사의 현재성 관점에서 당시 영국인에게 경종을 울렸기 때문이 아닐까. 그만큼 당대에 영국의 쇠퇴를 예견하고 걱정하는 사람이 많았다는 방증으로도 볼 수 있다.

당시 식민지 미국이 힘을 키워 독립하자 영국인은 자국의 힘이 쇠퇴할지 모른다는 불길한 예감을 좀처럼 떨쳐버리지 못했다. 그러나 사실 당시 영국 상황이 실제로 몰락을 걱정할 정도로 심각한 상태는 아니었다. 빅토리아 여왕 시절 대영제국을 이루어 최고의 번영을 누린 지 얼마 되지 않았을 때이기도 했고 여전히 대내외적으로 강력한 힘을 가지고 있었기 때문이다. 그런데 적어도 미국 독립전쟁 시기 영국에서는 '해가 지지 않는 나라' 영국이 이제 머지않아 지는 '해가 지는 나라'가 될지도 모른다는 두려움이 팽배해 있었다. 그런 분위기에서 영국인은 서로 앞다퉈 로마제국 흥망사에서 깨달음과 통찰을 얻고자 했고 기번의 책은 인쇄하기가 무섭게 팔려나간 게 아닌가 싶다.

사실 미국의 급속한 성장은 영국에 행운으로 작용했다. 그때까지 영국으로 밀려들던 스코틀랜드와 아일랜드의 가난한 사람들이 신흥국 미국으로 돈벌이에 나섰다가 그대로 미국에 눌러앉아 터를 잡은 탓에 영국에서 만성적으로 벌어지던 이런저런 혼란을 대신 흡수해준 까닭이다.

오늘날까지도 미국은 세계 각지에서 찾아오는 이민자들을 받아들인다. 그 덕분에 국가는 크게 성장했으나 인종 차별, 빈곤층과 부유층의 경제적 격차, 언어 장벽 등의 문제가 꼬리에 꼬리를 물고 이어지고 있다. 당대의 영국인은 대영제국의 말로를 로마제국의 종말과 겹쳐서 보며 우려했지만 사실 나는 오늘날의 미국이 로마에서 배울 게 더 많다고 생각한다.

물론 로마와 미국에는 결정적 차이가 있다. 영토를 확장하고 제국을 완성해가는 과정과 방식의 차이가 그것이다. 로마는 주변국과 끊임없는 전쟁을 통해 영토를 지속해서 확장해 마침내 제국을 일구었다. 그에 반해 미국은 이미 보유한 광대한 영토를 개척해 착실히 제국의 기틀을 다졌다. 그 과정에서 어마어마한 양의 일손이 필요해지자 그 노동력을 충당하기 위해 이민자를 적극적으로 받아들이기 시작했다. 대규모 이민은 미국에 풍부한 노동력을 제공했고 인구 폭발로 골머리를 앓던 주변의 여러 국가에는 남아도는 일손을 수출함으로써 한숨 돌릴 여유를 마련했다.

이제 그 광대한 미국도 더는 개발할 곳이 없어 이민이 오히려 독이 되는 상황에 맞닥뜨려 있다. 앞으로도 미국이 계속 강대국의 지위를 유지하려면 어떻게 해야 할까? 지금이야말로 미국이 로마의 흥망사에서 철저히 배워야 할 때가 아닌가 싶다.

고대 로마에서 '증기기관 원리'가
실생활에 활용됐다는 게 사실일까

'대항해시대'에 대해 잠깐 얘기해보자. 대항해시대는 15세기 중반부터 18세기 중반에 걸쳐 일어났다. 서유럽 국가들이 아시아, 아프리카, 아메리카 대륙에 식민지를 건설하는 계기가 된 교역 시기를 말한다. '대항해시대'라는 용어는 어떻게 만들어졌을까? 흥미롭게도 이 용어는 1960년대 일본 언론이 만들어낸 조어다. 영어권에서는 '대발견시대(Age of Discovery)', 학술적으로는 '대교역시대'라고 부른다.

대교역시대라는 용어가 보여주듯 서유럽 국가들이 목숨을 걸고 항해에 나선 목적은 교역에 있었다. 교역에서는 한꺼번에 대량으로 물자를 운송할 수 있고 이동 속도가 빠른 바다가 육로보다 더 유리하다. 바다를 이용한 교역이 오래전부터 활발히 이루어져 온 것은 바로 이런 이유에서였다. 로마제국 역시 고대 바다 무역의 선두주자였다.

5현제 시대는 로마제국이 로마에 의한 평화, 즉 팍스 로마나를 구현한 최전성기였다. 18세기 중엽에 시작된 산업혁명 전후의 영국은 로마의 5현제 시대와 비견될 정도로 번영을 이루었다. 그러나 '해가 지지 않는 나라' 대영제국을 이루고 최고의 번영을 누리던 시기의 영국도 로마 5현제 시대의 번영에는 미치지 못했다. 역사학자 중에는 그 시기 영국의 하층민보다 5현제 시대 로마의 노예가 더 잘 살았다고 주장하는 사람도 있다. 다소 과장이 섞였다고는 해도 이런 말이 나올 만큼 1~2세기의 로마는 더할 나위 없이 안정적이고 풍요로운 시절을 누리고 있었다.

로마의 그 풍요로움을 뒷받침한 원동력 중 하나가 지중해를 중심으로 한 안정적인 바닷길 이용이었다. 로마를 잘 모르는 사람은 근대가 되어서야 비로소 해양 시대가 열렸다고 생각하기 쉽다. 그러나 알고 보면 해양 시대는 그보다 훨씬 오래전부터 존재해왔다. 정확히 말하자면 오히려 로마제국 멸망으로 해양 세계를 상실한 뒤 대항해시대와 근대에 들어서야 로마 시대 수준을 겨우 따라잡았다고 볼 수 있다. 비록 당대에는 지중해라는 한정된 공간 안에서 이루어졌으나 바다 위를 안전하게 이동하며 활발히 교류하는 명실상부한 해양 세계가 이미 헬레니즘 시대와 로마제국 시대부터 펼쳐졌다.

로마 시대의 지중해 상황을 잠시 살펴보자. 당시 지중해는 로마제국이 안정적으로 지배한 덕분에 해적의 수가 매우 적었고 내해(內海)인 까닭에 대서양이나 태평양과 비교하면 상당히 온화한 해역이었다. 아직 나침반은 없었으나 지중해는 섬이 많아 뭍을 따라 안정적으로 항해할 수 있었다. 육지가 적은 장소를 항해할 때는 밤하늘에 뜬 별을 지표로 삼았다. 로마인은 별에 관한 지식이 해박해서 섬이라는 표지가 없어도 별을 보고 방향을 잘 잡아 안전하게 항해했다.

바다를 장악해 효과적으로 활용한 로마는 많은 물자를 저렴하고 빠르고 안전하게 운송했다. 그 덕분에 로마인들은 풍족하게 생활했고 18세기까지 인류는 로마인의 생활 수준에 도달하지 못했다는 말이 나올 만큼 삶의 질이 높았다.

이 시점에 독자 여러분이 깜짝 놀랄 만한 얘기를 들려줄까 한다. 그게 뭐냐고? 로마 시대의 증기기관 이야기다. 이쯤 되면 이 책을 읽는 독자 중 상당수가 '무슨 말도 안 되는 얘기를 늘어놓냐'며 따지고 싶어질지도 모르겠다. 제임스 와트가 최초로 증기기관을 발명하여 특허를 얻은 것이 18세기 후반(정확히는 1769년)의 일인데, 그보다 훨씬 오래전인 로마 시대에 이미 증기기관이 존재했다고 하면 선뜻 믿기 어려운 게 당연하다.

그러나 이는 명백한 사실이다. 제임스 와트의 증기기관 발명에 힘입어 영국에서 산업혁명이 시작되기 훨씬 이전부터 로마에서는 증기기관 원리가 알려져 있었다. 그리고 비록 소규모지만 사람들은 증기기관 원리를 실생활에 활용하기도 했다. 게다가 로마뿐 아니라 이집트에서도 증기기관을 일상에 활용했다는 사실이 밝혀졌다. 여러 과학자가 머물던 알렉산드리아 신전에서 화톳불을 피워 물을 데우고 거기서 발생한 증기의 힘을 이용해 신전 문을 여는 '자동문' 시스템이 존재했다는 사실이 밝혀졌다. 물론 민중은 증기기관 원리를 알지 못했기에 그저 불가해하고 신비로운 힘이라고만 여겼으나 과학자들은 그 원리를 명확히 이해하고 다방면에 활용했다.

그렇다면 로마는 왜 산업혁명 시대처럼 그 힘을 다른 곳에 이용

'대이동' 하며 세계지도를 다시 그린 민족들

하지 않았을까? 나는 노예제도 탓이라고 본다. 기득권과 정책 결정권을 가진 황제나 귀족 등의 지도층이 노예의 도움 덕분에 생활이 전혀 불편하지 않았기에 기술개발 및 혁신의 필요성을 느끼지 못했기 때문이 아닌가 싶다. 당시는 땀과 노력이 필요한 일은 무엇이든 고생해서 기술을 개발하고 시스템을 구축할 필요 없이 노예에게 시키면 그만이던 시절이 아닌가. 로마제국은 충분한 지식과 기술을 갖추고도 노예에게 모든 것을 의존하는 편리함에서 벗어나지 못해 산업혁명과 같은 대변혁을 일으키지 못했다.

유럽인의 대이동으로 이어진
아메리카 대륙 탐험

로마 쇠퇴와 함께 잃어버린 해양 세계가 다시 등장한 시기는 18세기 이후다. 지중해에서는 이탈리아 베네치아와 제노바 상인, 인도양에서는 무슬림 상인, 남아시아에서는 중국 상인이 각각 활약해 항로를 확대했다. 특히 지중해에서는 십자군 원정과 마르코 폴로의 『동방견문록』에 힘입어 동방 관련 지식이 밀려들어 온 일이 큰 영향을 미쳤다.

또한 이 무렵 비단과 향신료 등 동방 물자를 육로로 들여오지 못한 상인들이 바다로 향했다. 그들은 왜 육로로 들여오지 못했을까? 오스만제국의 압력과 통제 때문이었다. 여기에 더해 페르디난

드 마젤란(Ferdinand Magellan, 1480?~1521년)이 지구가 둥글다는 기존의 주장을 증명하면서 본격적으로 대교역시대에 접어들었다. 무리해서 동쪽으로 항해하지 않아도 서쪽으로 계속 가다 보면 언젠가는 동양에 닿는다는 사실을 알게 되었기 때문이다.

이탈리아를 중심으로 한 항해 지식은 이윽고 이베리아반도까지 전해졌다. 유럽 전역에 거센 항해 열풍이 불었다. 새롭게 항로를 발견해 다양한 지역과 연결하는 데 성공하면 온갖 진귀한 물자를 손쉽게 얻어 막대한 이익을 챙길 수 있으니 어쩌면 당연한 결과였다.

이 열풍은 크게 남쪽 항로와 서쪽으로 돌아가는 동쪽 항로로 나눌 수 있다. 남쪽 항로는 이베리아반도에서 아프리카 서해안을 따라 남하하는 길이다. 바스쿠 다가마는 이 항로로 희망봉을 돌아 인도 서안의 콜카타(Kolkata. 옛날 이름은 캘커타)에 도착하는 항로를 찾아내 향신료 직접 거래에 성공했다.

배를 타고 서쪽으로 돌아 인도로 향하는 항로에서 당대의 유럽인은 아메리카 대륙 탐험이라는 뜻밖의 선물을 손에 넣었다. 아메리카 대륙 탐험은 바야흐로 대량 이민으로 이어졌다. 이 대륙에는 소수의 원주민밖에 없었고 풍부한 자원과 광대한 땅이 그대로 남아 있었기 때문이다.

물론 원주민 입장에서는 굴러들어온 돌이 박힌 돌을 빼내는 형국이라 이주민을 환영할 수 없었다. 그에 반해 신대륙에 이주민을 보내는 유럽 각국은 자국이 안고 있는 인구 문제와 물자 조달을 한방에 해결할 절호의 기회로 여겼다.

'대이동' 하며 세계지도를 다시 그린 민족들

인위적인 민족이동을
유발한 노예제도

현재 미국 인구는 중국과 인도에 이은 세계 3위로 3억 3,000만 명 정도다. 미국에는 어떻게 이토록 많은 사람이 살게 되었을까? 다른 나라에서 건너온 이민자가 여기에 크게 한몫한 것은 사실이다. 그러나 미국은 제 발로 찾아들어온 이민자의 힘만으로 인구가 증가한 나라는 아니다. 그 밖에 원치 않았으나 강제로 끌려온 사람들의 영향도 컸다. 엄청난 양의 필요한 노동력을 조달하기 위해 아프리카에서 억지로 끌고 온 노예들이었다.

노예무역을 가장 먼저 시작한 나라는 영국이다. 대항해시대를 거쳐 제국주의 시대로 돌입한 시기에 영국은 아프리카에 많은 식민지를 두고 있었기에 어쩌면 당연한 결과였을 수도 있다. 아무튼 제해권을 장악한 영국이 식민지 미국을 개척하기 위해 아프리카 대륙에서 노예로 부릴 수많은 흑인을 데려오면서 노예무역이 본격적으로 시작된 것이었다.

당시 노예로 미국에 잡혀간 흑인의 수는 얼마나 되었을까? 1790년 70만 명 남짓하던 흑인 노예는 노예무역이 확산되면서 1860년 여섯 배 가까이 증가해 400만 명까지 늘어났다. 하지만 19세기 중반 영국 본토에 인권사상이 싹트며 노예제도를 폐지해야 한다는 움직임이 전국적으로 퍼져 나갔다. 그 시절 영국에서는 국익을 위해서라면 무슨 짓을 해도 좋다는, 즉 다른 민족의 인권을 무시해도 상관없다는 사람들과 그런 사고방식과 행위를 부끄러워해야 하고 참회해야 한다며 반대하는 사람들이 팽팽히 맞서고 있었다.

노예제도와 직접적인 관계는 없으나 이런 흐름은 영국이 청나라와 벌인 아편전쟁(1839~1842년) 때도 이어졌다. 개전 여부를 놓고 벌인 심의 및 투표에서 찬성 272표, 반대 262표로 아슬아슬하게 찬성 의견이 앞섰다. 아편전쟁에 반대한 사람들은 "돈벌이를 위해 아편 따위를 팔고, 또 아편을 팔 권리를 침해당했다고 해서 그 나라를 침략하는 행위는 수치스럽다"라고 주장하며 맞섰다.

노예제도를 두고도 비슷한 정도로 반대 의견이 많았다. 그 반대 물결이 미국에 전해졌고 인권사상이 사회 전반에 침투했다. 그리고 그 움직임은 남북전쟁(1861~1865년)에서 북군(미합중국)의 승리로 끝이 났다.

제16대 미합중국 대통령 에이브러햄 링컨(Abraham Lincoln, 재임 1861~1865년)은 아직 전쟁 중이던 1863년 1월 1일 남부의 노예해방을 선언했다. 이 노예해방 선언(Emancipation Proclamation)은 노예제도를 완전히 폐지한 이후의 합중국 헌법과는 약간 다르지만 아무튼 노예해방 운동을 가속하는 계기가 되었다.

오늘날 난민 문제와 마찬가지로 민족이동은 참여하는 사람들이 바라던 결과를 얻지 못하는 경우가 많다. 세계사를 들여다보면 민족이동이 그야말로 차고 넘친다. 일본처럼 섬나라인 터라 민족이

동의 영향을 거의 받지 않은 나라가 오히려 특수한 경우라고 말할
수 있을 정도다.

프랑스의 위그노 학살이
네덜란드 부흥으로 이어진 아이러니한 역사
— 종교 탄압이 기폭제가 된 민족이동

　　　　　　　　　　노예무역 외에 원치 않는 민족이동으로
종교 탄압에 따른 민족이동이 있다. 몇 가지 사례 중 대표적인 사
례 한 가지만 살펴보자. 성 바돌로메 축일의 학살(Massacre de la Saint-
Barthélemy)이 벌어지면서 일어난 민족이동이 그것이다. 1572년의
일이었다. 끔찍한 학살이 벌어진 날은 성 바돌로메 축일인 8월 24
일이었다. 이는 가톨릭 국가 프랑스에서 벌어진 위그노(프로테스탄
트·칼뱅파 신교도를 프랑스에서 부르는 호칭) 탄압 사건이었다.
　그날 파리에는 수많은 위그노 신자가 결집해 있었다. 칼뱅파 신
자이자 부르봉 가문인 나바라(Navarra, 프랑스 접경의 스페인 북부 지방)
의 왕과 샤를 9세(Charles IX, 재위 1560~1574년)의 여동생 마르그리트
의 결혼을 축하하기 위해서였다.
　원래 결혼식은 국왕의 어머니 카트린 드 메디시스(Catherine de
Médicis)가 야심차게 기획한 행사였다. 메디시스의 의도는 서로 대
립하던 위그노와 가톨릭의 융합을 꾀하고자 하는 데 있었다. 그

런데 연회에서 위그노의 중심인물 가스파르 드 콜리니(Gaspard de Coligny) 제독이 가톨릭 강경파의 손에 암살당하면서 사태는 걷잡을 수 없는 방향으로 치달았다. 위그노의 보복이 시민에게 미칠 악영향을 우려한 국왕이 위그노 귀족 몰살을 명령했기 때문이다. 궁정 내의 위그노 귀족을 시작으로 살육은 시내에 이어 교외까지 번져 나갔고 수많은 위그노가 학살당했다. 가톨릭 측의 보고와 위그노 측 보고에 큰 차이가 있어 희생자 수를 정확히 알 수는 없지만 최소 5,000명에서 최대 3만 명의 수많은 생명이 목숨을 잃었다.

행인지 불행인지 위그노 신자 나바라의 앙리(Henri de Navarra, 앙리 4세, 재위 1589~1610년)가 프랑스 왕위에 올랐다. 하지만 가톨릭과 위그노의 뿌리 깊은 대립은 끝나지 않았다. 설상가상으로 앙리 4세 즉위를 인정하지 않은 가톨릭 세력과 진흙탕 싸움이 이어졌다. 1593년 앙리 4세는 가톨릭으로 개종한다는 결단을 내렸다. 가톨릭 신자가 다수인 프랑스에서 아무리 발버둥을 쳐도 신교도인 자신이 왕으로 인정받기 어렵다는 사실을 깨달았기 때문이다.

앙리 4세는 신교도에게 신앙의 자유를 인정하는 '낭트 칙령'을 선포했다. 왕의 개종으로 프랑스 국내가 비로소 안정을 되찾은 뒤인 1598년의 일이었다. 앙리 4세는 몸소 가톨릭으로 개종해 왕위를 인정받는 대신 낭트 칙령으로 신교도에게 신앙의 자유를 선사한 셈이었다. 낭트 칙령은 유럽 최초로 개인에게 신앙의 자유를 인정한 획기적인 조치였다. 그러나 앙리 4세가 가톨릭 광신자의 손에 암살당하자 전통 가톨릭 국가로 돌아가려는 세력 내부에서 낭

'대이동' 하며 세계지도를 다시 그린 민족들

트 칙령을 폐지하려는 움직임이 일어났다.

1685년 낭트 칙령은 폐지되었다. 그리고 다시 끔찍한 종교 탄압이 벌어졌다. 이 박해로 프랑스 신교도는 대부분 네덜란드와 영국으로 이주했다. 당시 위그노의 이주는 이후 네덜란드 부흥으로 이어졌다. 다시 말해 프랑스에서 벌어진 종교 탄압은 그때까지 상공업을 이끌던 사람들을 국외로 모질게 내쫓는 어리석은 결과로 이어졌다. 나라 밖으로 내몰린 사람들을 받아들인 네덜란드는 상공업을 일으켜 국가 부흥을 이룩했다.

게르만족 대이동,
유럽을 송두리째 뒤바꿔놓다

인류 역사에서 가장 유명한 민족이동은 '게르만족 대이동'이다. 엄청난 규모의 게르만족이 서쪽으로 이동한 이 사건은 4세기에서 5세기에 걸쳐 일어났다. 게르만족 대이동이 역사상 가장 유명한 민족이동으로 손꼽히는 이유는 뭘까? 이 사건의 영향으로 유럽 전체가 송두리째 변화했기 때문이다.

게르만족은 왜 서쪽으로 이동했을까? 여기에는 다양한 학설이 존재한다. 그중에서도 가장 주요한 원인을 꼽아보라고 한다면 단연 '기후 변동'이다. 오늘날은 농업기술이 발달하여 품종개량으로 추위에 강한 작물 재배가 얼마든지 가능하다. 그런 터라 제대로 실감하기 어려우나 평균기온이 2도만 내려가도 세계 최대 밀 생산지인 캐나다에서는 밀 수확이 거의 불가능해진다. 그만큼 기온 저하는 개인과 집단의 삶에 어마어마한 영향력을 발휘한다. 당시는 전근대 사회라 기후 변동이 일어날 경우 농작물 피해가 상상 이상으로 막심했을 것이다.

사실 가족 단위 및 소규모 집단의 이민 형태는 민족대이동보다 훨씬 이른 시기인 1~2세기 무렵부터 있었다. 로마제국은 그런 이민을 까다롭게 규제하지 않았고 커다란 사회 문제로 발전하지도 않았다. 초창기만 해도 그들은 라틴어를 제대로 쓸 줄 몰라 막일을 하거나 날품팔이로 생계를 유지해야 했다. 그중 어떤 이들은 병사로 일하기도 했다. 게르만족은 라틴계 로마인보다 체격이 커서 귀중한 병력 자원이었다.

4세기 무렵부터 게르만족은 엄청난 규모로 무리 지어 서로마제국 영토로 물밀듯 밀고 들어왔다. 그들은 왜 갑자기 로마제국 영토를 침범하기 시작했을까? 아시아에 살던 기마민족인 훈족이 서쪽으로 옮겨옴에 따라 오랫동안 살아온 삶의 터전을 버리고 좀 더 서쪽으로 이동한 것이었다. 이렇게 일어난 대규모 이동이 바로 '게르만족 대이동'이다.

전 세계적으로 한랭화가 일어나면 서쪽으로 이동해도 무슨 차이가 있을까 생각하기 쉽다. 그러나 실상은 그렇지 않다. 유럽에서도 서유럽은 멕시코 난류가 흐르는 덕분에 기후가 대체로 온난하다. 그때까지 게르만족 유입을 강 건너 불구경하듯 무심히 관망하던 로마는 물밀 듯 밀려오는 이주 행렬을 더는 팔짱 낀 채 보고만 있을 수 없었다.

다른 민족이 소규모로 들어올 때는 별 무리가 없다. 그러나 임계점을 지나 허용치를 넘어설 지경이 되면 문제가 심각해지기 시작한다. 정착 세력과 이주 세력 사이에 갈등과 알력이 발생하기 마련이다. 오늘날 전 세계적인 이슈로 떠오르고 있는 유럽의 난민 문제를 보면 어느 정도 실감이 날 것이다.

로마에서는 오늘날의 유럽 난민 문제와 비슷한 문제가 훨씬 큰 규모로 빈번히 일어났다. 평소에는 사소한 다툼으로 끝나던 일도 사람이 많아지면 자칫 폭동으로 발전하기 쉽다. 로마는 더 심각한 문제로 번지는 걸 막기 위해 진압에 나서야 했다. 이런 식으로 폭동과 진압이 반복되면서 잔 매에 장사 없듯 로마의 국력은 차츰 쇠약해져 갔다.

대이동 초기에 로마로 흘러 들어온 게르만족은 용병 신분으로 로마 군대에 들어갔다. 그렇게 차츰 시간이 지나면서 군대 안에 게르만족 숫자가 기하급수적으로 늘어났다. 그중에는 군에서 제법 높은 지위까지 올라가는 사람도 있었다. 점점 더 많은 게르만족이 로마로 이주해 들어오자 이민족의 이질적 가치관이 전염병처럼 퍼져 나갔다. 그러자 라틴계 사람들의 불만이 점점 커지기 시작했다.

하필 그때가 기독교 포교 시기와 겹치면서 문제는 한층 더 복잡해졌다. 다신교를 믿는 로마인은 기독교를 받아들인 게르만족이 특히 로마의 군대 안에서 착실하게 머릿수를 불려 나가는 모습을 보아 넘길 수 없었다. 그들이 이민족인 탓에 증오의 불길은 더욱더 거셌다.

게르만족을 향한 로마인의 반감과 적대감은 오늘날 유럽의 상황을 보면 어렵지 않게 상상해볼 수 있다. 난민을 적극적으로 받아들여 왔을 뿐 아니라 노골적인 인종차별을 끔찍한 범죄로 처벌하는 독일에서조차 난민 수가 나날이 늘어나자 민족주의가 서서히 고개를 쳐들고 있지 않은가. 심지어 네오나치 같은 극단주의까지 나타나 목소리를 높이며 노골적으로 난민을 배척하는 분위기가 팽배해지고 있다.

오늘날 유럽에서 난민으로 인해 벌어지는 현상이 로마에서도 실제로 일어났다고 추정해볼 수 있다. 로마제국이 멸망한 데는 여러 가지 요인이 복합적으로 작용했겠지만 게르만족 대이동이라는 요인도 반드시 짚고 넘어가야 한다.

게르만족 대이동이라는
도미노 현상을 일으킨 훈족 대이동

훈족의 갑작스러운 대이동은 게르만족 대이동으로 이어졌다. 아시아계 기마민족으로 알려진 훈족은 러시아 초원지대에서 서쪽으로 쉼 없이 진군하여 볼가강을 건넌 다음 게르만족이 살던 동고트족 영토를 정복했다. 그곳에 인접해 있던 서고트족은 훈족의 기세에 놀라 도나우강 너머 로마제국 안으로 도망쳤다.

로마군은 국경 부근에서 게르만족 대이동을 저지하려 했으나 실패했다. 그 무렵 서고트족은 누가 뒤에서 쫓아오기라도 하듯 엄청난 속도로 이탈리아반도로 밀고 들어왔다. 로마로 들어온 서고트족은 5세기 무렵 이베리아반도에 이르렀다. 그들은 그곳에서 겨우 이동을 멈추었고 서고트왕국을 세웠다. 서고트족이 뒤도 돌아보지 않고 줄행랑을 칠 정도로 공포에 사로잡힌 훈족은 어떤 민족이었을까?

훈족은 4세기 후반 느닷없이 유럽에 모습을 드러냈다. 동시대 로마 역사가 암미아누스 마르첼리누스는 『로마의 역사』에서 다음과 같이 그들을 묘사하고 있다.

그들은 조잡한 신발을 신고도 보병전에서 그야말로 무적이다. 볼품없지만 다부진 말과 한 몸이 되어 전장을 누비고 다닌다. 그들에게 말에 가로로 걸터앉아 소변을 누는 정도는 식은 죽 먹기다. 밤이든 낮이든 말 위에 앉아 그 위에서 거래를 하고 먹고 마실 때도 발을 땅에 대지 않는다. 그러다 졸음이 오면 자기 말의 목에 기대어 천연덕스럽게 단잠을 잔다.

일단 전투에 나서면 무시무시한 괴성을 내지르며 적에게 덤벼든다. 저항할 낌새를 보이면 사방으로 흩어졌다가 다시 같은 속도로 되돌아와 도중에 만나는 모든 것을 파괴하고 쓰러뜨린다. 다만 그들은 요새에 사다리를 걸쳐 공략하는 전술을 알지 못하고 참호로 둘러싸인 야전 기지를 습격할 줄도 모른다. 그러나 그들의 활 솜씨를 당해낼 재간이 없다. 그들의 화살에는 뾰족한 뼈다귀가 달려 있는데, 그 단단하고 위험한 화살은 철제 기물과 맞먹는다. 그들은 그 활을 말도 안 되게 빠른 속도로 미친 듯이 쏘아댄다.

반농반목 생활을 하던 게르만족에게 그때까지 듣도 보도 못한 유목민의 공격은 매우 위협적이었다. 더구나 훈족은 죽인 적의 피부를 벗겨 피범벅이 된 생살을 전리품으로 챙겨 가져간다는 소문이 삽시간에 퍼져 나갔다. 실제로도 그러했겠지만 훈족이 유럽인을 공포에 몰아넣기 위해 의도적으로 퍼뜨린 심리전의 일환이기도 했다. 심리전은 확실히 효과가 있었다. 게르만족 사람들은 두려움에 휩싸여 제대로 한번 싸워볼 엄두도 내지 못하고 달아나기에 바빴기 때문이다.

훈족의 이동은 게르만족 대이동을 촉발했으며 로마제국 침략으로 이어졌다. 오늘날 동유럽인의 몸속에 훈족 후예의 피가 흐르는 것도 그런 연유에서다.

훈족의 뿌리는 여전히 수수께끼에 싸여 있다. 예전에는 학계에서 중국 북방 기마민족인 흉노와의 동일성을 지지하는 편이었다. 그러나 최근 연구로 흉노와 훈족은 서로 무관한 민족이라는 학설이 우세해지고 있다.

'대이동' 하며 세계지도를 다시 그린 민족들

게르만족 대이동

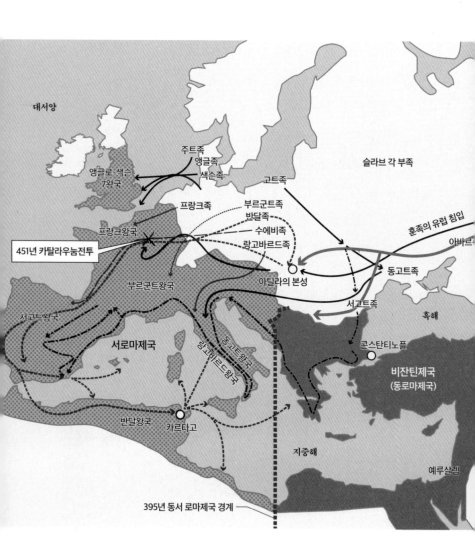

대서양

슬라브 각 부족

주트족
앵글족
색슨족

고트족

앵글로-색슨
7왕국

훈족의 유럽 침입

프랑크족

부르군트족

아바르

반달족

프랑크왕국

수에비족

동고트족

451년 카탈라우눔전투

랑고바르드족

아틸라의 본성

서고트족

흑해

부르군트왕국

서고트왕국

서로마제국

동고트왕국

콘스탄티노플

랑고바르드왕국

비잔틴제국
(동로마제국)

반달왕국

카르타고

예루살렘

지중해

395년 동서 로마제국 경계

6세기 게르만 각국

잉글랜드족
색슨족
앵글족
색슨족
슬라브족 진출
프랑크왕국
랑고바르드
부르군트왕국
게피데왕국
동고트왕국
콘스탄티노플
수에비왕국
톨레도
라벤나
비잔틴제국
(동로마제국)
서고트왕국
카르타고
유스티니아누스 대제 시대
비잔틴제국 최대 영토
반달왕국
(534년 멸망)

8세기 전반 게르만 여러 국가

앵글로-색슨
7왕국
슬라브 각국
투르
파리
푸아티에
프랑크왕국
아바르족
서고트왕국
(711년 멸망)
랑고바르드왕국
콘스탄티노플
코르도바
로마
비잔틴제국
아랍인 진출
우마이야왕조

나아가 민족과 집단을 동일시하지 않는 것이 타당하다는 사고 방식과 주장이 최근에는 좀 더 설득력을 얻는 추세다. 여기에는 그 나름대로 이유가 있다. 기마민족은 집단으로 이동하지만 매우 유동적이기 때문이다. 쉽게 말해 그들은 지도자 자리를 반드시 세습으로 물려주거나 물려받지 않았다. 그보다는 카리스마를 가진 뛰어난 지도자가 나타나면 민족적 혈통에 집착하지 않고 기꺼이 받아들였다. 또 지도자가 바뀔 때는 더러 뿔뿔이 흩어지는 경우도 있었다.

이런 습성은 인류 역사상 가장 넓은 영토를 차지한 몽골제국을 건설한 몽골족도 마찬가지였다. 몽골제국은 13세기 초 테무친(후일의 칭기즈 칸, 1162~1227년)이 몽골족을 통합하면서 시작되었다. 몽골족 통합은 기마민족의 특성을 잘 보여주는 사건으로 강력한 카리스마를 지닌 지도자가 등장하면서 단숨에 이뤄졌다. 이후 몽골제국은 중국(남송)을 집어삼켜 원나라를 세우고 서쪽으로 지배력을 확장했다.

몽골 역사에 정통한 오카다 히데히로(岡田英弘)와 스기야마 마사아키(杉山正明)는 "이른바 근대 세계를 만든 주체는 몽골제국이다"라고 주장한다. 몽골제국이 훗날 국제화의 기반을 닦았다는 것만은 분명한 사실이다.

몽골은 '제국'을 세웠지만 로마와 같은 제국은 아니었다. 몽골제국의 본질은 우르스(ypc), 즉 기마 유목민 집단이라는 점이었다. 기마 유목민 집단이라는 뜻의 우르스는 일반적으로 생각하는 '나

칭기즈칸

몽골제국 창건자. 드넓은 초원을 통일한 뒤 중앙아시아로 진출하고 제국의 기초를 닦았다.

라'와는 기본 개념부터가 다르다. 조금 극단적으로 말해 우르스는 지도자 칸이 교체될 때마다 이합집산하는 무리라고 할 수 있다. 우르스는 어디까지나 칸 개인을 따르기 때문이다. 칸 개인을 지도자로 인정하면 기꺼이 따르지만 자기 마음에 들지 않는 자가 지도자 자리를 꿰차기라도 하면 절대 복종하지 않는다. 몽골인 입장에서 이것은 상식이지만 유목민이 아닌 농경민족은 이해하기 힘든 감각이다.

중국 북부에 있던 흉노가 궁지에 몰려 서쪽으로 이동한 것은 사실이다. 흉노족의 경우 지도자의 자손이 대를 이어 자기 민족을 통솔하지 않고 몇 개 집단이 끊임없이 이합집산을 반복한 것으로 보인다. 이는 그들이 민족적으로 모두 같은 집단이 아니었다는 얘기다. 흉노일 때는 민족적으로 몽골계가 중심이었고 서쪽으로 이동했을 무렵에는 튀르크계가 중심이었을 것이다. 물론 그동안 페르시아계 등 다양한 민족과 혼혈이 이루어졌을 가능성이 크다. 따라서 훈족이 중국 북부에 거점을 두고 활동하던 기마민족 흉노였다는 주장은 옳을 수도 있고 옳지 않을 수도 있다. 애초에 민족 개념을 확실히 규정하는 것조차 어려워 흉노와 훈족이 같은지 다른지 논의하는 것 자체가 의미 없다는 것이 최근 학계의 공통된 의견이다.

기마민족은 토지에 예속되는 농경민족과는 문화가 확연히 다르다. 그들을 농경민족의 상식이나 고정관념으로 판가름하려 해서는 안 된다.

이슬람인이 유럽을 점령할지 모른다는
공포에 빠진 현대 유럽인

　　　　　　　　민족이동에 담긴 가장 큰 의미는 '다른 문화' 사람들이 유입된다는 점이다. 로마는 게르만족과 벌인 싸움에서 패했으나 그 자체는 크게 문제될 것이 없었다. 그 이전에도 다른 민족과 싸워 패한 전례가 여러 번 있었으나 그때마다 전화위복의 기회로 삼았기 때문이다. 카르타고의 명장 한니발과 벌인 제2차 포에니전쟁의 칸나에전투 패배가 대표적이다. 이 전투에서 로마군은 그야말로 '궤멸하였다'라고 말해도 지나치지 않을 정도로 완벽한 패배를 당했다. 전투를 지휘한 로마군 집정관과 독재관이 전사하고 원로원의원 80여 명이 사망했으며 8만 명의 군사 중 6만여 명이 죽거나 다치고 1만여 명이 포로로 잡혔다. 전투에서의 단순한 패배를 넘어 이후 로마가 멸망했다 해도 이상하지 않을 정도의 완벽한 패배였다. 그러나 로마는 멸망하지 않았고 위기를 잘 극복했다. 나중의 일이지만 오히려 멸망한 쪽은 이때 승리한 카르타고였다. 또 하나. 기존의 로마 역사로 볼 때 이민족이 들어와도 그들을 흡수해 판도를 넓히면 그만이니 역시 문제가 되지 않는다. 진짜 문제는 한꺼번에 수많은 이민족이 들어와 기존 가치관이 변하면서 발생했다.

　서서히 조금씩 들어오면 문제가 되지 않는다. 이민족의 기존 문화와 가치관에 동화되지 않고 스펀지처럼 흡수하여 변화시켜버리기 때문이다. 하지만 너무 많은 이민족이 한꺼번에 밀려들어 올 경우에는 문제가 심각해진다. 완충재가 사라지고 기존 가치관과 행동규범에 대혼란이 빚어지기 때문이다. 대규모 민족이동에 사람들이 공포를 느끼는 이유가 여기에 있다.

최근 난민 문제에 직면하고 있는 나라 사람들이 두려워하는 부분도 게르만족 대이동으로 로마에서 벌어진 현상과 일맥상통하는 부분이 있다. 오늘날 유럽에서 문제시하는 난민은 대부분 이슬람교도다. 물론 전쟁을 피해 고국을 떠난 그들에게는 안전하게 발을 딛고 살아갈 공간이 필요하다. 그러나 난민을 받아들일 것이냐 말 것이냐를 놓고 갈등하는 측은 그들대로 고민스러울 수밖에 없다. 난민 수가 점점 불어나면 그에 비례하여 변화에 따른 몸살을 호되게 앓아야 하기 때문이다.

16세기 네덜란드는 당시 스페인을 본거지로 삼은 합스부르크 왕가의 영토에 속했다. 종교는 가톨릭이었다. 그런데 변화가 일어났다. 프로테스탄트 중에서도 칼뱅파가 대거 밀려들면서부터였다. 이로써 가톨릭과 칼뱅파 인구 비례가 역전되기 시작했다. 그 결과 가톨릭을 국교로 내세우며 가톨릭 수호자를 자처한 펠리페 2세의 스페인과 마찰이 빚어졌다. 이후 네덜란드 독립전쟁(1568~1648년)으로 이어졌다.

이는 최고 권력자의 의사와 관계없이 이민자 유입만으로 다수파와 소수파의 관계가 역전되고 그 결과 나라의 기본 구조와 메커니즘마저 뒤바뀌어버린 전형적인 사례다. 이런 일을 실제로 경험한 유럽 국가들은 오늘날 이슬람교도가 이민 형태로 유럽에 끊임없이 유입되는 현상에 우려를 표하고 있다. 실제로 지금과 같은 기세로 난민이 유입될 경우 100년 후, 아니 빠르면 20년 후 이슬람교도가 유럽 국가에서 다수파가 될 수 있다는 예측마저 나오고 있다.

독일인의 위기의식은 특히 크다. 독일의 민족주의자들은 이대로 가다가는 머지않아 독일인이 멸종할지도 모른다며 목소리를 높이고 있다. 사태가 장기화할 경우 극렬 민족주의자 중에서 히틀러 같은 극단주의자가 나올 위험성도 배제할 수 없다. 전체적으로 아직은 인권을 존중하는 측면에서 난민을 받아들이는 분위기다. 그러나 유럽에서 이슬람교도가 계속 늘어나면 장차 유럽이 어떻게 변화해갈지 누구도 예측할 수 없다.

오랫동안 적극적으로 이민을 받아들였던 나라 미국도 예외는 아니다. 공화당 출신 대통령 도널드 트럼프가 지난 대선에서 멕시코 등 중미 국가에서 들어오는 불법 이민을 막기 위해 국경 지대에 장벽을 세우겠다는 과격한 발언으로 인기몰이를 했다. 이는 많은 미국인이 남미 라틴계 사람들의 유입에 우려를 표하고 있다는 뜻이기도 하다.

2016년 6월 영국은 국민투표로 EU 탈퇴를 결정했다. 흔히 '브렉시트(Brexit)'라고 부르는 영국의 EU 탈퇴는 '앞으로 더는 이민과 난민을 받아들여서는 안 된다'라고 생각하는 사람들이 제 목소리를 내기 시작했음을 의미한다. 오늘날 유럽인은 이민족이 다수파가 되고 자신들의 문화가 사라질지 모른다는 두려움에 휩싸여 있다.

'대이동'하며 세계지도를 다시 그린 민족들

'관용의 끝판왕' 로마제국이
기독교를 탄압한 진짜 이유

민족대이동이 일어나면 언어와 종교, 생활습관 등이 이리저리 뒤섞이고 복잡해진다. 게르만족 대이동 시기는 절묘하게도 그들이 기독교를 수용한 기간과 겹쳤다. 이 무렵 많은 게르만족이 기독교를 자연스럽게 받아들인 데는 그런 배경이 있었다. 물론 원형 그대로의 기독교가 아니라 게르만 문화의 영향을 받은 게르만식 기독교였지만 말이다.

이러한 사례를 통해 우리는 민족이동으로 언어와 문화, 종교가 뒤섞였을 때 어떤 일이 일어날지 짐작해볼 수 있다. 앞으로 이슬람교도가 본격적으로 파고들면 유럽에 이슬람교 국가가 생길 가능성도 배제하기 어렵다. 이미 많은 난민을 받아들인 국가에서는 언어와 문화, 생활습관, 신앙 차이에서 비롯된 다양한 분쟁이 일어나고 있다. 유럽은 학교 교육에서 가치관 차이를 수정하려고 시도하고 있지만 얼마나 효과를 발휘할지는 알 수 없다.

결국 어느 쪽 가치관으로 통합된다는 생각은 현실적으로 이뤄지기 어렵다. 가치관이 서로 맞부딪쳐 새로운 가치관과 세계 질서가 형성될 가능성이 크다. 하지만 그 과정에서 고집스럽게 전통을 지키려 하는 국수주의자도 나타나기 마련이다.

공화정 시기 로마에서도 비슷한 일이 벌어졌다. 그 무렵 로마에는 선진 그리스 문화를 적극적으로 받아들이자는 포용적인 사람들과 그리스 문화를 한사코 거부하는 국수주의자들이 공존하고 있었다.

제2차 포에니전쟁에서 숙적 한니발을 무찌른 스키피오 아프리카누스는 '그리스 사람 다 됐다'라는 말을 들을 정도로 그리스 문화 수용에 적극적이었다. 반면 카르타고 섬멸론을 주창하는 로마인을 선동하여 제3차 포에니전쟁을 일으킨 카토(Marcus Porcius Cato, 기원전 234~149년. '대카토'로 불림)는 전형적인 국수주의자였다. 이에 따라 카토 가문과 스키피오 가문은 전형적인 국수주의자 가문과 외부 문화를 수용하고 그 가치관에 관용을 보이자고 주장하는 가문으로 나뉘어 대립했다.

잠시 로마 초기 시대로 돌아가 보자. 로마는 어떻게 새로운 가치관을 구축했을까? 그리스 가치관을 조금씩 받아들이며 새로운 로마 질서를 만들어갈 시간적 여유를 가질 수 있었기 때문이 아닐까 싶다. 로마인에게는 기독교를 탄압한 이미지가 남아 있다. 그러나 이는 사실이 아니다. 로마는 신앙에 관대했고 정복지에서도 "너희가 너희 신을 믿는 것은 자유다"라고 인정했다. 이러한 종교적 관용은 기독교에도 마찬가지였다.

한데 그런 로마는 왜 기독교를 탄압했을까? 여러 가지 이유가 있겠지만 가장 큰 이유는 기독교가 가진 '배타성' 탓이 아닐까 싶다. 나는 지금까지 여러 책에서 "여호와 이외의 신은 모두 사이비다. 거짓 신과 우상을 섬겨서는 안 된다"라고 주장하는 기독교도들의 독선과 오만, 배타성이 문제의 근원임을 밝혀왔다. 왜 신앙심이 돈독한 로마인이 다른 신을 믿는 속주민들에게 신앙의 자유를 허락했는지 이해해야 한다.

로마인은 누구도 자신들의 개인적 신앙에 간섭하거나 강요하지 않기를 바랐다. 동시에 그들은 다른 이들의 신앙에 참견하고 싶어 하지도 않았다. 말하자면 "나는 너희의 신앙에 간섭하지 않을 테니 너희도 우리 신앙에 딴죽 걸지 말라"라는 것이 로마인의 기본적인 입장이었다.

안타깝게도 기독교 신자들은 자신의 신앙을 지키는 정도 선에서 만족하지 않고 극단적인 발언을 서슴지 않았다. 그들은 "너희가 믿는 신은 가짜다. 엉터리 신을 믿으면 지옥에 떨어진다"라며 목소리를 높였다. 로마인의 눈에는 물에 빠진 사람을 구해놨더니 보따리를 내놓으라며 생떼 부리는 상황으로 보였을 것이다. 결국 로마인은 기독교 신자를 박해하기 시작했다.

오늘날의 민족 문제를 이해하려면 '종교'와 '지정학'을 통찰해야 한다

이민족 사이에 갈등이 생겼을 때 평화적으로 해결되고 지혜롭게 조정되는 경우는 거의 없다. 대개는 분쟁이 발생하고 갈등이 심화한다. 가장 비참하고 끔찍한 상황은 이민족을 사회에서 말살하려는 '인종 청소(Ethnic Cleansing)' 시도다.

슬프게도 인종 청소는 인류사에서 몇 번이나 되풀이되었다. 히틀러의 나치스에 의한 유대인 학살 같은 것이 인종 청소 시도의 전형적인 사례다. 다른 인종에 대한 적개심은 흑인 차별, 크로아티아에서 벌어진 세르비아인 박해처럼 대량 학살과 강제 이주 등이 동반되는 끔찍한 비극으로 발전하곤 했다.

왜 이런 비극이 끊임없이 반복되는 걸까? 자신이 속한 민족을 최대한 순수한 상태로 유지하고 싶다는 그릇된 욕망 때문이다. 20세기 말 자본주의와 사회주의 대립이 끝난 뒤 세계는 문명과 문명의 대립과 충돌이 주축이 되었다. 그중에서 가장 큰 문명 충돌은 '이슬람교와 기독교 간 대립'이다. 실제로는 이슬람교와 기독교가 아니라 각 종교에서 이른바 '원리주의자'라 부르는 일부 과격파가 대립의 중심에 있다. 알카에다와 IS(Islamic State, 이슬람 국가)는 그 대표적인 조직으로 그들은 의도적으로 세계를 대립 구조로 몰아가려는 것처럼 보인다.

그들 외에 대립을 조장하는 세력은 더 있다. 유럽과 미국에도 일부 과격한 원리주의자가 존재하는데 그들은 이슬람교 전체를 부정하는 언동으로 민중을 자극하곤 한다. 오늘날 세계에서는 민족주의 움직임이 들불처럼 번지고 있다. 미국과 중국, 러시아 등의 국가에서는 제국주의 경향을 강화하는 등 양극단의 움직임이 동시에 진행되고 있다. 이처럼 복잡한 세계를 제대로 이해하려면 세계사를 공부해야 한다. 예를 들어 우크라이나와 러시아 문제를 바라볼 때 그 배경에 깔린 1,000년에 가까운 대립과 반목의 역사를 이해해야 한다.

우크라이나인 중에도 크게 두 부류가 있다. 그중 하나는 순수한 우크라이나인이다. 그들은 주로 서쪽 지역에 거주한다. 다른 하나는 러시아와 비교적 가까운 우크라이나인이다. 그들은 주로 동쪽 지역에 거주하는데, 언어와 문화적인 면 모두 러시아에 가깝고 친근한 러시아계가 많다. 같은 우크라이나 안에서 동서가 서로 크게 다른 양상을 보이는 것이다.

순수한 우크라이나인은 러시아계 사람들을 이민족으로 본다. 굴러들어온 돌인 러시아계가 박힌 돌인 우크라이나인을 밀어내고 안방을 차지하려는 처사가 그들에게는 괘씸하게 여겨질 수밖에 없다. 우크라이나는 1,000년 넘게 러시아에 불만을 쌓아왔고, 그로 인해 자칫하면 인종 청소에 나서려는 움직임이 일어날 위험성도 있다.

크림반도가 복잡하게 뒤얽힌 것은 대립하는 우크라이나와 러시아가 쟁탈전을 벌이는 양상으로 번진 탓이다. 러시아 입장에서 크림반도는 절대로 내어줄 수 없는 매우 중요한 요충지다. 크림반도에 세바스토폴 군항이 자리 잡고 있기 때문이다. 흑해에 면한 이 군사 항구는 러시아가 지중해로 나아가는 발판이며 지정학적으로도 중요한 거점이다. 만약 이 항구를 빼앗기면 지중해 항로를 상실한 러시아는 지중해 패권을 두고 유럽과 다툴 수 없다. 러시아가 무슨 수를 써서라도 우크라이나를 지키고 싶어 하는 것은 그런 이유에서다.

이처럼 민족 문제는 역사는 물론 종교와 지정학 등 다양한 분야에서 올바른 지식을 갖추지 않으면 명확히 이해하기 힘든 난해하기 짝이 없는 문제다. 제대로 된 세계사 지식이 뒷받침되어야만 문제 해결까지는 아니더라도 최소한 감정적으로 치우치지 않고 올바르게 사태를 파악할 수 있고 세상 돌아가는 메커니즘을 통찰할 수 있다.

Monotheism

05

'유일신교'는
왜 항상
분쟁의 씨앗이
되는가

세계사를 바꾼 3대 유일신교(유대교·기독교·이슬람교)의 탄생과 발전

"우리가 전쟁을 끝내지 않으면 전쟁이 우리를 끝낼 것이다."

— 허버트 조지 웰스 (작가·문명 비평가)

'신의 목소리'를 직접 듣던
3,000년 전 사람들

　　　　　인간사회에서 종교는 시대와 무관하게 언제나 중대사였다. '종교' 하면 신에게 의지해 구원을 바라는 행위라는 보편적인 인상을 누구나 가지고 있다. 그러나 종교의 본질은 그게 전부가 아니다.

　3,000년 전의 인류는 실제로 '신의 목소리'를 듣고 그대로 행동했다고 한다. 미국 프린스턴대학 심리학 교수 줄리언 제인스(Julian Jaynes)가 『의식의 기원(The Origin of Consciousness in the Breakdown of the Bicameral Mind)』이라는 책에서 호메로스의 『일리아스』와 『오디세이』의 서사시를 풀어가며 검증한 사실이다. 그는 인간이 신의 목소리를 듣던 시대를 '양원 정신(Bicameral Mind)' 시대라고 불렀다.

인간의 의사(意思)는 마치 나무가 땅속에 뿌리내리듯 언어에 탄탄하게 뿌리내리고 있다. 줄리언 제인스는 인류가 문자를 사용하지 않던 단계에는 의식 개념도 규정할 수 없었을 것으로 추정했다. 그의 연구에 따르면 인류가 명확히 의식을 드러낸 시기는 약 3,000년 전이다. 그는 자신의 책에서 "의식이 희박했던 그 이전 인류는 어떻게 사회생활을 영위했을까"라는 물음에 "양원 정신을 활용했다"라고 대답한다.

쉽게 말해 마음속에 자신과 또 하나의 '신'이 존재한다는 얘기다. 즉 고대인은 신이라는 별개의 존재가 실제로 존재해 그 목소리를 듣는 게 아니라 항상 자신 안에 있는 '신'의 목소리를 내면에서 들으며 생활했다는 주장이다.

이는 명확한 자아를 지닌 현대인으로서는 다소 이해하기 어려운 감각이다. 왜냐하면 현대 사회를 살아가는 대다수 사람이 신은 실제로 존재하는 것이 아니라 인간의 뇌가 만들어낸 개념이라고 믿기 때문이다. 그러나 고대사를 전공하는 사람은 위의 설명을 듣고 고개를 끄덕인다.

인간은 문명이 탄생하기 훨씬 이전부터 종교적 습관을 기르고 발전시켜왔다는 사실이 고고학 연구로 밝혀졌다. 이와 달리 인간 이외의 동물에게는 신도 종교도 없다. 그렇다면 신은 인간이 뇌의 진화 과정에서 얻은 산물 중 하나라고 추정해도 크게 무리는 없지 않을까.

인간에게 신이란 무엇일까? 나는 인간에게 신이란 일종의 '이상'이라고 생각한다. 인간은 이상에 다가가려는 숙명 같은 과업을 짊어지고 살아가는 존재다. 행동할 때 실제로 이상에 따르는지는 차치하고 최소한 이상적인 행동을 취하려고 노력은 한다. 즉 종교는 인간이 신이라는 이상에 다가가는 방법을 보여주는 하나의 길라잡이인 셈이다.

종교는 미신이 아니라 뇌를 발달시킨 인류의 숙명과 같다고 생각해온 내게 줄리언 제인스의 양원 정신 개념은 그야말로 고전 문헌에 입각한 합리적 추론으로 여겨졌다. 마음속으로 신을 가깝게 느낀 고대인은 다양한 작품에 신들을 생생히 묘사했다. 고대인에게 신은 신화와 공상의 산물이 아니라 일상과 가까운 친근한 존재였던 셈이다.

지금은 '신' 하면 기독교나 이슬람교 같은 일신교의 유일신(The One and Only God)의 이미지를 떠올리는 사람이 많다. 그러나 고대의 신은 기본적으로 다신이었고 자연 풍토와 밀접히 연관되어 있었다. 어쩌면 다양한 성향의 신이 존재하는 다신교 세계에서 '신이라는 이름의 이상'을 추구할 수 있는지 의문을 품는 사람이 있을지도 모르겠다.

물론 유일신 신앙과 다신교 세계에서 특정 신을 숭배하는 행위에는 명확한 차이가 있다. 그렇지만 다신교 세계에서도 자신이 믿는 신과의 관계는 일신교와 일맥상통하는 부분이 있게 마련이다. 그런 의미에서 나는 '신이라는 이름의 이상'이 충분히 성립했을 것으로 본다.

'신의 목소리'를 대신
전하는 도구, 점성술

　　　　　　　고대인은 가까운 자연에서 신을 찾아냈다. 말하자면 그들은 신이 멀리 떨어진 별개의 세계가 아니라 항상 사람들 가까이에 존재한다고 여겼다. 그런 신을 우러러보게 만든 신앙의 원천은 자연계에 존재하는 가늠할 수 없는 힘을 지닌 존재를 향한 인간의 경외감이었다. 엄청난 재앙을 불러오는 화산·천둥·태풍은 물론 거대한 나무와 거석, 인간의 생활을 윤택하게 해주는 싱그러운 샘물 등에서도 고대인은 신을 발견했다.

　『자연사(Naturalis Historia)』('박물지'라고도 한다)라는 책을 들어보았는가? 고대 로마의 박물학사 사이우스 플리니우스 세쿤두스(Gaius Plinius Secundus, 23~79년)가 집필한 백과사전 시리즈다. 세쿤두스가 총 464명의 저자가 쓴 2,000여 권의 고대 도서를 통독하고 자세히 분석해 모두 2,493장으로 이뤄진 37권의 백과사전을 남겼는데 그것이 바로 『자연사』다.

　그 책을 보면 저자가 대체로 합리적이고 객관적인 지식과 시각을 담으려고 노력했다는 느낌이 든다. 물론 지진은 공기와 물이 대지의 균열로 크게 흔들릴 때 발생한다는 등 더러 황당한 주장도 실려 있는 것이 사실이다.

　그러나 2,000여 년이 지난 오늘날의 관점에서 볼 때 황당한 것이지 당대에는 아니었다. 책을 자세히 살펴보면 지식인이자 학자인 플리니우스는 초자연적 힘을 주관적인 생각만으로 설명한 게 아니라 자연 현상에서 모종의 원리를 찾아내려고 애썼다는 것을 알 수 있다. 사람들이 화산이나 지진은 모두 초자연적 힘에서 비롯된다고 믿던 그 시절에 말이다. 아무튼 우주학, 지리학, 생리학, 광물학, 동물학, 지식 구조 등 광범위한 주제를 다룬 그의 백과사전은 유럽 지식인들이 1,500여 년 동안 두고두고 참조할 만큼 절대적인 가치를 인정받았다.

로마 시대보다 훨씬 더 고대로 거슬러 올라가는 이집트에서는 부족마다 여러 신을 믿었다. 그중 매나 따오기 등 하늘을 나는 새를 믿는 신앙이 우세해서 많은 미라에서 그 흔적을 찾아볼 수 있다. 하늘을 자유롭게 나는 새의 능력이 고대 이집트인들에게는 초자연적인 힘으로 보였던 모양이다.

이집트보다 발달한 로마는 새를 숭배하지 않았으나 역시 고대 신앙의 영향력에서 벗어나지는 못했다. 가령 새가 나는 모습을 보고 점을 치는 새점과 염소나 양 같은 동물의 간 형태와 색으로 길흉화복을 점치는 헤파토스코피(Hepatoscopy)라는 점술이 있었다. 간 점술이 제법 인기가 있었는지 이 점술을 가르치는 데 사용한 것으로 보이는 간 모형까지 발견되기도 했다.

왜 이 시점에 점술이 탄생했을까? 나는 그때까지 들리던 '신의 목소리'가 들리지 않게 되었기 때문이라고 생각한다. 가장 오래된 점술 형태는 '신탁'이다. 이는 신에게 묻고 그 대답을 무녀나 신관을 매개로 전해 듣는 방식이다. 예를 들어 전 세계적으로 가장 유명한 신탁 중 하나인 '델포이 신탁'은 그 역사가 무척 오래되었다. 그리스 신화의 오이디푸스 전설에도 델포이 신탁의 이름이 등장할 정도다. 오이디푸스 전설이란 심리학에서 사용하는 용어 '오이디푸스 콤플렉스'의 어원이 된 이야기다.

주인공 오이디푸스는 핏덩이일 때 버려졌다. 그가 버려진 이유는 친아버지인 테베의 왕 라이오스가 "이 아이는 아비를 죽인다"라는 신탁을 들었기 때문이다. 무럭무럭 성장해 청년이 된 오이디푸스는 델포이에서 "절대 고향에 돌아가지 마라"라는 신탁을 듣고 여정에 오른다. 그는 여행길에 정체를 모르는 상태로 친아버지를 죽이고 친어머니와 결혼해 테베의 왕이 된다. 그런데 오이디푸스가 다스리는 테베에 재앙이 끊이지 않자 다시 델포이 신탁에 물어 "선왕을 살해한 자를 추방하라"라는 대답을 듣는다. 신탁을 따르려고 백방으로 수소문하던 오이디푸스는 끝내 모든 진실을 알게 된다. 자신의 운명에 절망한 오이디푸스는 자기 눈을 도려내고 테베를 떠난다.

이 이야기에는 신탁이 몇 번이나 등장한다. 당대 사람들은 '신의 목소리'를 직접 들은 게 아니라 무녀라는 특별한 능력을 지닌 사람을 통해 전해 들었다. 그도 그럴 것이 모두가 '신의 목소리'를 듣던 시대에는 신탁이 필요하지 않았다. 신탁이 등장한다는 사실은 '신의 목소리'를 소수의 특별한 사람만 들을 수 있었음을 의미한다.

『길가메시 서사시』나 『일리아스』 같은 고대 작품을 보면 오래된 작품일수록 사람들이 직접 신의 속삭임에 귀를 기울였다는 사실을 알 수 있다. 이처럼 고대인은 '신의 목소리'를 직접 들었다. 줄리언 제인스는 고대인이 들은 신의 목소리를 '양원 정신'이라고 표현했다.

인간이 '신의 목소리'를 듣는 것이
과학적으로 가능할까

줄리언 제인스는 양원 정신이 좌우 뇌가 각각 만들어내는 현상이라고 주장한다. 현대 대뇌생리학 관점에서 우뇌와 좌뇌가 개별적으로 작동한다는 얘기다. 그는 인간이 명확한 의식을 소유하면서 좌뇌가 발달하고 우뇌는 퇴화해 '신의 목소리'를 들을 수 없게 되었다고 설명한다. 즉 신의 목소리는 '우뇌의 목소리'인 셈이다.

과학적으로 볼 때 인간의 뇌에서 그 같은 현상이 정말로 일어날 수 있을까? 이 점이 궁금했던 나는 뇌과학자에게 직접 물어보았다. 그는 지금의 과학으로는 증명하기 어렵지만 그래도 '양원 정신'은 충분히 있을 수 있는 일이라고 대답했다.

1970년대까지만 해도 우뇌는 거의 기능하지 않으며 좌뇌에 장애가 생겼을 때 모자란 부분을 채우기 위한 예비 뇌라는 설명이 학계의 지지를 받았다. 그러나 최근 좌뇌는 분석적·언어적인 중핵

'유일신교'는 왜 항상 분쟁의 씨앗이 되는가

을 담당하고 우뇌는 좌뇌의 예비 뇌가 아니라 전체적·예술적인 작용을 담당한다는 사실이 밝혀졌다.

실제로 나는 뇌의 불가사의한 작용을 목격한 적이 있다. 잘 아는 사람이 우뇌에 뇌경색이 일어나 수술을 받았는데 목숨은 건졌으나 말이 어눌해져 제대로 의사소통하기가 어려웠다. 그는 아무리 애를 써도 말을 제대로 하지 못했지만 희한하게도 예전에 자신이 좋아해서 외우고 있던 노래는 부를 수 있었다. 똑같은 언어 행위인데 대화는 좌뇌가 관장하고 멜로디나 리듬이 있는 노래는 우뇌가 관장하는 걸까? 인간의 뇌는 아직 밝혀지지 않은 부분이 너무 많다.

오디세우스가
'최초의 근대인'인 까닭

'신의 목소리'를 듣던 시대에 인류는 어떻게 생활했을까? 안타깝게도 문자로 기록된 자료가 너무 적어 구체적인 모습을 알 길이 없다. 인간이 쐐기문자와 히에로글리프 같은 초기 문자를 사용한 시기가 지금으로부터 약 5,000년 전이다. 그 이전의 일은 솔직히 학자들도 아는 일보다 모르는 일이 더 많다.

'신의 목소리'를 듣던 시대라고 해도 기껏해야 지금으로부터 5,000년 전에서 3,000년 전 사이의 약 2,000년 동안의 일만 안다. 그 이전의 일은 단언할 수 없으나 인간은 '신의 목소리'를 들었을

터다.

인류의 선조인 원인(猿人)은 지금으로부터 약 400만 년 전에 탄생했다. 이후 원인(原人), 구인(舊人)으로 진화해 인류와 거의 흡사한 모습(신인, 新人)이 된 시기는 약 7만 년 전이다. 그 후 빙하기가 끝나고 기원전 1만 년 무렵 간빙기에 들어섰다. 그때까지 인류는 추위를 피하려고 동굴을 보금자리 삼아 살면서 수렵·채집 생활을 했다. 그러다가 인류는 한곳에 정착해 농경과 목축을 시작했다. 이때 정착 생활로 마을이 만들어졌고 의사소통을 위한 언어가 발달했다. 그리고 언어를 사용할 무렵 그 언어를 기록하고자 문자가 등장했다.

문자는 있되 아직 의식을 확립하지 못한 상태로 '신의 목소리'를 듣던 시대가 지금으로부터 5,000~3,000년 전의 약 2,000년 동안이다. 입증할 수는 없지만 당대인들은 아마 '신의 목소리'를 그 이전부터 들었을 것이다. 의식은 사람이 책임감을 느끼고 매사를 판단할 수 있게 되면서 탄생했다. 즉 인간이 동굴에서 나와 판단력과 책임감을 느끼고 행동할 때까지 약 7,000년 동안 인간은 스스로 생각하지 못하고 귓가에 들려오는 '신의 목소리'에 따라 살았다.

줄리언 제인스는 이 부분을 호메로스의 『일리아스』와 『오디세이』의 서사시를 풀어가며 설명한다. 나는 한 걸음 더 들어가 『일리아스』와 『오디세이』를 호메로스 한 사람이 아닌 별개의 사람이 창작한 작품이라고 생각한다. 쉽게 말해 호메로스 A와 호메로스 B가 있었고 두 사람 사이에 100년 가까운 시간적 거리가 있었으리라고 본다.

『일리아스』에서는 곳곳에 신이 등장해 인간에게 지시를 내린다. 반면 『오디세이』에서는 주인공 오디세우스가 온갖 고난을 겪으며 스스로 판단하고 행동한다. 오디세우스는 『일리아스』에도 등장하는데 그는 '최초의 근대인'이라는 수식어가 아깝지 않을 만큼 현명함과 교활함을 동시에 갖추고 있다. 즉 그는 현대인인 우리가 이해하기 쉬운 인물이다. 참고로 그 유명한 '트로이의 목마'는 오디세우스의 아이디어였다. 오디세우스는 무턱대고 '신의 목소리'에 따른 것이 아니라 스스로 판단하고 책임지며 행동했다.

『오디세이』는 『일리아스』의 속편 격인 작품으로 트로이전쟁이 끝난 뒤 오디세우스가 조국으로 개선하는 도중 난파당하며 시작되는 10년 동안의 모험 이야기다. 온갖 모험을 거쳐 겨우 돌아온 고국 이타카에서 그는 수많은 남자에게 구애를 받는 아내 페넬로페의 모습을 본다. 그때 페넬로페는 "오디세우스는 벌써 죽어서 저세상 사람이 되어 돌아올 수 없다"라며 수작을 거는 남자들을 단호히 뿌리친다. 오디세우스는 그런 아내의 마음마저 의심한다. 그래서 돌아오자마자 자신의 정체를 밝히지 않고 초라한 노인으로 변장해 아내의 본심을 살피며 구혼자들을 해치운다.

이처럼 『오디세이』는 자신의 판단을 근거로 책임감 있게 행동하는 인간이 주인공으로 등장하는 최초의 이야기다. 나는 지금도 종종 『오디세이』를 읽는다. 근대인의 관점에서 그 책을 읽으면 『일리아스』 세계와 확연한 괴리감이 느껴진다.

고대 인류는 왜 '유일신'을
필요로 했을까

인간이 의식을 소유하면서 '신의 목소리'를 듣지 못하게 된 시기는 대략 기원전 1000년 무렵이다. 지금으로부터 3,000여 년 전 일이다. 그러다 보니 현대인은 『일리아스』나 『오디세이』를 역사적 사실보다는 오히려 신화에 가까운 이야기로 여긴다. 두 이야기는 과연 신화일까? 단순히 누군가가 꾸며낸 이야기가 몇백 년 동안이나 꾸준히 읽혔을까? 나는 적어도 당시에는 현실감 있는 이야기로 진정성 있게 다가간 덕분에 사람들이 읽었을 것으로 추정한다. 예를 들어 『일리아스』에는 그리스군의 총사령관 아가멤논과 그리스 최고의 용사 아킬레우스가 대립하는 장면이 나온다.

그리스군이 트로이로 쳐들어가 어느 마을을 파괴했을 때 아킬레우스가 그 마을의 여성을 약탈해왔다. 오늘날 사람들은 누구나 약탈을 비인도적 행위로 여기지만 당시 승자가 패자의 소유물을 약탈하는 행위는 지극히 당연했다. 물건뿐 아니라 사람도 마찬가지였다.

그런데 아킬레우스가 약탈해온 여성을 아가멤논이 빼앗아갔다. 아가멤논은 자신이 총사령관이니 그리스군이 약탈해온 것이라면 그것이 무엇이든 자신에게 우선적인 권리가 있다고 생각했다. 그러나 아킬레우스는 아가멤논의 그런 생각에 동의하지 않았다.

'유일신교'는 왜 항상 분쟁의 씨앗이 되는가

그는 자기 전리품을 아가멤논에게 빼앗기자 불같이 격노했다. 아킬레우스는 길길이 날뛰며 화를 내고 그리스군을 떠나버렸다. 그리스군 최고의 정예 용사 아킬레우스가 군을 떠난 것은 그리스군에 막심한 손해였다. 할 수 없이 아킬레우스의 친구 파트로클로스(Patroklos)가 아킬레우스의 갑옷과 무기를 빌려 걸치고 참전했지만 트로이군에 아까운 목숨을 잃고 만다. 트로이전쟁이 장기전으로 발전한 배경에는 전장을 떠난 아킬레우스의 빈자리가 이렇듯 큰 영향을 미쳤다.

우여곡절 끝에 아가멤논에게 사죄를 받은 아킬레우스는 나중에 그리스군에 복귀했다. 그러나 이때도 그리스를 위해서라기보다는 친구의 복수를 하겠다는 마음이 더 강했다. 어쨌든 문제의 장면은 아가멤논이 아킬레우스에게 사죄하는 부분이다. 아가멤논은 "미망의 여인에게 눈이 멀어 잘못을 저질렀다"라고 운을 떼며 아킬레우스에게 사죄 선물을 보낸다. 그때 아킬레우스는 그 열 배는 받아야 속이 풀리겠다며 퇴짜를 놓는다.

"내가 이렇게 마음이 눈멀고 제우스께서 내 지혜를 빼앗으셨으니 나는 이를 바로잡기 위해 많은 보상금을 내놓겠소."

위의 인용문은 아가멤논이 사과할 때 아킬레우스에게 한 대사다. 이 말을 듣고 아킬레우스는 헛소리하지 말라고 되받아치지 않는다. 그는 아가멤논의 말에 토를 달지 않고 묵묵히 들어준다. 이 대화를 보면 당시 사람들이 '신의 목소리'를 듣는 행위 자체를 당연시했음을 알 수 있다. 그들이 정말로 '신의 목소리'를 들었는지는 알 수 없지만 말이다.

줄리언 제인스는 '신의 목소리'가 차츰 들리지 않게 되었다고 주장한다. 왜 '신의 목소리'가 들리지 않게 되었을까? 나는 사람들이 문자를 사용하기 시작하면서 좌뇌가 우뇌의 작용을 억제해 '신의 목소리'가 들리지 않게 되었기 때문이라고 추정한다. 문자, 특히 알파벳 개발로 인간은 생각을 기록할 수 있었다. 그리고 문자는 읽고 쓰는 능력의 비약적인 발달로 이어졌다.

나는 '신의 목소리가 들리지 않게 된 현상'이 같은 시기에 있었던 일신교 등장과 밀접하게 연관되어 있다고 본다. '신의 목소리'가 들리지 않자 인간은 스스로 생각하고 길잡이를 새로 찾아야 하는 상황에 직면했다. 그렇게 갈 길을 잃은 인간이 새로운 길잡이로 찾아낸 대상이 '전지전능한 유일신'이라는 게 내 가정이다. 이 가정은 동시대성 개념과도 일맥상통하며 야스퍼스가 '축의 시대'라고 명명한 이 시기에 세계 각지에서 뛰어난 사상가가 등장한 수수께끼도 풀 수 있다.

'신의 목소리'를 듣던 시절 인간은 '삶의 나침반' 따위는 필요로 하지 않았다. 왜 그랬을까? 귀에 속삭이는 '신의 목소리'에 따르기만 하면 그만이었기 때문이다. 그러다가 '신의 목소리'를 듣지 못하게 되자 인간에게 절대적인 신과 공적, 혹은 사적인 모든 일을 판단하기 위한 사상이 필요해진 것이 아닐까? 다시 말해 유일신과 사상은 신탁이나 점술과 마찬가지로 더는 들리지 않게 된 '신의 목소리'의 대용품인 셈이다.

고대 그리스를 '구 근대', 로마제국을 '구 현대'로 보는 이유

우리는 인류 문명사를 고대, 중세, 근대, 현대의 네 가지로 구분하는 경향이 있다. 사실 인류 5,000년 문명사 중 4,000년은 고대에 속한다. 이러한 구분이 타당할까? 나는 고대라고 두루뭉술하게 말하기보다 내용에 따라 고대를 구 고대, 구 중세, 구 근대, 구 현대로 나눠 생각하는 방식이 좀 더 적확하고 합리적이라고 본다.

구 고대는 고대 이집트에서 피라미드를 건설하던 가장 오래된 시대인데 이후 이집트는 피라미드를 짓는 기술을 상실했다. 그 혼란의 시기가 구 중세이고 철학과 직접 민주정이 탄생한 그리스 시대는 구 근대다. 이들 시대의 차이는 유물을 보면 좀 더 명확히 알 수 있다.

구 고대부터 구 중세에 해당하는 이집트와 메소포타미아 예술의 특징은 그 전형적인 표현으로 파악할 수 있다. 가령 부조로 묘사한 사람의 모습이 모두 직립 부동자세를 취하거나 움직임이 있는 장면에서도 약동감이 느껴지지 않고 정형화한 표현 양식에 머물러 있다.

근위병 행렬
아케메네스왕조 페르시아의 왕궁 유적에서 출토. 베를린 페르가몬 박물관

구 근대에 해당하는 그리스 시대로 접어들면 표현 양식이 한눈에 구별될 만큼 확연히 달라진다. 즉 눈이 휘둥그레질 정도로 유동적이고 역동적인 예술이 나타나기 시작한다. 이 시대의 예술가들은 사람을 생동감 있게 포착하고 표현하는 일에 집중했다. 현대 역사로 보면 그리스 시대는 르네상스 시대에 해당한다. 흔히 르네상스를 '그리스의 발견'이라고 부르는데 르네상스와 그리스는 본래 밀접한 연관이 있다.

그리스가 구 근대라면 천하를 거머쥔 로마제국은 구 현대에 해당한다. 이처럼 같은 고대라고 해도 피라미드를 건설한 당시의 고대 이집트와 로마제국이 번영한 시대의 속주 이집트는 근본적으로 나르다. 두 시대에는 현대인이 생각하는 고대와 현대의 차이와 견줄 만큼 큰 격차가 있다.

실제로 내가 폼페이에 학술조사차 갔을 때 동행한 그리스사 전문가는 폼페이 저택 유적을 보고 "이건 그리스인 수준에서 보면 저택이라기보다 궁전이다"라고 평했다. 폼페이 저택은 한 구획(insula)을 차지했는데 그 넓은 부지의 도로에 면한 공간은 작은 블록으로 나눠 상점으로 빌려주고 안쪽 공간은 거주지로 사용하는 저택이었다. 하지만 아무리 저택이라고 해도 로마 기준에서 보면 폼페이 저택은 단순한 지방 귀족의 주거지에 지나지 않는다. 그런 저택이 그리스와 비교하면 궁전과 맞먹을 정도로 규모가 크다는 의미였다.

그때는 '전문가라는 양반이 허풍이 심하네'라고 생각했는데 나중에 크레타섬에 있는 크노소스 궁전을 보니 번듯하긴 해도 로마와 비교하면 아담한 수준이었다. 같은 고대라도 각 시대 사이에 가로놓인 격차는 실로 어마어마하다. 그중에서도 구 중세부터 구 근대에 해당하는 시점의 격차는 너무도 커서 거대한 단절이 생길 정도다. 이 시대는 연대로 말하자면 기원전 1000년경으로 알파벳이 등장하고 일신교가 탄생하고 화폐가 만들어지고 세계 곳곳에서 사상이 꽃피웠던 '축의 시대'다.

고대 이집트에서 '일신교'는
어떻게 탄생했나
— 고대 이집트의 아텐 신앙

세계 최초의 일신교는 기원전 4세기 이집트에서 등장했다. 고대 이집트 제18왕조 파라오인 아멘호테프 4세(Amen-hetep Ⅳ, 재위 기원전 1353~1336년)가 강행한 아텐 신앙이 그것이다. 그때까지 이집트 종교는 아멘 신을 정점으로 하는 다신교였다. 신의 화신으로 여겨진 파라오(이집트의 왕)의 이름에 신의 이름을 포함하는 경우가 많았다. '아멘'호테프에서도 아멘 신의 흔적을 찾아볼 수 있다.

그런데 재위 4년 차에 접어든 아멘호테프 4세는 기존의 다신교를 부정하고 유일신 아텐을 숭상하겠다고 선언했다. 그는 그 신앙의 증거로 자신의 이름을 '아텐 신의 종'이라는 뜻의 이크나톤(Iknaton)으로 개명했다. 참고로 이크나톤은 황금 마스크로 유명한 투탕카멘의 의붓아버지라는 설이 있었는데 최근 친아버지라는 새로운 주장이 제기되었다. 어쨌든 아텐 신은 태양을 상징하는 유일신이다. 아텐 신은 신앙의 시대부터 있었던 신 중 하나를 절대시하지 않고 이크나톤이 만들어낸 새로운 신이었다.

이크나톤의 종교개혁은 상당히 격렬했다. 그는 아텐 숭배에 반대하는 전통 아멘 신앙 세력을 억압하기 위해 새로운 수도 '아케타텐(아텐 신의 지평선)'을 건설해 천도까지 감행했다. 현재 이 도시가 있던 장소를 '아마르나'라고 부른다. 무리하게 밀어붙인 일신교 개종은 얼마 가지 못했고 이크나톤 한 세대 만에 끝나버렸다. 이크나톤 생전에 왕위를 계승한 스멘크카레(Smenkhkare)의 치세(기원전 1335~1333년)는 자세히 알려지지 않았다. 그의 후계자로 어려서 왕위에 오른 투탕카멘(Tutankhamen, 재위 기원전 1361~1352년)은 신전 세력에 맞서지 못해 아텐 신앙을 버리고 기존의 아멘 신앙으로 돌아갔다.

유일신을 섬긴 아텐 신앙은 정말로 이크나톤 시대에 끝났을까? 기원전 14세기 『구약성서』의 출애굽기로 잘 알려진 유대교 예언자 모세는 람세스 2세(Ramsses Ⅱ, 재위 기원전 1290~1224년) 치세에 태어났다. 출애굽기 시기를 기원전 1250년 전후로 추정하므로 모세와 아크나톤 사이에는 100년 가까운 시대적 격차가 있다. 그래서 대다수 학자는 같은 일신교일지라도 이크나톤과 모세 사이에는

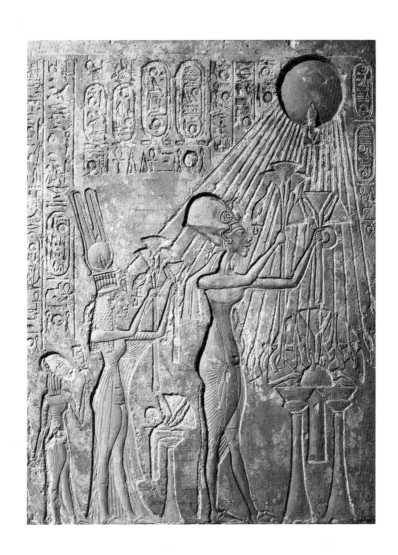

아멘호테프 4세와 아텐신

아멘호테프 4세와 그의 가족이 아텐신을 숭배하는 모습. 아텐신에게 바치는 새로운 수도 아케타텐을 건설했다.

접점이 없다고 판단하지만 왜 모세가 일신교를 주장했는지는 알지 못한다.

이 문제에 깊은 관심을 보인 사람이 심리학자 지그문트 프로이트였다. 정신분석학과 심리학의 견지에서 보면 다신교는 인간의 자연스러운 발상이다. 그런데 왜 일신교가 출현했을까? 이것은 프로이트의 호기심을 크게 자극하는 주제였다. 프로이트는 이크나톤과 모세의 종교 사이에 모종의 접점이 있다고 추측했다. 이 문제에 매달린 그는 『인간 모세와 유일신교』라는 책에서 둘 사이에 접점이 있었다는 결론을 내렸다.

프로이트는 이 책에서 모세는 유대인이 아닌 이집트인이라고 단정했다. 한발 더 나아가 그는 모세가 유대교를 창안해 유대인을 창조했다고 주장했다. 이는 상당히 흥미로운 주장이지만 뒷받침할 만한 실제 사료가 전혀 존재하지 않는다. 그런 터라 공식적으로는 아직 이크나톤과 모세 사이에 아무런 접점이 없다는 것이 학계의 입장이다.

이크나톤의 일신교는 한 세대 만에 버려졌다. 하지만 이는 국가 종교로서 폐기된 것일 뿐 어딘가에 아텐 신을 믿는 소규모 집단이 남아 있었을 가능성은 있다. 우연히 그 집단을 만난 모세가 그들에게 감화되었다면 그가 지극히 부자연스러운 '일신교' 신앙에 빠져든 이유도 설명이 가능하다. 아무튼 큰 흐름으로 볼 때 아주 짧은 기간에 이집트라는 같은 장소를 거쳐 두 개의 일신교가 태어났다는 점은 부인할 수 없는 사실이다.

유대교는 왜 전 세계로
널리 퍼져 나가지 못했을까

이크나톤의 일신교는 단기간에 소멸했다. 이후 생겨난 유대교에서 기독교와 이슬람교라는 두 개의 일신교가 파생했다. 유대교와 기독교, 이슬람교는 서로 다른 종교지만 유일신을 믿는다는 공통분모를 지니고 있다. 이 세 가지 일신교가 믿는 유일신은 '야훼', '여호와', '알라' 등 다양한 호칭으로 불린다. 이들 호칭은 모두 고유명사가 아니라 단순히 신을 뜻하는 단어다. 가끔 '알라신'이라는 희한한 조어로 번역할 때도 있으나 이는 옳지 않다.

세 일신교 중 기독교와 이슬람교는 민족과 국경을 초월해 세계 종교로 거듭났다. 3대 유일신교 중 세계 종교 반열에 들지 못한 종교는 유대교뿐이다. 유대교 신자는 자신들의 신앙을 완고하게 지키지만 그 믿음을 주위 사람에게까지 전도하려는 의식이 없다. 이는 구원을 오직 유대민족만 약속받았다는 굳건한 믿음이 있기 때문이다.

유대인(Jews, Jewish People)은 이스라엘인 혹은 히브리인이라고도 한다. 이스라엘과 히브리의 차이는 단 하나, 히브리가 외부에서 부르는 호칭이라는 것 외에는 없다. 쉽게 말해 이것은 중국을 '차이나'로 부르는 것과 마찬가지다. 그들은 자기 나라를 히브리가 아니라 이스라엘이라고 부른다.

'유일신교'는 왜 항상 분쟁의 씨앗이 되는가

유대교 성전이기도 한 『구약성서』에 따르면 유대민족의 시조는 아브라함이다. 그가 메소포타미아 남부에 있던 도시 우르에서 자신의 일족을 이끌고 오늘날 이스라엘이 있는 '가나안 땅'으로 이주했다. 아브라함 일족의 역사적 이주가 유대민족의 시작으로 여겨지는 것은 이런 맥락에서다.

그 후 아브라함의 손자 야곱은 이집트로 이주했고 그 자손은 오랫동안 이집트에서 노예로 살았다. 이집트 노예 시대는 약 400년간 이어졌는데, 그 자손 중 하나로 출애굽을 이끈 지도자가 모세다. 한마디로 유대인의 출애굽은 모세가 앞장선 노예해방 운동이라고 할 수 있다.

모세를 따라 이집트를 떠난 유대인은 가나안 땅을 신이 주신 '약속의 땅'으로 굳게 믿었다. 그랬기에 그들은 가나안 땅을 최종 목적지로 삼았다. 가나안은 과거 선조 아브라함이 살던 땅이었으나 오래전 다른 민족이 정착해 살고 있었다. 유대인이 가나안 땅에 정착할 때까지 기나긴 세월이 필요했다. 그리고 그들은 마침내 팔레스타인 땅에 고대 이스라엘왕국을 세우는 데 성공했다. 기원전 1000년경 다윗 왕이 다스리던 시절 유대인은 최고 절정기를 맞이했다.

고대 이스라엘왕국은 북이스라엘왕국과 남유다왕국으로 분열되었다. 다윗의 뒤를 이어 왕위에 오른 솔로몬 왕이 사망한 뒤의 일이었다. 이스라엘왕국은 기원전 722년 아시리아의 침략으로 무너졌다. 남유다왕국은 기원전 609년 이집트의 지배를 받다가 이집트가 신바빌로니아에 패하자 노예가 되어 바빌론으로 끌려갔다. 이를 '바빌론 유수(Babylonian Captivity)'라고 부른다. 바빌론 유수는 기원전 597년부터 538년 페르시아의 키루스 2세가 유대인 귀환을 허락해 돌아갈 때까지 50여 년간 이어졌다.

유대교 성전『구약성서』는 바빌론 유수 시절에 만들어졌다고 한다. 이는 엄청난 위기를 겪으며 비로소 자신들의 민족적 결속을 다지기 위해 유대교 성전으로 민족의 역사를 정리했다는 의미다. 북이스라엘왕국과 남유다왕국이 멸망하고 신앙의 버팀목이던 예루살렘 성전도 파괴되는 바람에 유대민족의 역사적 사료는『구약성서』밖에 남아 있지 않다. 그중 매우 귀중한 사료를 대영박물관이 소장하고 있다.

블랙 오벨리스크라는 별명이 붙은 이 비석에는 북이스라엘의 예후 왕(Jehu, 재위 기원전 842?~815?년) 모습이 묘사되어 있다. 이는 『구약성서』에 이름이 등장하는 유대인의 유일한 도상이기도 하다. 그런데 안타깝게도 그것은 머리를 땅에 대고 아시리아의 샬마네세르 3세(Shalmanessar Ⅲ, 재위 기원전 858~824년)의 발아래에 조아린 딱한 모습이다.

이 애처로운 모습이 상징하듯 당시 유대인은 아시리아뿐 아니라 페르시아와 다른 대국으로부터 자국 민족을 지키는 게 고작이라 자신들 종교를 외부에 선교할 생각은 꿈에도 없었다. 이처럼 유대민족이 약자의 입장이었기에 유대교는 민족종교 단계에서 끝나고 말았다.

'유일신교'는 왜 항상 분쟁의 씨앗이 되는가

블랙 오벨리스크

높이 198센티미터의 탑 모양 오벨리스크. 샬마네세르 3세가 주변국 원정에 나섰을 때의 모습을 쐐기문자와 부조로 묘사하고 있다. 두 번째 단에 고개를 조아리고 납작 엎드린 예후 왕의 모습이 있다.

극심한 종교 대립은
일신교의 숙명인가

유대교는 소수에 불과하지만 그 유대교에서 파생한 기독교는 세계 주류 종교로 성장했다. 기독교도 처음에는 비주류였다. 그러나 313년 밀라노 칙령으로 로마제국 국교로 공인되면서 흐름이 크게 바뀌었다.

스페인 영화 〈아고라〉(2009년 개봉)는 이 시대 로마를 무대로 만든 영화다. 이 영화는 여성 천문학자 히파티아(4세기 말에 살았다)의 인생을 그리고 있다. 이야기의 무대는 로마의 지배를 받던 4세기 말 이집트의 알렉산드리아다. 영화에서 자신의 학문을 끝까지 굽히지 않은 히파티아는 기독교 신자에게 박해를 받는다. 그는 마지막에 돌을 맞고 잔혹하게 죽임을 당한다. 워낙 충격적인 내용이라 영화를 위해 꾸며낸 이야기로 느껴지기 쉽지만 실제로 있었던 일이다.

고대 기독교의 교부로 추앙받은 아우구스티누스(Aurelius Augustinus, 354~430년)가 살던 시대에 있었던 일이다. 아우구스티누스의 활약으로 주류로 편입되고 다수파를 점한 기독교는 반대로 기독교 신자가 아닌 사람을 '이교도'라 부르며 박해했다. 히파티아의 일화는 그 시대상을 잘 전해준다.

아이러니하게도 기독교 신자는 지금도 "우리는 탄압받았다" 혹은 "박해를 당했다"라고 자주 하소연한다. 그렇게 박해를 당하던 사람들이 불과 100년 만에 다른 종교를 믿는 사람을 혹독하게 탄압하는 가해자가 된 셈이다. 기독교도들이 이교도를 박해한 역사는 매우 오래되었다. 가장 유명한 것은 중세 마녀재판이지만 실제로 기독교 신자는 그보다 훨씬 이른 단계부터 이교도를 탄압하고 괴롭혔다.

슬프게도 일신교가 종교적 주류가 되자 종교 박해가 빈번히 발생했다. 이와 유사한 일이 이슬람교에서도 일어나고 있다. 기독교와 이슬람 원리주의자의 대립 외에 이슬람교 내부에서도 시아파와 수니파로 종파가 갈라져 서로 대립한다. 기독교도 가톨릭과 프로테스탄트로 갈라졌고 과거에는 구교와 신교의 대립이 전쟁으로 이어지기도 했다.

이러한 종교적 대립은 어쩌면 일신교에 필연적으로 따라붙는 숙명일지도 모른다. 일신교는 오직 하나의 절대신만을 믿는 까닭에 다른 신의 존재를 일절 허용하지 않기 때문이다. 사실 종교로 인한 대립은 대부분 일신교 사이 혹은 일신교 내부에서 일어난다. 그런 의미에서 일신교는 항상 문제의 씨앗을 안고 있는 종교라고 할 수 있다.

여기서 원리주의가 왜 대립과 분쟁으로 귀결되는지 잠시 생각해보자. 개신교도가 많은 미국에는 원리주의 의식이 강하게 남아 있다. 이 나라에서는 지금도 진화론을 믿지 않는 사람이 50퍼센트가 넘는다고 한다. 특히 전형적인 기독교 원리주의자로서 '아미시'라는 이름으로 불리는 사람들도 있다. 아미시파는 종교적 색채가 강한 독일계 이주민 집단이다. 그들은 여전히 고집스럽게 이민 당시의 생활양식을 철저히 지키며 생활한다. 그뿐만이 아니다. 그들은 컴퓨터와 전자기기는 물론 전화기와 전기조차 사용하지 않고 농경과 목축 중심으로 자급자족 생활을 한다. 이들도 일종의 원리주의자다.

2006년 아미시 초등학교에 총기를 지닌 남성이 난입해 다섯 명의 어린이가 사망하는 사건이 일어났다. 이 비참한 사건 앞에서 원리주의자인 아미시 사람들은 성서의 가르침대로 "네 원수를 사랑하라"라는 그리스도의 말씀을 실천하기 위해 놀라운 행동을 보여주었다. 자식을 잃은 부모가 공개석상에서 범인을 용서하는 발언을 한 것이다. 말뿐인 용서가 아니라 사건 후 자살한 범인의 장례식에 몇몇 아미시 사람이 참석하기까지 했다. 이 사건은 아미시 사람들의 언행과 함께 대대적으로 보도되면서 어마어마한 사회적 반향을 불러일으켰다.

그리스도의 가르침에 따라 용서를 실천한 아미시 사람들을 지지하는 목소리도 있었다. 그런 한편으로 자기 자식을 죽인 사람에게 분노하지 않는 모습은 정상이 아니라는 비판도 있었다. 찬반양론은 접어두고 미국에는 지금도 많은 기독교 원리주의자가 있다. 원리주의자까지는 아니어도 원리주의를 실천하는 사람에게 찬성하는 사람도 적지 않다.

동시에 미국은 툭하면 전쟁을 일으키는 나라 중 하나다. 사랑과 평화를 부르짖는 기독교가 어째서 2,000년이 지난 지금까지도 세상에서 전쟁을 없애기는커녕 분쟁과 다툼의 원인이 되는 경우가 많은 걸까? 기독교 신자 이시카와 아키토(石川明人)는 "당시 일부 기독교 신자의 잘못"이라는 관용적 변명에 기대지 않고 이 문제를 철저히 규명하려 했다. 『기독교와 전쟁』이라는 책을 통해서였다. 그는 이 책에서 만약 기독교가 예수나 사도 바오로의 말씀대로 원리주의 가치관을 철저히 고수하며 살았다면 기독교는 이미 멸종했거나 설령 살아남더라도 극소수파로 전락했을 것으로 추정한다.

　고대 로마의 기독교 신자 중에는 병역을 거부하는 사람도 있었다. 가장 큰 이유는 "사람을 죽이지 말라"라는 가르침에 따르기 위해서가 아니었다. 그럼 그들은 왜 병역을 거부했을까? 군대에서 지내는 동안 이교의 신을 믿어야 할지도 모른다는 거부감 때문이었다. 로마에서는 기독교 신자가 병역을 거부하면 사회적으로 거센 비난을 받았고 때로는 파문이라는 엄벌이 내려졌다. 4세기 들어 국가가 기독교를 공인한 뒤의 일이었다.

　이 무렵부터 '악을 멸하는 정의론'이 생겨나 중세 스콜라 철학을 거쳐 신의 명령을 수행하는 성전 개념으로 발전했다. 원래 사랑과 평화 혹은 "원수를 사랑하라"라는 신의 가르침에 충실한 원리주의자들이 기꺼이 신의 명령을 수행하는 성전에 참전하는 원리주의자를 양산했다. 실제로 십자군 후기 무렵 수도사 중에는 자신을 '기독교 병사'라고 부르는 사람도 있었다. 결국 이 전쟁에서 승리한 기독교는 세계의 주류가 되었다.

'이슬람교 vs. 기독교'의 대립 구도는
악의적인 허구다

흔히들 전쟁은 영토나 자원 분쟁이 원인이 되어 일어난다고 생각한다. 물론 그러한 원인으로 일어나는 전쟁도 잦다. 그러나 그에 못지않게 전쟁을 일으키는 주요한 원인에 종교가 있다. 글자 그대로 '종교전쟁'인 셈이다.

종교전쟁은 크게 두 가지로 나뉜다. 하나는 일신교 간의 전쟁이다. 예를 들면 기독교와 이슬람교 같은 이교도 사이의 다툼이다. 다른 하나는 같은 종교 안에서의 분쟁이다. 가령 기독교 정통과 이단을 둘러싼 논쟁 형태로 다툼을 되풀이한다.

인간에게는 근친상간을 혐오하는 정서가 있다. 이는 종교계도 마찬가지다. 같은 종교 내부의 다툼이 해결하기가 한층 더 까다로운 것도 그런 맥락에서다. 17세기 유럽의 종교전쟁은 가톨릭과 프로테스탄트 사이의 집안싸움이었다. 이 구교 대 신교의 싸움은 1648년 베스트팔렌 조약(Peace of Westphalia)을 체결할 때까지 30년이나 이어졌다. 이후 적어도 유럽에서는 대규모 종교전쟁이 발생하지 않았으나 이슬람 세계에서는 아직도 수니파와 시아파 간의 항쟁이 이어지고 있다.

유럽에서는 베스트팔렌 조약 체결로 칼뱅파와 루터파 등 프로테스탄트가 사회적 승인을 받았다. 사실 이 신교 승인은 국민 국가의 출발점이라고 할 수 있다. 이는 기독교, 즉 거대한 종교 테두리에서 벗어나 국가와 민족이라는 새로운 연결고리의 등장으로 국가 간 대립이라는 또 다른 형태의 전쟁이 일어나는 원인이 되었다.

내부 분쟁이 전쟁으로 발전할 만큼 격렬했으니 이교도 간의 다툼은 훨씬 더 치열했을 것으로 예상하기 쉽다. 그러나 이슬람교와 기독교는 의외로 전쟁을 자주 벌이지는 않았다. 그 증거로 유럽으로 몰려드는 수많은 난민은 하나같이 이슬람교 신자라는 점을 들 수 있다. 종교로 편을 갈라 적대한다면 적에게 도와달라고 손을 내밀 리가 없다. 요즘 빈번하게 발생하는 테러 행위는 이슬람교도 중 성전을 믿는 일부 과격한 이슬람 원리주의자가 벌이는 독단적 행동이다.

'이슬람교 대 기독교'의 싸움으로 보이는 십자군 원정도 엄밀히 따지면 두 종교 간 전쟁은 아니었다. 하필 튀르크 세력이 이슬람교권이고 비잔틴(동로마)제국이 기독교권이었을 뿐이다. 또 튀르크의 공격을 받은 비잔틴제국의 패색이 짙어지자 같은 기독교권의 가톨릭 국가인 서유럽에 원조를 요청했을 따름이다. 결과적으로 이슬람교와 기독교의 대립 형태가 되었으나 당시 소아시아와 시리아에는 기독교 신자가 많았고 평화롭게 공존했다.

실제로 사료를 살펴보면 기독교가 왜 적의를 품고 쳐들어오는지 몰라 어리둥절해진 사람들이 난감해하는 모습을 담은 내용이 많다. 다만 유럽 측이 십자군을 모으기 위해 '성지 탈환'을 내걸어 성전으로 포장하고 이들을 맞이하는 중동 측에서도 성전에 대항해 '지하드(성전)' 형태로 대립했을 따름이다. 기독교가 성지 탈환이라는 미명으로 성지를 점거하고 독차지하려다 문제가 발생한 셈이다.

소아시아에서는 기독교 신자와 이슬람교 신자가 사이좋게 어울려 살았고 성지도 암묵적인 양해 아래 공평하게 공유했다. 한마디로 이슬람교와 기독교의 대립은 우리가 생각하는 것만큼 뿌리 깊지 않다. 성지 예루살렘에 가보면 그 사실을 알 수 있다. 이슬람교는 기독교를 완전히 배제하지 않을 뿐 아니라 그 존재도 인정하는 편이다.

이슬람교 원리주의자 탓에 세간에 이슬람교는 무시무시한 종교라는 인식이 퍼지고 있다. 『쿠란』을 읽어보면 알라의 가르침은 절대로 과격하거나 살벌하지 않다. 실제로 이슬람교는 약자에게 자비를 베푸는 데 인색하지 않은 종교다. 일부다처제도 그 배경에는 부자가 고아나 아버지가 없는 아이를 구제하려는 데서 비롯된 측면이 있다.

약자 구제는 『구약성서』, 『신약성서』, 『쿠란』에 있는 세 일신교 모두에 공통적인 윤리적 가르침이다. 세 일신교에는 분명 공통분모가 있어 본래 서로 대결할 이유가 없다. 유대교는 『구약성서』를 경전으로 삼고 기독교는 『구약성서』와 『신약성서』를 경전으로 여긴다.

이슬람교도 예수의 존재를 부정하지 않는다. 그들은 무함마드 (Muhammad)를 최고의 예언자 반열에 올려놓았으나 예수도 수없이 존재한 예언자 중 한 사람으로 보고 있다. 즉 기독교와 이슬람교의

이슬람 경전 『쿠란』 내용으로 쓴 캘리그래피

차이는 그 가치를 어디에 두느냐에 있을 뿐이다.

그렇다고 기독교와 이슬람교의 대립이 전혀 없다는 얘기는 아니다. 두 종교에는 행동 원리가 달라 서로 받아들이기 힘든 부분도 분명 있다. 그러나 그런 부분 때문에 눈살을 찌푸리며 사사건건 트집을 잡고 싸울 필요는 없다는 게 대다수 이슬람교 신자와 기독교 신자의 솔직한 마음이라고 생각한다.

유럽 대다수 국가와 미국까지
로마를 자신의 뿌리로 삼는 까닭은?

기독교 수장은 가톨릭 본산지인 바티칸의 로마 교황이다. 로마 교황은 단순한 가톨릭의 수장이 아니다. 가톨릭 신자뿐 아니라 개신교 신자도 일종의 경외감을 품고 교황을 바라본다. 중국의 시진핑 국가주석과 교황이 같은 시기에 미국을 방문했을 때였다. 미국 언론은 중국 최고 지도자와 가톨릭의 수장 교황 중 누구의 방미 소식을 더 많이 다루었을까? 교황의 방미 소식을 압도적으로 많이 다루었다. 그 엄청난 격차를 보고 새삼 놀란 기억이 있다. 신교도가 세운 미국에서도 교황은 특별한 존재로 대접받는 모양이다.

사실 서구인에게 로마는 지금도 특별한 존재로 남아 있다. 로마는 광대한 지역을 오랫동안 평화롭게 다스린 강대국이었을 뿐 아니라 서구인의 뿌리다. 그런 의미에서 로마는 서구인의 자존심 원천인 동시에 그들의 이상이다. 서구에서는 이 의식을 '로마 이데아(Rom Idee)'라고 일컫는다. 이는 아시아에 거의 알려지지 않은 생소한 용어다. 굳이 번역하자면 '로마적 이념' 또는 '로마적 이상'에 해당한다. 요컨대 기독교 세계의 정신적 지주로서 로마가 서구인의 정신세계 밑바탕에 자리하고 있다는 의미다.

로마제국은 멸망했으나 오늘날까지 서구, 특히 유럽인의 마음에 이런 생각이 뿌리내려 면면히 살아 숨 쉬고 있다. 조금 극단적으로 말해 유럽인의 마음 밑바탕에는 지금도 로마의 재현, 즉 '로마를 중심으로 한 세계 통합'이라는 의식이 은연중에 자리하고 있는 것 같다.

이 생각은 역사 속에 반복적으로 드러나고 있다. 예를 들면 신성로마제국은 이름부터 로마를 표방했고 프랑스혁명도 로마와 떼려야 뗄 수 없는 밀접한 관련이 있다. 프랑스인이 혁명 후 사용한 관직명 '콘술'은 로마 공화정의 관직명을 그대로 채택한 것이다. 그다지 좋은 예는 아니지만 독일 나치스의 밑바탕에도 로마 '이데아'가 자리하고 있었다.

역설적으로 기독교가 이렇듯 전 세계적인 종교로 성장하지 않았다면 이슬람교도 이렇게까지 커지지 않았을지 모른다. 어떤 의미에서 로마 이데아를 포함해 두 종교의 야망이 거대한 뱀처럼 꿈틀대며 엎치락뒤치락하는 과정에서 세계를 양분하는 두 개의 거대 종교로 성장했을 수도 있다.

전쟁을 영원히 추방하고 싶어 했던
위대한 이슬람 최고 권력자 누르 앗딘

종교에는 전쟁을 막을 힘이 없을까? 종교가 전쟁의 불씨를 댕길 가능성이 있다면 인류사에서 전쟁은 영원히 사라지지 않는 것일까? 승패와 관계없이 전쟁은 늘 말할 수 없이 비참한 현실을 남긴다.

세계사에는 국가 부흥의 기쁨을 발견하고 전쟁을 포기한 최고 권력자의 사례도 있다. 12세기 중반 제2차 십자군 원정이 시동을 걸 무렵이었다. 당시 아랍국가의 관점에서 십자군에 대항하려면 이슬람 세력의 통일이 시급했다. 이를 실현한 인물이 시리아의 요충지 다마스쿠스를 어린아이 손목을 비틀 듯 손쉽게 병합하고 시리아 내륙을 지배한 장기 왕조의 청년 왕 누르 앗딘(Nur ad-Din, 재위 1146~1174년)이다.

누르 앗딘 탓에 제2차 십자군은 성과를 거두지 못하고 퇴각했다. 그 후 앗딘은 지배권을 착실히 확대했다. 그러나 1156년 시리아 전역을 덮친 대지진을 겪으면서 그의 삶의 방향이 송두리째 뒤바뀌었다. 지진은 도시를 무너뜨렸고 건물을 비롯해 도로, 다리 같은 기반시설까지 모두 파괴했다. 다리와 둑이 무너지자 하천이 범람했다.

지진이 일어나자 앗딘의 머릿속에는 재해를 당한 사람들을 돕고 피해지역을 복구하겠다는 생각밖에 없었다. 앗딘의 복구 작업 덕분에 다마스쿠스와 알레포는 예전의 모습을 아는 사람이라면 누구나 자기 눈을 의심할 정도로 웅장하고 화려하며 효율적인 도시로 탈바꿈했다.

이때 도시뿐 아니라 누르 앗딘 자신도 다시 태어났다. 필사적으로 복구 작업을 지휘하는 과정에 그때까지 자신이 치른 전쟁이 잔인한 파괴 행위에 지나지 않았음을 깨달았기 때문이다. 그는 전쟁으로 인한 파괴가 자연재해보다도 더 끔찍한 결과를 낳는다는 사실을 눈으로 확인했다. 반면 복구와 재건사업은 새로운 가치를 만드는 창조 행위라는 것을 깨달았다. 국토 재건 과정에 누르 앗딘은 자신이 열심히 벌여왔던 전쟁이 얼마나 끔찍하고 파괴적인 행위인지 처절히 깨달았을 것이다.

누르 앗딘처럼 놀라운 삶의 경험을 통해 내적 변화를 겪고 전쟁을 몰아내는 일에 자신의 남은 인생을 온전히 쏟아부은 인물은 많지 않다. 그런데도 그가 간절히 바랐던 평화롭고 창조적인 사회는 한 세대 만에 막을 내리고 말았다. 누르 앗딘의 뒤를 이어 그의 신하였던 살라흐 앗딘(살라딘)이 이슬람 세계의 통치자가 되었다. 그는 비록 누르 앗딘을 향해 칼을 겨누지는 않았으나 무력행위로 통일을 이루어냈다.

누르 앗딘이 깨달았듯 전쟁은 이기든 지든 파괴밖에 가져오지 않는다. 그런데도 인류는 2,000년 넘게 끔찍한 전쟁을 되풀이하고 있다. 지금 이대로의 종교로는 인간은 전쟁을 멈출 수 없을 것이다. 그렇지만 우리는 전쟁이 없는 평화로운 세상을 만들기 위해 온 힘을 기울여야 한다. 현재 상황은 기원전 1000년 무렵 인간이 의식을 소유하면서 시작되었다. 그러므로 이를 타개하기 위해 인류는 또 한 번 새로운 도약을 이뤄내야 한다. 현재 상황 그대로는 일정 기간, 일정 지역에서 평화를 실현할 수 있을지 몰라도 가치관이 다른 사람이 그 지역에 들어와 대립하면서 예전처럼 티격태격하는 상황으로 돌아갈 위험이 높다.

인류가 항구적으로 전쟁에서 손을 떼기 위해서는 인류 전체가 모종의 형태로 한 단계 도약해야 한다. 과거 인류는 제1차 세계대전의 비참한 결과를 반성하며 세계 70여 개국이 '부전조약(不戰條約, Anti-War Treaty)'을 체결했다. 1928년 체결한 이른바 켈로그-브리앙 조약(Kellogg-Briand Pact)이 그것이다. 조약을 체결한 장소가 파리였기에 '파리조약'으로 더 많이 알려져 있다. 당시 이 조약은 세계인에게 항구적 평화를 가져다줄 것이라는 희망을 안겨주었다. 그러나 현실은 잔인했다. 불과 10년 만에 제2차 세계대전이 발발했기 때문이다.

전쟁을 전면 포기하는 것은 켈로그-브리앙 조약 시절부터 국제협정으로 당연시되고 있다. 그런데도 전쟁은 여전히 사라지지 않았다. 각국은 자위력을 보유해야 하는지 아니면 자위권을 행사해야 하는지 등의 쟁점을 두고 서로 다른 생각을 품고 있다. 이런 상황에서 어떻게 하면 전쟁을 없앨 수 있을까? 나는 인류가 모종의 형태로 기원전 1000년대에 이룩한 것처럼 '위대한 도약'을 이루는 방법밖에 없다고 대답하고 싶다.

Openness

06

'개방성'이
국가와 시대의
운명을
결정한다

왜 아테네나 스파르타가 아닌 로마가 강국이 되었나

"지성에서는 그리스인보다 못하고,

체력에서는 켈트족이나 게르만족보다 못하고,

기술력에서는 에트루리아인보다 못하고,

경제력에서는 카르타고인보다 못한 로마인이 이들 민족보다 뛰어난 점은

무엇보다도 그들이 가지고 있던 개방적인 성향이 아닐까."

— 시오노 나나미(『로마인 이야기』 저자)

플라톤은 '독재정', 아리스토텔레스는
'귀족정'을 권장했다

인류가 만든 정치체제 중에서 가장 뛰어난 정치체제는 무엇일까? 아마도 대다수가 '민주정'이라고 답하지 않을까? 민주정의 의미는 무엇일까? 사전에서 이 단어를 찾아보면 "민주주의에 따른 정치"라고 나온다. 그리고 "국가의 주권이 국민에게 있고 국민의 의사에 따라 정치를 운용한다"라는 좀 더 자세한 뜻풀이가 실려 있다.

우리가 이상으로 여기는 민주정을 최초로 실시한 나라는 고대 그리스다. 그리스의 민주정은 이상적인 직접 민주정이었다. 자유인인 민중은 모두 평등한 입장에서 정치에 참여할 수 있었다. 즉 민중에게는 아르콘(Archon, 지배자. 고대 그리스의 고위공직)을 비롯해 주요 관직을 선출할 권리가 있었다. 하급 관직은 재산의 많고 적음과 관계없이 모든 민중이 돌아가며 담당했다. 현대인의 관점에서 보아도 그리스는 철저히 민주정을 실현한 국가로 보인다. 그렇다면 고대 그리스인은 자신들의 민주정에 자부심을 느꼈을까? 결론부터 말하자면 그렇지는 않았던 것 같다. 고대 그리스인은 자신들의 민주정에 불만스러운 점이 적지 않았던 듯하다.

플라톤은 『국가(The Republic)』에서 민주정이 아닌 '철인 왕'이 다스리는 통치를 주장했다. 이는 인간적으로 교양과 식견을 겸비한 철인이 왕이 되어 독재정치를 한다는 개념이다. 다시 말해 플라톤의 관점으로는 뛰어난 인물이 전권을 쥐는 독재가 최고의 정치체제라는 말이다.

그런 맥락에서였는지 실제로 플라톤은 철학적 소양이 있는 독재자가 나왔을 때 그를 옹립하기 위해 정치에 깊이 관여했다. 시칠리아의 시라쿠사에서 디오니소스 2세(Dionysos Ⅱ, 기원전 397~343년)라는 최고 권력자가 등장했을 때였다. 그렇지만 플라톤의 노력은 결실을 보지 못했고 그는 오히려 시라쿠사에서 추방당했다. 결국 플라톤은 자신이 이상으로 삼은 '철인 왕'을 실현하지 못한 셈이었다. 그렇다고는 해도 그가 자신의 이상마저 꺾은 것은 아니었다.

플라톤의 수제자 아리스토텔레스(Aristoteles, 기원전 384~322년)도 민주정을 이상으로 꼽지 않았다. 귀족정을 장려한 아리스토텔레스는 과두제(Oligarchy)를 표방했다. 이는 특정한 소수가 정치 권력을 잡아야 한다는 주장이다. 아리스토텔레스는 그 '소수'에 합당한 세력으로 귀족을 꼽았다. 공화정을 채택한 로마의 원로원에 의한 통치는 사실 아리스토텔레스가 이상으로 여긴 귀족정과 상당히 가까운 정치체제라고 할 수 있다.

고대 그리스에서 민주정이
높이 평가받지 못한 이유

플라톤과 아리스토텔레스는 민주정을 왜 높이 평가하지 않았을까? 이 점을 명확히 이해하기 위해서는 먼저 당대의 시대상을 알아야 한다. 그들이 활약한 시기는 기원전 4세기 무렵이었다. 당시는 이미 그리스 민주정이 실패를 겪고 난 때였다.

그렇다면 그리스 민주정은 왜 실패했을까? 그리스 민주정의 실패 원인을 이해하려면 그리스의 정치사를 알아야 한다. 그리스에서 가장 오래된 시대, 즉 폴리스가 막 생겨날 무렵에는 왕이 통치했다. 한마디로 왕을 중심으로 한 독재로 이 정치체제는 자연스럽게 생겨났다.

그러다가 차츰 집단 지도체제인 귀족정으로 바뀌었다. 이는 모든 귀족이 정치에 참여하는 형태가 아니라 귀족 중에서 대표를 선출하는 방식이었다. 이 귀족 대표자를 '아르콘'이라고 불렀다. 귀족정도 초기에는 원활하게 기능했으나 세월이 지나면서 점점 귀족 간 대립이 발생해 혼란스러워졌다. 그때 '안아르콘(Anarchon)'이라는 이름의 아르콘 없는 상태에 빠져들었다. 비록 아르콘을 선출하지 못한 기간은 짧았지만 한동안 혼란은 이어졌다. 참고로 안아르콘의 발음이 변한 '아나르코스(Anarchos, 지배자가 없다)'가 아나키(Anarchy, 무정부주의)의 어원이다.

그리스에서 계속 혼란이 이어졌다. 이번에는 그 혼란을 강력한 힘으로 제압하려는 움직임이 생겨났다. 영어로 타이런트(Tyrant), 그리스어로는 튀라노스(Tyrannos, 흔히 '참주'로 번역)라는 독재자가 탄생했다. '독재자' 하면 거만한 악인이 떠오르지만 참주 중에는 플라톤이 철인 왕에서 주장했듯 뛰어난 사람도 있었다. 그 대표적인 인물이 아테네의 페이시스트라토스다.

페이시스트라토스는 무력으로 다른 도전자들을 굴복시키고 참주 자리에 올랐다. 그러나 참주가 된 뒤 그는 뛰어난 정치적 역량을 발휘했다. 이후 아테네는 급속히 국력을 키워 그리스 최고의 도시국가로 발돋움했다. 이처럼 페이시스트라토스는 나라를 부강하게 만든 정치가였다. 그러나 그의 뒤를 이은 아들들, 즉 히피아스(Hippias, 재위 기원전 527~510년)와 히파르코스(Hipparchos, 재위 기원전 527~514년)는 독선적인 참주였다. 그리스 아테네에서 민주정이 탄생한 배경에는 이 페이시스트라토스의 못난 두 아들이 있었다.

아테네의 민주정은 클레이스테네스가 실권을 장악해 개혁을 단행한 이후에야 비로소 제대로 자리 잡았고 완성되었다. 클레이스테네스는 스파르타와 손을 잡고 히피아스를 축출한 뒤 정권을 손에 넣었다. 그 무렵 참주 출현을 저지하기 위한 시민투표, 즉 오스트라시즘(Ostracism, 도편추방제) 제도도 갖췄다. 기원전 5세기 중엽 그리스는 '페리클레스 시대'라고 부르는 민주정 시대로 들어섰다.

원칙적으로 성인 남자 시민이면 누구나 공직에 취임할 길이 열려 있었다. 투표뿐 아니라 제비뽑기로 선출하기도 했다. 하지만 이 민주정은 오래가지 못했다. 기원전 431년 그리스 전체가 전쟁의 소용돌이에 휩싸이며 내란 상태에 접어들었기 때문이다. 아테네를 중심으로 한 델로스 동맹과 스파르타를 중심으로 한 펠로폰네소스 동맹 사이에 펠로폰네소스전쟁(기원전 431~404년)이 벌어진 것이었다. 이후 아테네에서도 민주정은 중우정치라고 조롱받는 혼란기에 들어섰다. 이 시대의 민주정은 지도자 자질을 갖춘 사람들이 포퓰리즘으로 치달으며 언뜻 이상적으로 여겨지던 정치체제였다.

페리클레스는 민중을 확실하게 설득한 덕분에 뛰어난 정치를 펼칠 수 있었다. 그러나 펠로폰네소스전쟁 이후 그런 사람은 나타나지 않았다. 그러다 보니 민중의 마음을 사로잡지 못한 탓에 민중이 좋아할 일만 골라 하는 포퓰리즘이 만연했다. 정치가들이 민중 앞에 당근을 내밀고 채찍질하며 구렁텅이로 내모는 바람에 국가는 혼란의 도가니에 빠지고 말았다.

쇠약해질 대로 쇠약해진 아테네 민주정이 힘을 회복하지 못하자 그리스의 혼란을 힘으로 억누르는 독재자가 등장했다. 그런데 두 번째 독재자는 엄밀히 말해 그리스인이 아니었다. 마케도니아

'개방성'이 국가와 시대의 운명을 결정한다

의 필리포스 2세(Philippos Ⅱ, 재위 기원전 359~336년)와 알렉산드로스 부자가 바로 그 주인공이었다. 이처럼 민주정이 포퓰리즘으로 변모하는 모습을 지켜본 플라톤과 아리스토텔레스는 민주정을 높이 평가할 수 없었다.

극심한 내분으로 강대국으로 성장할 동력을 상실한 고대 그리스

이상적으로 여겨진 고대 그리스의 민주정은 이렇게 실패했다. 이후 그리스가 한창 혼란한 시기를 틈타 그리스 북쪽에 있던 마케도니아의 왕 필리포스 2세가 힘을 키웠고 급부상했다.

그리스를 정복한 필리포스 2세에게 왕위를 물려받은 아들 알렉산드로스는 그리스 지배권을 강화했다. 급기야 그는 페르시아제국을 정복하기 위한 동방 원정에 나섰다.

알렉산드로스가 동쪽으로 향할 때 그 알렉산드로스는 이미 그리스 전체의 왕이었다. 즉 그리스 정치는 왕정에서 귀족정으로 바뀌었다가 다시 귀족정에서 참주정으로 바뀌었고 뒤이어 독재정으로 바뀌었다. 그 혼란기에 민주정으로 갔다가 다시 혼란기를 거치면서 한 바퀴 돌아 왕정으로 회귀한 셈이다. 폴리비오스는 그리스의 이런 정치체제 변화를 '정치체제 순환론'으로 정리했다. 『역사』

라는 책을 통해서였다.

그리스는 독재정, 귀족정, 민주정 등 다양한 세력이 권력을 잡는 과정을 오랫동안 반복했다. 그러다 보니 늘 내분의 위험을 떠안아야 했고 실제로 자주 내분에 휩싸여 국력을 소모하는 바람에 대국으로 성장하지 못했다. 반면 로마는 그리스가 한 단계씩 거쳐 온세 가지 정치체제, 즉 독재정·귀족정·민주정을 골고루 적용한 정치(공화정)로 국가를 번영으로 이끌었다.

구체적으로 말해 로마의 콘술(집정관)은 독재정, 원로원은 귀족정, 민회는 민주정에 해당한다. 로마는 각 체제를 조화롭게 유지하며 정치체제의 수준을 끌어올렸다.

폴리비오스는 그리스 출신 역사가다. 그는 로마에 인질로 끌려갔다가 그대로 20년 가까이 로마에 머물렀다. 폴리비오스는 인질이긴 했어도 로마의 명문가인 스키피오 가문에서 지내며 융숭한 대접을 받았다. 로마의 입장에서 그리스는 자국보다 문화적 선진국이었기 때문이다. 그런 터라 폴리비오스는 로마 사회를 내부까지 낱낱이 들여다볼 수 있었다.

아무리 견제와 균형의 원리를 잘 적용했다고는 해도 로마 역시 갈등이 심했고 내부적으로 정치세력 사이에 치열한 권력다툼이 벌어졌다. 그러나 그리스와 비교하면 내분이 훨씬 적었기에 폴리비오스는 로마의 정치체제에 높은 점수를 주었다. 나아가 로마가 내분으로 소모할 에너지를 바깥으로 돌려 대국의 지위에 올라설 수 있었다고 결론지었다.

로마에 항복하러 온
그리스 사절이 로마 원로원을
'왕자 집단'으로 묘사한 까닭

오늘날 사람들이 흔히 사용하는 공화정(공화제)과 공화주의라는 어휘는 어디에서 유래한 것일까? 이는 라틴어 '레스 푸블리카(Res Publica, 공공의 것)'라는 단어에서 비롯되었다.

사전에서 공화정의 의미를 찾아보면 다음과 같이 나온다. "공화정치를 하는 정치체제. 국민이 선출한 대표자 또는 대표기관의 의사에 따라 주권을 행사하는 정치. 주권을 한 사람이 행사하는 것이 아니므로 과두정치, 귀족정치도 여기에 포함되지만 근세 들어 민주정치만 이른다."

공화정과 공화제의 차이는 나중에 좀 더 자세히 다루기로 하자.

사실 레스 푸블리카는 고대 로마에서 '국가'를 의미하는 말이었다. 고대 로마인은 기본적으로 자국을 'SPQR'이라고 불렀다. 이는 Senatus Populusque Romanus, 즉 '로마 원로원(귀족)과 대중'이라는 뜻이며 고대 로마의 주권자를 가리킨다.

원로원과 대중이라는 단어를 포함하는 이 용어는 기본적으로 나라 이름이다. 그러면서 동시에 계급적·신분적 구별을 나타내는 개념이었다. 이것은 원로원 귀족(Senatus)이 대중 위에 선다는 것을 전제한다. 로마의 헤게모니가 원로원에 있음을 뜻하기도 한다.

로마제국이 멸망한 후에도 SPQR은 로마 시민으로서의 영예와

SPQR

'로마 원로원과 대중'을 뜻하는 SPQR은 지금도 로마시 맨홀 뚜껑에서 찾아볼 수 있다.

Jaione_Garcia / Shutterstock.com

긍지를 상징하는 말로 사람들의 마음속에 살아남았다. 그 증거로 지금도 로마에는 SPQR이라는 글자가 맨홀 뚜껑 등 곳곳에 새겨져 있다.

로마 시민의 자긍심이던 SPQR 외에 로마인이 사용한 자국을 나타내는 말은 또 있다. 바로 '레스 푸블리카'다. 이것은 본래 '공공'을 의미하는 단어지만 차츰 그 뜻이 국가의 의미로 바뀌었다. 공공이자 국가였던 레스 푸블리카가 공화정과 공화주의의 어원이 된 시기는 로마가 국가를 공화정으로 운영하면서부터다. 공화정의 특징은 일종의 '지식인'이 합의제로 의결하는 제도에 있다. 오늘날 대의제를 중심으로 한 간접 민주주의도 공화정의 일종이라고 할 수 있다.

고대 로마의 공화정이 현재의 대의제와 다른 점은 대표를 선거로 선출하지 않는다는 것이다. 로마에는 엄격한 신분제가 있었고 원로원 귀족이 권력을 잡았다. 원로원 귀족이 왜 우위에 선 것일까? 원로원 귀족은 집안이 좋고 지식과 지혜를 두루 갖춘 '우수한 사람들'이라는 생각이 밑바탕에 깔려 있었기 때문이다.

기원전 3세기 초반 로마에 항복 의사를 표명하러 온 그리스 강화사절에게 로마 원로원을 방문한 감상을 물었다. 그러자 그는 이렇게 대답했다고 한다.

"내게 원로원은 수많은 왕자 집단으로 보입니다."

이는 로마 원로원 귀족 한 명 한 명이 마치 왕자처럼 위엄 있게 행동했다는 의미다. 로마 원로원 귀족은 단순히 신분에 기댄 지배층이 아니라 참된 '지식인'이었던 셈이다. 이처럼 로마 공화정은 권위 있는 지식인들이 합의제로 의사를 진행하며 국정을 이끌어 갔다.

'권위를 내세워 통치하라'라는
말을 실천한 로마인

로마에서 귀족은 권위 있는 사람들이었다. 하지만 그 권위가 반드시 혈통에서 나온 것은 아니다. 그렇다면 로마에서 권위의 실체는 무엇이었을까?

로마인이 생각하는 권위는 한마디로 정의하기 어렵다. 여러 가지 요소에서 우러나오는 것이기 때문이다. 간단히 말하자면 첫째는 '가문'이고 둘째는 '무공'이다. 여기에 '외모'도 권위를 뒷받침하는 하나의 요인이었다. 일단 가문이 좋고 국가를 위해 무공을 세우면 권위를 인정받지만 외모까지 갖추면 금상첨화라는 얘기다.

개중에는 외모보다 내면이 더 중요하다고 말하는 경우도 있다. 그렇다고는 해도 실제로 외모가 큰 힘을 발휘한다는 사실은 부인하기 어렵다. 비교적 솔직한 성향의 로마인은 자기 나름대로 맵시 있게 꾸미고 치장하기를 즐겼다. 그리고 그들은 다른 사람보다 뛰어난 사람의 권위를 인정해주는 편이었다.

오늘날에는 가문이나 무공을 따지기보다는 대체로 자기 분야에서 일가를 이룬 사람에게 권위가 집중된다. 오랫동안 노력을 쏟아 대중에게 인정받는 단계에 이르면 굳이 권위를 내세우려 애쓰지 않아도 대중은 그 수고를 알아준다. 물론 외모는 오늘날에도 여전히 여러 가지 면에서 큰 영향을 미치고 있기는 하다. 그러나 그것은 권위와는 거리가 먼 듯하다. 능력이 출중하고 외모까지 겸비한다면 더 유리한 게 사실이다. 그렇다고 해서 능력이 따라주지 않는데 외모만 뛰어나다고 권위 있게 봐주는 경우는 드물다.

로마인은 "권위를 내세워 통치하라"라는 말을 남길 정도로 권위를 중시했다. 그들은 정치에 권력뿐 아니라 권위도 필요하다는 사실을 잘 알고 있었다. 그런 맥락에서 로마인은 권위 있는 사람들이 국정을 주도하는 합의제, 즉 공화정을 선택했다. 그들은 자칫 중우정치에 빠질 위험을 안고 있는 민주정을 좋아하지 않았다.

근대 이후 로마인은 더 많은 사람이 참여할 수 있는 형태의 공화정을 모색하기 시작했다. 그 결과 삼권분립 등 다양한 제도를 도입해 업그레이드한 새로운 공화정을 완성했다. 권위 요소가 시대와 더불어 변화한 까닭에 누가 진정한 의미에서 권위를 갖춘 인물인지 분간하기 어려웠기 때문이다.

공화정과 공화제의 차이를 간단하게 구분하는 기준은 이것이다. 권위에 바탕을 두고 선출한 사람이 주도하는 합의제인가 아니면 선거로 선출한 사람들이 주도하는 합의제인가. 근대 이후에는 선거로 선출한 사람을 권위 있는 사람이라고 정당화한 것뿐이다. 내가 로마사에서 굳이 공화제라는 말을 사용하는 까닭은 이 차이를 좀 더 명확히 하기 위해서다.

왜 아테네나 스파르타가 아닌
로마가 강국이 되었나

권위를 중시한 로마인과 달리 평등을 중시한 그리스인은 겉으로 드러내놓고 신분을 구별하지 않았다. 물론 그리스에도 귀족과 평민이 존재했다. 그리고 그들 사이에 엄연한 신분 차이도 있었다. 그런데도 그리스인은 대놓고 신분을 과시하지는 않았다는 말이다.

그리스는 클레이스테네스의 개혁 과정(기원전 5세기 전반)에 많은 부작용이 생겨났다. 너무 철저하게 민주정에 집착하다가 선거가 아닌 제비뽑기로 대표를 뽑는 지경에 이르렀다. 선거를 치르다 보면 물밑에서 이런저런 공작을 벌여 결과를 조작하는 사람이 나오기 마련이다. 그러니 아예 제비뽑기에서 뽑힌 사람에게 정치를 맡기자는 식이었다.

기원전 451년 아테네 정부는 부모가 아테네 시민이 아닌 사람에게 시민권을 인정하지 않겠다는 결정을 내렸다. 철저한 직접 민주정을 실천하려는 의식이 높아지면서 민주정을 내세운 페리클레스의 지휘 아래 단행된 조치였다. 그 이전에는 아버지가 아테네 시민이면 인정해주던 시민권을 어머니까지 아테네 출신이어야 인정

'개방성'이 국가와 시대의 운명을 결정한다

하겠다는 얘기였다.

이 조치로 아테네 시민을 부모로 둔 적출자(嫡出子)만 아테네 시민 자격을 얻을 수 있게 되었다. 로마 정부는 이주자와 그들의 자녀뿐 아니라 자손에게도 이 제도를 적용했다. 이 때문인지 이후 아테네에서는 장기간 시민 인구 변동이 거의 없다시피 했다. 이처럼 페리클레스가 시민권법을 시행하면서 아테네는 점점 더 폐쇄적으로 변해갔다.

한편 스파르타는 옛날부터 엄격한 쇄국 정치로 일관했다. 이 시대의 쇄국 정치는 정식수교를 거부하는 방식이 아니었다. 그보다는 외부인을 받아들이지 않는다는 좀 더 원초적 의미에서의 쇄국 정치였다. 스파르타의 총인구 중 스파르타 시민권(18세 이상 성인 남자)을 획득한 사람은 고작 1~2만 명에 불과했다. 5~10배에 달하는 나머지 사람들은 결격 시민 혹은 예속민이라는 구성원이었다. 스파르타에도 평등과 민주주의가 자리 잡기는 했다. 그러나 그것은 어디까지나 시민권이 있는 1~2만 명에게만 주어지는 권리였다.

아테네는 스파르타만큼 철저한 쇄국 정치를 표방하지 않았다. 그렇기는 해도 역시 평등과 민주주의는 시민권이 있는 사람에게만 적용한다는 생각이 강했다. 특히 외부인을 기꺼이 받아들이지 않으려는 경향이 강해서 외부에 상당히 폐쇄적이었다. 이처럼 그리스는 시민 요건을 까다롭게 관리해 집단의 질을 높였다. 그리고 거기서 한발 더 나아가 그들은 그 폐쇄적인 시민 집단 안에서 평등을 실현하고 유지하려 했다.

민주정을 채택한 그리스에서는 관직에 취임하는 사람을 하나하나 제비뽑기로 선출했다. 얼핏 이것은 제법 괜찮은 생각처럼 보인다. 이 방식은 일정 기간 실제로 제 역할을 하기도 했다. 그러나 시간이 지나면서 개개인의 능력 차이가 온갖 알력을 자아냈고 차츰제 기능을 하지 못하게 되었다. 일찍이 플라톤과 아리스토텔레스가 지적한 대로였다. 오히려 그리스는 민주정의 이상을 따르려다 민주정에 관한 평가마저 떨어뜨리는 황당한 촌극을 연출하고 만셈이었다.

로마는 그리스와 반대로 로마 시민권을 이방인에게도 개방했다. 즉 로마는 외부인을 로마 시민으로 받아들였는데 이 개방성은 세월이 흐를수록 더욱더 강화되었다. 공중목욕탕 카라칼라 욕장(Terme di Caracalla)으로 잘 알려진 카라칼라 황제(Caracalla. 본명 Marcus Aurelius Severus Antoninus, 재위 211~217년)는 212년 로마제국의 자유민을 모두 로마 시민으로 인정한다고 공표했다. 이 조치로 로마에서는 노예를 제외하고 자유인이면 누구나 로마 시민권을 획득할 수있게 되었다.

다만 로마제국 시대에는 로마 시민이라고 해서 직접 국정에 참여할 수 있는 건 아니었다. 대외적으로 원로원이 주도하는 공화정을 중시했기 때문이다. 참고로 민주정의 반대는 독재정(군주정)이다.

고대 지중해 세계의 수백 수천 개에 달하는 폴리스 중 왜 유독로마만 강국이 되었을까? 아테네와 스파르타는 왜 로마처럼 강국

'개방성'이 국가와 시대의 운명을 결정한다

이 될 수 없었을까? 여기에는 다양한 요인이 있다. 나는 여러 요인 중 '개방성'에 주목한다. 말하자면 다른 폴리스는 모조리 폐쇄적이었고 오직 로마만 개방적이었기 때문이다. 물론 로마가 개방정책을 표방한 데는 국내의 엄격한 신분 구별이라는 배경이 있었다.

시민들 사이의 평등을 중시한 그리스는 외부 집단에 빗장을 닫아걸었다. 반대로 국내적으로 특권 계급 존재를 인정한 로마는 오히려 열린 마음으로 외부인을 받아들였고 자신과 같은 로마 시민으로 인정했다. 이렇듯 로마와 그리스의 여러 폴리스에는 뛰어넘을 수 없는 구조적 차이가 있다.

2,000년 전 확립한 로마 공화정이
오늘날 전 세계에서 각광받는 이유

세계사에서 공화정을 500년 이상 유지한 국가는 단 2개국뿐이다. 고대 로마와 중세 베네치아 공화정이 그 나라들이다. 로마는 카이사르가 등장한 이후 독재정에 가까운 제정으로 이행했다. 그 이전에는 500년 동안 공화정을 유지한 국가였다. 베네치아 공화정은 그보다 훨씬 길게 7세기 말부터 1797년까지 명맥을 유지했다. 무려 1,000년이 넘는 긴 세월 동안 공화정을 지켜낸 셈이다. 베네치아는 어떻게 그토록 오랫동안 공화정을 유지할 수 있었을까?

로마 공화정은 사실상 권위 있는 원로원이 결정권을 쥐고 국정을 주도하는 체제였다. 물론 민회가 있긴 했으나 제대로 힘을 발휘하지는 못했다. 베네치아 공화정에도 지도자가 있기는 했다. 한데 이 지도자를 정하는 방식이 제법 흥미롭다. 먼저 모든 시민 중에서 후보로 선거에 참여할 사람을 제비뽑기로 정한다. 그런 다음 제비뽑기로 정한 사람 중에서 지도자로 적합한 사람을 선출한다. 복잡한 단계를 밟아 무작위로 선출한 사람 중에서 우수한 사람을 솎아 내는 방법, 이것이 바로 베네치아인이 자신들의 지도자를 뽑는 방식이었다.

베네치아는 공화정이었다. 그런데도 이곳 사람들은 실제 운영 면에서 일일이 의회에서 회의를 거치거나 의결하지 않았다. 대신 선출한 지도자를 따르는 여섯 명 정도의 수행원과 지도자의 합의로 국정의 주요 안건을 결정하는 방식을 택했다. 기본적으로 결정권은 지도자에게 있지만 일단 합의 형태로 결정하므로 공화정 형식은 지키는 셈이었다. 이 독특한 방식으로 베네치아는 왕이라는 존재 없이 장장 1,000년에 걸쳐 공화정을 유지했다.

베네치아 공화정은 내부뿐 아니라 외부에서도 지켜졌다. 베네치아는 지중해 무역으로 번성한 해양국가의 특성을 골고루 갖추고 있었다. 하지만 거점은 베네치아 한 곳뿐이다. 그들은 영토를 더 확장하려는 욕심을 부리지 않았다.

반면 로마는 공화정 국가이면서 계속 영토를 확장했다. 공화정에서는 합의제가 기본이다. 아무래도 안건 해결 속도가 더딜 수밖에 없다. 느린 의결 속도는 공화정의 단점이라 할 수 있다. 이런 흐름의 연장선에서 로마에서는 황제라는 호칭의 독재자가 등장했다. 영토 확장으로 신속한 판단이 필요해지면서 자연스럽게 그 방향으로 흘러갔다.

공화정은 속도가 떨어진다는 단점을 안고 갈 수밖에 없다. 동시에 여기에는 독재와 혁명을 두루 예방할 수 있다는 장점도 내포되어 있다. 실제로 로마는 오랫동안 독재자 출현을 우려했다. 그 덕분에 공화정 시기에는 독재자가 나오지 않았다. 한니발에게 승리한 스키피오 아프리카누스가 좋은 예다. 그는 전쟁 승리로 민중에게 구국의 영웅으로 칭송받았다. 그러자 주위에서 그의 인기를 경계하는 목소리가 터져 나오기 시작했다. 물론 거기에는 영웅을 시기하고 질투하는 마음도 약간 있었을 것이다. 그러나 더 큰 이유는 스키피오가 독재자가 될지 모른다는 경계심이 컸기 때문이다.

공화정 국가는 합의제로 국정을 결정한다. 구성원이 다 같이 모여 회의를 거쳐 의결한다. 그리고 그렇게 의결한 내용을 모두가 따른다. 이런 의식이 공화정 국가 국민들의 의식 밑바탕에 깔려 있다. 그러다 보니 로마 공화정에서 회의는 기본적으로 서서히 한 방향으로 흘러갔다. 그 결과 독재자가 나오지 않았고 혁명이 일어나는 일도 거의 없었다.

더욱이 로마는 원로원 계급과 민중 사이의 격차가 행운으로 작용했다. 한쪽이 다른 한쪽을 타도한다는 파벌 경쟁 형태의 분열은 일어나지 않았다. 적어도 기원전 1세기 카이사르가 나오기 전까지는 그랬다. 하지만 로마 공화정은 카이사르라는 카리스마 넘치는 지도자가 등장하면서 점점 균열이 생겼다. 엎친 데 덮친 격으로 그때까지 한 몸처럼 움직이던 원로원도 분열하기 시작했다.

세계 각국에서 지금도 공화정이 인기를 얻는 이유는 뭘까? 독재와 혁명이라는 불안을 회피할 수 있는 뛰어난 시스템으로 공화정을 평가하기 때문이다.

역사적으로 동양에서 공화정이
뿌리내리기 힘들었던 까닭

동양에서는 왕을 중심으로 한 통치가 주류를 이루고 있었다. 같은 시기에 서양에서는 공화정을 국정 운영 방식으로 채택하고 있었다. 동양의 통치 중심은 왕이었다. 그야말로 왕은 무소불위의 권력을 행사했으며 절대자에 가까웠다. 한마디로 말해 당시 동양은 참된 의미의 공화정이 뿌리내리기 힘든 토양이었다.

혹자는 로마에 엄격한 신분 격차가 있었으니 원로원 귀족이 왕이나 다름없지 않느냐고 의문을 제기할지 모르겠다. 물론 로마 원로원이 동양의 왕처럼 막강한 권력과 영향력을 행사하지 않았다고 단언할 수는 없다. 그렇기는 해도 동양에서 민중이 왕을 대하는 의식과 로마인이 원로원을 대하는 의식에는 큰 차이가 있다는 점은 분명하다.

가장 커다란 차이는 무엇일까? 로마의 경우 적어도 민중이 원로원에 '할 말은 했다'는 점이다. 당시 낙서 등을 살펴보면 원로원을 향한 불평불만이나 험담을 적은 글귀가 많이 남아 있다. 반면 동양에서는 그런 문화와 분위기를 감히 생각조차 하지 못했다. 왕은 물론 귀족과 양반에게조차 험담하는 것은 죽음을 자초하는 일이나 마찬가지였다.

여기에는 엄격한 신분 구별과 함께 동양과 서양의 권력자 간 차이도 영향을 미쳤다. 서양에서는 최고 권력자가 민중에게 자주 모습을 드러내곤 했다. 반면 동양에서는 궁 안에서 일하는 사람조차 최고 권력자 가까이에 있지 않으면 그림자도 보기 힘들었다. 이러한 문화적 토양 차이는 어쩌면 민주주의 토양과 관련되어 있을지도 모른다.

로마에서는 황제도 민중에게 일상적으로 모습을 드러냈다. 민중은 그런 황제의 일거수일투족을 주시했다. 그뿐만이 아니었다. 황제의 태도가 못마땅할 경우 민중은 거리낌 없이 비판했다. 나무가 큰 나무로 자라려면 수분이 필요하듯 황제는 권력을 유지하기 위해 민중의 지지와 인기가 필요했다. 그러므로 황제는 인기가 떨어지는 일이 없도록 항상 민중의 눈과 평판을 신경 썼다. 그렇기에 그가 일상적으로 민중 앞에 모습을 드러내는 것은 당연했다. 물론 그저 모습을 드러내는 것만으로는 부족하고 민중이 좋아할 만한 뭔가 흥미진진한 눈요깃거리를 준비해서 말이다.

이러한 로마의 전통은 지금도 서구 여러 국가에 남아 있다. 나는 종종 경마를 관전하러 해외에 나가곤 한다. 그러던 중 영국 애스콧(Ascot) 경마장에서 귀빈석에 자리한 엘리자베스 여왕의 모습을 몇 번 보았다. '킹 조지 6세 & 퀸 엘리자베스 스테이크스(King George Ⅵ & Queen Elizabeth Stakes)'라는 큰 경주에서는 엘리자베스 여왕이 반드시 패덕(Paddock, 경마장에서 출주마를 관찰해 우승마를 예상할 수 있도록 미리 선보이는 장소)에 나온다. 그때는 누구나 1~2미터 떨어진 근거리에서 통로를 지나는 여왕의 모습을 볼 수 있다. 이는 아직 천황제도가 남아 있는 일본에서라면 상상도 할 수 없을 만큼 가까운 거리다.

물론 일본에서도 일왕이 경마장에 모습을 드러낼 때가 있기는 하다. 그러나 그럴 때조차 경기장의 대형 스크린으로 멀리 떨어진 귀빈석을 잠깐 비춰주는 것이 전부다. 그야말로 엄청난 문화적 차이가 아닐 수 없다. 나는 이러한 차이에 공화 사상의 밑바탕에 있는 민주사상이 뿌리내릴 수 있을지 가늠하는 잣대가 숨어 있다고 생각한다.

동양에서 왕은 아무나 범접할 수 없는 신성한 존재였다. 가까이 다가가는 것은 말할 것도 없고 멀리 떨어져서도 감히 고개조차 들 수 없었다. 명령을 거역하는 것조차 있을 수 없는 일로 여겼으니 험담한다는 것은 그야말로 꿈도 꾸지 못할 일이었다. 쉽게 모습을 드러내지 않아 신성성과 권위를 유지한 왕은 자신을 정점으로 하는 정치체제 아래 아랫사람들이 함부로 입을 놀리지 못하도록 하

'개방성'이 국가와 시대의 운명을 결정한다

는 의식을 형성했다.

반면 서양에서는 비록 신분 격차는 있어도 왕은 비교적 가까운 존재였다. 그처럼 친근한 존재였기에 민중은 왕의 행동과 관련해 자신에게 발언권이 있다는 의식을 하고 있었다. 이는 앞서 잠깐 소개했듯 고대 로마의 시인 플로루스가 5현제 중 한 사람인 하드리아누스를 미주알고주알 험담했다는 이야기로도 잘 알 수 있다.

'로마 황제' 하면 흔히 구름 위에서 살았을 것으로 생각하는 경향이 있는 듯하다. 그러나 실상은 그렇지 않다. 로마 황제는 사실 민중과 가까운 존재였다. 로마 황제 중 민중과 가깝게 지내며 친근하게 대한 황제는 의외로 많았다. 폭군으로 알려진 네로는 종종 민중 앞에서 노래를 부른 당대 인기 가수이기도 했다. 로마에서 속주로 파견한 총독 등은 당연히 민중 앞에 자주 얼굴을 보여야 했다. 가장 고귀한 신분인 황제마저 그토록 민중과 가깝게 지냈으니 총독이야 더 말해서 무엇하랴.

할리우드의 고전 영화 〈벤허〉의 유명한 한 장면을 기억하는가? 로마제국 속주인 유다의 총독 본디오 빌라도(Pontius Pilate)가 전차 경기장에서 경기 시작 신호로 군중 앞에 손수건을 떨어뜨리는 바로 그 장면 말이다. 실제로 빌라도가 손수건을 떨어뜨렸는지 알 길은 없다. 그런데도 설정 자체는 전혀 이상하지 않다. 속주 총독은 로마 황제의 대리인이고 그를 파견한 황제도 로마에서 그 같은 볼거리를 선보였기 때문이다. 속주를 자주 순방한 하드리아누스 황제는 속주에서도 민중 앞에서 다양한 행사를 선보였다고 한다.

프랑스혁명 당시 마리 앙투아네트 왕비(Marie-Antoinette, 1755~ 1793년)가 발코니에 나와 몰려든 민중에게 허리를 숙여 인사했다는 일화가 전해진다. 이는 민중 앞에 모습을 보이는 일이 최고 권력자에게 매우 중요한 덕목이었음을 알게 해주는 대목이다. 이후 마리 앙투아네트와 남편 루이 16세(Louis XVI, 재위 1774~1792년)는 지위를 박탈당하고 단두대에서 목숨을 잃고 말았다. 그렇게 그들은 최후의 순간까지 민중 앞에 모습을 드러내야 했다.

서양에서는 민중 앞에 모습을 드러내는 일이 최고 권력자의 권위로 이어졌다. 반대로 동양에서는 민중 앞에서 모습을 감춤으로써 권위를 만들었다. 실제로 서양의 위정자들이 민중의 의견에 귀를 기울였는지는 별개의 문제다. 아무튼 거리감을 좁히려는 그들의 노력은 민중이 위정자의 국정 운영과 관련해 발언권을 행사해도 좋다는, 즉 어떤 의미에서는 민주주의적인 사고방식을 함양했다. 이러한 민주주의 토양은 서양이 고대 그리스·로마 시대부터 길러온 것이다.

공화주의와 거리가 멀어 보이는
사회주의 국가가 공화정을 자칭하는 이유

민주주의의 이상은 아테네에서 실현한 '직접 민주정'이다. 그러나 오늘날 민주주의를 표방하는 국가 중 아테네처럼 직접 민주정치를 실천하는 나라는 거의 없다. 대부분 의회 민주주의 또는 대의제라 부르는, 선거를 통해 선출된 민중의 대표에게 권력을 맡기는 방식으로 국가를 운영한다. 대의제는 민주주의의 이상형이 아니다. 그런데도 많은 나라에서 대의제를 채택하는 이유는 한 국가의 인구가 일정 수를 넘어서면 사실상 직접 민주정을 실행하기가 사실상 불가능하기 때문이다. 현실적으로 대의제를 선택할 수밖에 없는 것도 그래서다.

공화주의에서는 애초에 대의제를 전제로 한다. 지금은 대다수 민주주의 국가가 대의제 형식을 취해 자칫 혼동하기 쉽다. 그러나 단순히 공화정이면 주권자가 국민 전체라고 볼 수 없다. 고대 로마와 중세 베네치아는 권위와 식견을 갖춘 귀족 중에서 대표자를 선출했다. 즉 모종의 방식으로 주권자 중에서 대표를 뽑고 그 대표자가 정치를 주도하는 형태가 공화정이다.

나는 지금까지 일부러 '공화정'이라는 용어를 사용했다. 앞서 설명했듯 '공화정'과 '공화제'는 한 글자가 다를 뿐이지만 내용에 많은 차이가 있다고 생각하기 때문이다. 역사학계에서는 근대 이후는 공화제를 사용하고 고대사(로마사를 포함해)에서는 공화정을 사용하는 게 일반적이다.

왜 그럴까? 고대에는 아직 근대에 등장한 삼권분립 등의 정치 제도를 확립하지 않았기 때문이다. 또 로마 공화정은 원로원이 강력한 힘을 행사한 원로원 지배체제였다. 물론 로마에는 시민으로 구성된 민회, 즉 코미티아(Comitia)가 있었지만 최종적인 결정권은 원로원에 있었다.

공화정을 표방하고 귀족이 지배했다니 그 구조에 거부감을 느끼는 독자가 있을 수도 있겠다. 그러나 이는 우리가 신분제도가 없는 사회에서 살기에 느끼는 감정이다. 공화정은 신분제도가 있어도 성립하고 사회주의 국가처럼 국민이 모두 평등해도 성립한다. 같은 맥락에서 현재 중국과 북한 등의 사회주의 국가가 공화정을 표방하는 것도 어느 정도 이해할 수 있다. 중국의 정식 명칭은 중화인민공화국이고 북한의 정식 국가명은 조선민주주의인민공화국이다.

우리는 사회주의 국가가 민주주의와 공화국을 내세우는 현실에 위화감을 느낀다. 그러나 어찌 보면 사회주의 국가는 민주 공화정을 철저히 따른다고 말할 수도 있다. 사회주의 국가는 모든 인민은 평등하다는 대전제에서 출발하니 말이다.

이것은 어디까지나 이상일 뿐 현실은 아니다. 실제로 평등을 이념으로 삼는 사회주의 국가 중 참된 평등을 실현한 국가는 없다. 그 결과 소비에트사회주의공화국연방도 동유럽 사회주의 국가도 모두 붕괴했다.

공화국을 내건 중국과 북한도 현실적으로 '공화'는 이름뿐이고 일당 독재국가다. 중국은 지금도 공산당이 존재하는 국가로 공산당 관료가 사실상 모든 권력을 독점한 특권계급이고 평등과는 거리가 멀다.

흥미롭게도 "사회주의는 추운 지역에서는 실패한다"라고 주장하는 사람도 있다. 그러고 보면 사회주의 국가 중에서도 쿠바처럼 기후가 따뜻한 나라는 비교적 사회주의 체제를 잘 운영해 나름대로 성공을 거두었다. 사회주의 성패가 기후와 관련이 있다는 주장은 독특한 관점이다. 여하튼 최근 역사학계에서도 이러한 지정학 관점에 주목하고 있다.

오늘날 자유주의 경제를 일부 도입한 중국은 사회주의 국가치고는 매우 특수한 구조를 보인다. 그들은 경제 대국을 표방하지만 여태까지 중국 경제를 견인한 주체는 저렴한 노동력이었다. 인건비가 저렴해 외국 자본이 몰려들면서 '세계의 굴뚝'이라는 별명에 걸맞은 역할을 도맡은 것이다. 하지만 경제가 좋아져 인건비가 상승한 오늘날 외국 자본은 태국이나 베트남 등 다른 아시아와 아프리카 국가로 옮겨가고 있다. 이미 많은 선진국 기업이 중국에서 철수하기 시작했다.

과거 영국이 세계의 공장으로서 성공을 거둔 까닭은 영국에서 만든 물건, 즉 '메이드 인 잉글랜드(Made in England)'가 일종의 브랜드 역할을 했기 때문이다. 그렇지만 중국은 단순히 저렴한 노동력 덕분에 수요가 몰렸을 뿐 '메이드 인 차이나(Made in China)'는 브랜드로서의 가치가 아직 그리 높지 않다.

나는 지금의 중국을 보면 하나의 대국이라기보다 국내 자체가 본국과 식민지로 구성된 나라라는 생각이 든다. 요컨대 베이징과 상하이 등 대도시가 본국이고 농촌과 그 이외의 도시는 식민지처럼 보인다는 얘기다. 실제로 중국인은 같은 국민이면서도 호적을 도시와 농촌으로 구별한다. 호적이 농촌인 사람은 도시로 이주하는 것이 기본적으로 금지되어 있다. 즉 겉으로는 사회주의를 내걸고 평등을 부르짖지만 실제로는 엄격한 격차가 존재하고 일부 도시가 농촌을 착취하고 있다.

지금까지는 온갖 모순을 내포한 체제가 그 나름대로 제 기능을 해왔다. 하지만 나는 그 상태를 오래 유지할 수 있을 것으로 여기지 않는다. 실제로 도시(본국)와의 불평등을 깨닫기 시작한 농촌(식민지) 사람들이 이런저런 사회운동을 시작하고 있다. 이 문제를 어떻게 해결할 것인지는 중국이 앞으로 풀어내야 할 중요한 과제다.

07

'현재성'이 사라지면 역사도 사라진다

모든 역사가 '현재사'일 수밖에 없는 이유

"역사란 역사가와 그의 사실 사이의 지속적인 상호작용 과정이자
현재와 과거 사이의 끊임없는 대화다."

— 에드워드 H. 카 (역사가. 『역사란 무엇인가』 저자)

'정확하게 쓰는 것'보다
'이해하기 쉽게 쓰는 것'이 왜 더 중요한가

역사란 무엇인가? 이 물음에 영국 역사가 에드워드 핼릿 카(Edward Hallet Carr, 1892~1982년)는 다음과 같이 대답 했다. 자신의 저서 『역사란 무엇인가(What Is History?)』를 통해서다.

역사란 역사가와 그의 사실 사이의 지속적인 상호작용 과정이자 현 재와 과거 사이의 끊임없는 대화다.

역사가 대화라면 공통언어가 필요하지 않을까? 그러나 실제로 의사소통이 이뤄지려면 현재와 과거 사이에 놓인 장벽을 극복해 야 한다. 그 장벽은 바로 '상식의 차이'다.

제5장에서 고대인은 실제로 '신의 목소리'를 듣고 행동했다는 내용을 다뤘다. 현대인의 상식으로는 '신의 목소리'가 무엇인지 알기 어렵고 어떤 방식으로 들을 수 있는지 전혀 감이 오지 않는다. 어쩌면 고대인에게는 '신의 목소리'가 들리는 현상이 당연한 일이었을지 모르겠지만 말이다. 상식이 다르면 당연히 행동으로 이어지는 판단 기준도 달라지게 마련이다.

역사학자는 옛날 사람들의 감수성을 이해하기 위해 그 시대 고유의 감성과 의식에 최대한 동화하려고 애쓴다. 이처럼 학자로서 시대적 감수성을 이해하려는 자세는 문제 될 것이 없다. 하지만 논문을 쓰는 일이라면 모를까 일반인을 대상으로 한 책에서까지 그런 입장을 견지하면 곤란하다. 자칫 독자에게 외면당하는 문제가 발생할 수 있기 때문이다. 전문가가 쓴 역사서가 자주 따분하고 지루하게 느껴지는 이유가 여기에 있다.

톨스토이는 역사가를 통렬하게 비판하면서 '역사서는 이렇게 써야 한다'라는 본보기를 보여주려는 듯 『전쟁과 평화』를 출간했다. 작가가 쓴 역사서는 학자의 글과 비교하면 확실히 술술 읽히고 이해하기도 쉽다. 위대한 작가가 현대인의 감수성에 맞춰 역사서를 썼으니 가독성이 좋을 뿐 아니라 문장력도 출중하고 이해하기 쉬운 것은 당연하다.

그렇다고 여기에 전혀 문제가 없는 것은 아니다. 가령 로마사뿐 아니라 전근대를 배경으로 한 작가의 글을 읽으면 사람들이 점술이나 징조에 구애받는 장면을 간혹 볼 수 있다. 더구나 점술과 징조가 잠깐 등장했다가 사라질 뿐 고대인과 중세인이 그것을 어떤 마음으로 받아들였는지는 다루지 않는다. 이런 글을 요즘 감각으로 읽으면 전근대인은 미신에 휩쓸릴 만큼 미개했다는 인상만 주고 말기 쉽다. 반면 옛 시대를 다루는 역사 연구자는 그 시대에 살던 사람들에게 점술과 징조가 그들의 활동에 큰 영향을 미칠 정도로 존재감이 있었다는 데 초점을 맞춘다.

카이사르와 점술가가 주고받은 대화를 기록한 다음 장면을 생각해보자.

기원전 44년 3월 15일, 카이사르는 점술가에게 이날까지 조심해야 한다는 경고를 들었다. 집을 나서던 카이사르는 점술가에게 이렇게 투덜거렸다.

"이 사기꾼 같은 점술가야. 오늘이 3월 15일인데 아무 일도 일어나지 않았잖아!"

점술가는 조용히 대답했다.

"카이사르 님, 3월 15일은 아직 다 지나가지 않았습니다."

이윽고 카이사르는 원로원 회의장에 도착했고, 그날 그곳에서 암살당했다.

이 장면에는 로마인 역사가 수에토니우스(Gaius Suetonius Tranquillus)의 감성과 사고가 담겨 있다. 수에토니우스뿐 아니라 키케로와 플리니우스 같은 지식인도 점술과 징조에 신경을 썼다.

'현재성'이 사라지면 역사도 사라진다

역사를 전공하는 사람은 이처럼 세세한 부분까지 언급하지 않으면 진정한 로마인의 기분을 이해하기 어렵다고 생각한다. 그러나 시시콜콜한 부분까지 늘어놓다 보면 독자는 당장 책을 덮어버릴지도 모른다. 그렇다면 어떻게 해야 할까?

오쓰카 히사오(大塚久雄)는 "정확하게 쓰는 것과 이해하기 쉽게 쓰는 것 중 어느 쪽이 더 중요합니까?"라는 질문을 받고 이렇게 대답했다.

"이해하기 쉽게 쓰는 것입니다."

히사오는 전후 일본에서 서양 경제사의 대가로 알려진 인물이다.

왜 이해하기 쉽게 쓰는 것이 중요할까? 아무리 정확하게 써도 사람들이 읽고 들어주지 않으면 의미가 없기 때문이다. 내가 생각해낸 해결책은 처음부터 '역사는 모두 현재사다'라는 관점으로 글을 쓰는 방식이다. 역사는 과거의 사건을 이야기하는 것이므로 언제나 '지금'이라는 필터로 들여다보게 된다. 즉 지금 시점을 의식하면서 이를 강조해 표현하려고 노력한다.

실제로 역사가의 해석은 많든 적든 그 시대의 가치관과 상식, 국제정세 등의 영향을 받게 마련이다. 작가는 물론이고 학자가 쓴 글도 아무리 해당 역사 속 사람들의 생각에 근접한다고 하더라도 100퍼센트 일치할 수는 없는 노릇이다. 냉철히 말하자면 어디까지나 현대인이 당시를 최대한 유추한 것에 지나지 않는다. 그럴수록 '역사는 모두 현재사다'라고 생각하며 역사를 즐기고 진실에 좀더 가깝게 역사를 해석하고자 노력해야 한다.

미래를 예측하고 싶다면
역사를 배워라

'모든 역사는 현재사다'라는 관점을 가지면 또 하나 눈에 들어오는 사실이 있다. 바로 '지금'이다. 지금 일어나는 일을 제대로 알기 위해서는 역사를 알아야 한다. 앞으로 우리가 사는 공동체를 짊어지고 나갈 젊은 인재들이 역사를 올바르게 공부하길 바라는 마음이 간절해지는 것도 그런 이유에서다. 안타깝게도 오늘날 많은 젊은이가 역사를 경시하는 경향이 있다.

왜 요즘 젊은이들은 역사에서 점점 더 멀어지는 걸까? 그 이유 중 하나로 역사 지식을 갖추려면 다양한 지식이 필요하다는 점을 꼽을 수 있다. 예를 들어 철학과 종교의 경우 역사와 비교하면 그다지 다방면의 방대한 지식이 필요하지는 않다. 물론 일신교와 다신교를 구별하지 못하면 종교를 말할 수 없듯 철학과 종교에도 기본 지식은 필요하다. 하지만 역사와 비교하면 철학이나 종교에 필요한 지식의 양은 그리 많지 않다고 할 수 있다.

역사에서는 지식의 양이 그대로 이야기의 깊이와 정비례한다. 가령 현재의 중국 공산당 정책을 이야기한다고 가정해보자. 20세기 역사밖에 모르고 말하는 사람과 중국의 기나긴 역사를 알고 말하는 사람의 깊이와 수준은 크게 다를 수밖에 없다.

중국은 항상 권력자가 절대적 힘을 거머쥐고 통치해온 나라다. 현재의 형법도 역대 권력자가 민중의 복종을 끌어내기 위해 만들어낸 처형과 처벌의 연장선에 있다. 그렇게 켜켜이 쌓여온 역사를 알아야 지금의 중국을 제대로 이해할 수 있다.

지금까지 학교에서 배우는 역사가 재미없게 느껴지는 이유는 뭘까? 단순히 시대별로 역사 지식을 나열해 달달 외우는 방향으로 흘러왔기 때문이다. 역사 교과서도 학교 수업도 고대부터 현대까지 일방통행식으로 지식만 늘어놓을 뿐이었다. 즉 지금까지의 교육과정에서는 오늘날은 이렇지만 과거에는 어떠했는지, 지금 이렇게 된 계기는 무엇인지 등 현대의 관점으로 고대를 살펴보는 사고와 인과관계는 전혀 다루지 않았다. 그러다 보니 '고대사는 고대사고 중세사는 중세사'라고 생각하며 지식을 통째로 암기하는 재미없는 학문이 되고 말았다.

지금도 실제 역사는 끊어지지 않고 우리가 사는 오늘로 이어지고 있다. 현재 일어나는 문제의 배경에는 반드시 그 문제와 관련된 역사가 존재한다. 마루야마 마사오의 "로마 역사 속에는 인류 경험의 총체가 담겨 있다"라는 말이 상징하듯 인류가 현재 직면한 문제는 대부분 과거의 인류가 이미 경험한 것이다. 그러므로 역사를 공부하면 앞으로의 전개를 예측하고 문제를 해결할 길을 찾아낼 수 있다.

예를 들어 오늘날 난민 문제로 골머리를 앓는 유럽은 과거 게르만족이 로마로 유입되었을 때 어떤 일이 벌어졌는지 살펴보는 것이 현명하다. 그러면 앞으로 유럽에서 일어날 일을 얼추 예측할 수 있다. 과거에 로마제국은 게르만족이 들어왔을 때 가진 땅이 없는 그들을 군대에서 병사로 일하게 했다. 군대에 들어간 게르만족은 시간이 흐르면서 높은 계급의 요직을 차지했다. 그러자 로마인 중에서 게르만족 고위 간부를 인정하는 사람과 이에 반발하는 사람이 나타나면서 국내가 혼란스러워졌다.

앞으로 유럽에서 이와 비슷한 문제가 발생할지도 모른다. 아이러니하게도 과거 로마제국으로 들어온 게르만족은 지금의 독일인 선조다. 게르만족의 후예인 독일인이 이번에는 이민족 유입으로 고심하고 있으니 아이러니하다. 그러고 보면 역사는 물레방아처럼 돌고 도는 셈이다.

중국이 내세우는
'중화민족'의 허상

중국도 예외는 아니다. 역사를 바탕으로 현재를 재인식하면 중국 역시 스스로 안고 있는 문제의 본질을 간파할 수 있다. 프랑스 역사학자 에마뉘엘 토드(Emmanuel Todd)는 독일과 중국의 유사성을 지적한다. 독일이 EU에서 주도권을 쥐고 막강한 영향력을 행사하듯 중국은 유라시아 동쪽에서 독일에 필적하는 권력을 행사하기 시작했다는 의미다.

중국은 2014년 아시아 인프라 정비를 목적으로 아시아 인프라 투자은행(AIIB, Asian Infrastructure Investment Bank)을 창설했다. 여기에

'현재성'이 사라지면 역사도 사라진다

미국과 일본은 참가하지 않았으나 영국, 프랑스, 독일, 이탈리아 등 유럽 각국은 참가 의사를 밝혔다. 그중에서도 독일은 중국에 가장 우호적이다. 사실 독일은 지정학적으로 중국과 비슷한 부분이 꽤 많은 편이다.

중국은 여타 국가처럼 하나로 이뤄진 나라가 아니다. 언어의 측면에서만 살펴봐도 충분히 알 수 있다. 사람들은 흔히 중국이 중국어라는 하나의 언어를 사용한다고 생각한다. 그러나 실제로 중국어라는 공용어는 없다. 쉽게 말해 중국어에는 몇 가지 방언이 있고 그들 방언은 발음과 어휘가 제각각 다르다. 문법도 차이가 나서 중국인끼리 서로 의사소통하지 못하는 경우도 드물지 않다.

10여 년 전 겪은 일이다. 상하이 출신 친구와 홍콩 영화를 보는데 영화 속 인물들이 무슨 말을 하는지 도무지 알아들을 수가 없다고 그가 말했다. 그 친구는 자막이 있었으니 망정이지 자칫하면 영화를 이해하지도 못하며 볼 뻔했다고 투덜거렸다. 지리적으로 거리가 상당히 가까운 상하이와 홍콩만 해도 제대로 소통하기가 쉽지 않을 만큼 언어가 다르다는 얘기다.

같은 나라에서 그 정도로 말이 통하지 않으면 불편하겠다는 생각이 든다. 그러나 재미있게도 발음은 비록 전혀 다르지만 한자로 글을 쓰면 문제없이 통하는 모양이다. 즉 일상 대화에 사용하는 방언이 수없이 많아 서로 통하지 않지만 문자가 공용어 역할을 해서 서로 의사소통은 가능하다는 의미다.

이런 상황은 유럽 역사와 상당히 닮았다. 가령 현대 유럽인의 조상들은 원래 로마의 지배를 받으며 라틴어를 사용했다. 라틴어 계통인 스페인어와 이탈리아어가 서로 상당히 닮은 것도 그런 이유에서다. 서로 각자의 모국어로 이야기해도 상대방이 하는 말을 어느 정도 알아들을 수 있을 정도라고 한다. 중국어도 귀로 들어서는 무슨 말인지 몰라도 글로 쓰면 의미가 통한다.

최근 중국 중앙정부는 국민의 원활한 의사소통을 위해 두 팔 걷어붙이고 나섰다. 수도 베이징을 포함한 북방 방언 북방어(관화라고도 한다)를 바탕으로 새롭게 만든 언어 '보통화'를 교육과 방송에서 사용해 표준어·공용어로 보급하는 정책을 추진하는 것이다. 그 덕분에 보통화로 교육받은 젊은 세대는 지방 방언과 보통화를 두루두루 활용하는 이중언어 사용자로 자리매김했다고 한다.

언어 문제가 상징하듯 우리는 중국인과 한족을 동일시하는 경향이 있다. 그러나 사실 중국에서 한족은 일부에 지나지 않고 실제로는 다양한 민족 집합체로 이루어져 있다.

과거 한제국을 주도한 민족은 한족이었다. 그들의 언어인 한어에서 사용한 문자가 한자인 터라 흔히 중국을 '한자·한족'으로 여긴다. 그러나 역대 통일 왕조만 봐도 순수한 의미의 한족은 얼마 되지 않는다. 다 따져도 전한과 후한 정도밖에 없다고 할 정도다. 나머지는 대부분 이민족이 세운 정복 왕조이거나 한족을 내세운 혼혈 왕조였다. 몽골족이 세운 원과 여진족이 세운 청은 이민족 왕조로 널리 알려져 있다. 그 밖에 5호 16국의 대다수 국가와 요나 금도 이민족이 세운 왕조다.

'현재성'이 사라지면 역사도 사라진다

그렇다면 당은 어떨까? 많은 사람이 당을 한족 왕조라 여기지만 이는 사실이 아니다. 당도 실제로는 소그드인(Sogd人, 이란계 유목민) 등 서역에서 들어온 이민족이 지배층에 대거 유입되었으므로 순수 한족 왕조로 보기 어렵다. 이는 비교적 최근 연구로 밝혀진 사실인데, 이렇듯 실상을 알고 나면 더는 '한족 왕조'라는 수식어를 붙이기가 어렵다. 실제로 견당사(遣唐使, 당에 파견한 조공사절)를 통해 일본에 들어와 궁정 귀족 사이에서 유행했던 오늘날의 축구와 유사한 공놀이는 서역의 기마 유목민 놀이였다고 한다.

중국 역사는 유럽과 닮았다. 유럽은 현재 EU라는 큰 공동체를 구축했으나 각 나라는 여전히 나뉘어 있다. 이유가 뭘까? 유럽 각국이 나라에 따라 의식이 다르고 문화가 다르기 때문이다.

유럽의 기원은 그리스의 도시국가, 즉 폴리스다. 우리는 수많은 폴리스를 뭉뚱그려 '고대 그리스'라고 부르는 경향이 있다. 그러나 실제로는 독립적 폴리스 집합체였지 그리스라는 통일국가는 아니었다.

이후 유럽은 로마제국 깃발 아래 하나로 뭉쳤다. 로마제국이 무너진 뒤에는 다시 각자도생하며 자립해 패권을 다투었다.

이런 경향은 특히 독일에서 두드러지게 나타났다. 독일은 과거 300년 동안 연방국으로 쪼개져 있었다. 그러다가 19세기 프로이센을 중심으로 독일이라는 이름의 단일국가로 통일했다. 통일한 후에도 이 나라에는 자치 전통이 뿌리 깊게 남았다. 실제로 독일에서는 아직도 도시 등 지역 단위로 의사를 결정하는 전통이 살아 있다.

의외로 이탈리아는 자치 전통에 강하고 프랑스는 비교적 약한 편이다. 프랑스는 상대적으로 중앙집권적 성향이 강한 국가라고 할 수 있다. 왜 유럽에 이러한 전통이 생긴 것일까? 유럽은 로마제국으로 통합한 뒤 게르만족 대이동으로 다른 곳에서도 이민족이 대거 유입되었다. 그와 동시에 이민족 문화와 전통이 들어와 각지에 깊이 뿌리내렸다. 바로 유럽의 자치 전통은 이러한 역사적 사실과 밀접한 관계가 있다.

여담이지만 영국인, 프랑스인, 독일인이 함께 있을 때 "당신은 유럽인입니까?"라고 물으면 그들은 불쾌해하는 경우가 많다. 개중에는 "나는 독일인이오!"라고 대답하며 발끈하고 성을 내는 사람도 있다.

재밌게도 중국은 실제로는 유럽처럼 다양한 언어를 사용하는 여러 민족 집합체이면서 하나의 '민족' 형태로 인위적으로 통합하고 유지하려고 애를 쓰고 있다. "우리는 중화민족이다"라고 그들이 늘 주장하는 것도 그런 맥락에서다. 한데 중국 호적을 가지고 중화인민공화국 안에 사는 사람을 모두 중화민족으로 규정하는 데는 다소 무리가 따른다. 중국 공산당 지배 아래 아무리 '우리는 중화민족'이라며 통일감을 조장하려 해도 실제로는 한족, 위구르족, 티베트족, 몽골족 등 다양한 민족이 존재하기 때문이다. 다시 말해 '중국인＝중화민족'이라는 주장은 이탈리아인, 프랑스인, 독일인은 모두 유럽민족이라는 주장과 비슷하다.

'현재성'이 사라지면 역사도 사라진다

중국에서는 왜 민주주의가
뿌리내리지 못했나

중국과 독일은 지정학적으로는 닮았지만 정치체제는 크게 다르다. 독일은 지방자치가 발달한 민주주의 국가인 데 반해 중국은 중국 공산당 일당이 지배하는 중앙집권 국가다.

앞에서 여러 번 강조했듯 유럽에서는 오래전부터 민주주의 제도가 깊이 뿌리내렸다. 그에 따라 위에서 아무리 강압적으로 통합하려 해도 사실상 명분이 없고 수긍이 가지 않으면 민중은 고분고분 따르지 않는다. 현재 일어나고 있는 영국의 EU 탈퇴 문제도 민중의 자유로운 의사결정에 의해 좌우되면서 점점 더 혼란이 커지는 상황이다.

더구나 유럽에는 '로마법' 전통이 있다. 초기 로마법은 국가 중심적이었으나 국가 규모가 커지고 체계가 복잡해지면서 사람들의 분쟁을 해결하기 위한 수단으로 민법이 발달해 민주주의적 법 절차 개념이 뿌리내렸다. 반면 중국은 항상 왕조가 절대 권력을 쥐고 있었다. 그 탓에 법이 있어도 기본적으로 중심은 형법이었다. 즉 중국에서 법은 거의 전적으로 '악인'을 처벌하기 위한 수단으로 사용되고 발달했다.

이 현격한 차이는 지금도 두 나라에 이어지고 있다. 중국은 여전히 정권을 잡은 사람이 민중을 힘으로 억누르고 말을 듣지 않으면 벌을 내린다. 그들은 지금도 몇천 년간 이어 내려온 방식을 고수하고 있다. 현재 중국에서 지배의 핵심은 군사력이다. 그런 맥락에서 중국에서 민주주의가 뿌리내리려면 앞으로 만만치 않은 난관을 극복해야 한다.

로마도 애초 군사력을 바탕으로 한 지배와 통치로 출발했으나 이후 형법보다 민법으로 사람들을 다스렸다. 이 차이가 어디서 비롯되었는지 묻는다면 솔직히 명쾌하게 대답하기는 어렵다. 다만 나는 '권위'를 만들어내는 방법이 동서가 서로 다르기 때문이라고 추측한다.

이 책에서 몇 번이나 언급했듯 서양에서는 최고 권력자가 민중에게 모습을 드러내고 다양한 볼거리를 제공하면서 자신이 지도자에 합당한 인물임을 적극적으로 알리고 호소했다. 당시 깜짝 쇼로 민중에게 기쁨을 선사해 높은 평가를 받은 인물은 최고 권력자가 되었고 권위자로 추앙받았다. 반면 동양의 위정자는 구중궁궐 안에 숨다시피 지내며 자기 모습을 꽁꽁 감추는 방식으로 사람들에게 경외심을 불러일으킴으로써 권위를 구축하고 유지했다. 이 경외라는 일종의 공포감이 권위로 이어져 동양에서 형법이 발달한 것인지도 모른다.

서양에서 왜 최고 권력자는 민중에게 자주 모습을 드러내게 되었을까? 그 배경에는 바다 민족 습격으로 왕이 왕궁과 함께 짧은 시기에 몰락하고 남은 촌민 다모(Damo)와 파시레우라는 촌장이 주도해 새로운 도시국가를 세운 역사가 스며 있다. 고대 그리스 시대에 접어들어 파시레우는 왕을 의미하는 '바실레우스', 다모는 폴리스를 구성하는 조직 '데모스'가 되었다. 이 데모스가 훗날 '데모크라시'의 어원이 된다. 민주주의의 씨앗이 어디서 처음 싹을 틔웠는지 알 수 있게 하는 대목이다.

바실레우스와 데모스의 관계는 오리엔트에서도 볼 수 있는 파라오·민중의 관계와 달리 친근하고 끈끈한 정으로 묶여 있다. 원래 '촌장'과 '촌민'이라는 가까운 관계에서 발전했기 때문이다. 이와 달리 동양의 국가들은 바다 민족 같은 외부 세력에 의해 왕과 왕궁이 파괴당하는 경험을 하지 않았다. 절대적인 군주와 그에 복종하는 민중이라는 관계를 오랫동안 유지할 수 있었던 것도 그런 연유에서다.

세계 최초로 '국내 식민지 정책'을
펴는 나라 중국

1970년대 후반, 개혁개방의 기치를 내걸고 방향키를 돌려 시장경제 방향으로 힘차게 노를 젓기 시작한 나라가 있다. 바로 중국이다. 1990년대 초반, 중국경제는 다시 개혁개방을 추진하였고 급속도로 성장했다. 당시 중국은 희토류 같은 자원은 풍부했지만 원천기술을 비롯한 독자적인 기술은 거의 보유하지 못한 후진국이었다. 중국이 급속한 경제성장을 이룬 비결은 '저렴한 노동력'을 무기로 전 세계 기업의 공장을 유치하는 데 성공한 덕분이다.

저렴한 노동력은 주로 농민의 자녀나 지방에 사는 가난한 사람들로 충당했다. 그들의 값싼 노동력을 딛고 경제발전을 이룩한 오늘날 14억 명에 이르는 중국인 중 과연 몇 명이나 살림살이가 나아졌을까? 기껏해야 2억 명 남짓이다. 더구나 부유층은 대부분 베이징과 상하이 등 대도시에 사는 사람들이다. 저렴한 노동력을 제공해 중국의 경제발전을 뒷받침한 농촌 사람들은 여전히 궁핍한 생활에서 벗어나지 못하고 있다.

도시와 농촌의 빈부 격차는 중국이 부유해질수록 점점 더 커지는 추세다. 실제로 중국의 GDP(국내총생산)는 2009년 일본을 앞질렀고 지금은 미국을 바짝 추격할 정도로 호황을 누리고 있다. 그러나 2017년 기준 중국의 1인당 명목 GDP는 약 8,800달러(홍콩 제외)로 65위 정도 수준이다.

빈부 격차가 이렇게까지 심각해진 이유는 뭘까? '중국에 사는 사람은 모두 중화민족'이라는 미명 아래 국내 식민지 정책이라고밖에 볼 수 없는 정책을 밀어붙이기 때문이다.

'식민지' 하면 일반적으로 국외의 속주와 점령지를 떠올린다. 그런데 중국에서는 농촌이 실질적으로 도시의 식민지로 전락한 셈이다. 사실 '국내 식민지화'는 중국 당국의 정책으로도 확인할 수 있는 대목이다. 도시와 농촌의 호적을 구별하는 것 하나만 보아도 중국 정부의 정책 방향을 짐작할 수 있다. 국내에 식민지를 보

'현재성'이 사라지면 역사도 사라진다

유하는 정책은 지금도 이전에도 없던 기상천외한 정책이다. 과연 이 정책은 성공할까? 그 답은 아직 알 수 없지만 세계사에 벌어진 하나의 거대한 실험이 되어버린 셈이다.

세계사를 살펴보면 16세기 이후 세계 각지에 생겨난 식민지가 제2차 세계대전이 끝난 뒤 차례로 민족자립을 내걸고 독립했다는 걸 알 수 있다. 이런 흐름과 달리 중국은 아이러니하게 평등을 국가 기조로 삼는 공산주의 국가이면서도 국내에 식민지를 두는 모순을 안고 있다. 중국의 '새로운 실험'이 성공할 확률이 낮아 보이는 것은 그래서다.

오늘날 중국에서는 민족 분열 조짐이 본격적으로 나타나고 있다. 예컨대 위구르 자치구 등 중화민족으로 통합하지 못한 지역의 경우 틈만 나면 중국의 지배력과 영향권에서 이탈하려는 움직임을 보인다. 이들의 독립운동이 언젠가 중화민족으로 통합된 사람들에게로 퍼져 나가 중화민족 내부에서 독립운동이 일어날 가능성도 여전히 남아 있다.

중국은 하나의 거대한 나라라기보다는 EU처럼 여러 민족이 모여 이루어진 하나의 집합체로 보는 것이 타당하다고 본다. 그중 일부 세력이 주도권을 쥐고 전체 세력을 지배하는 구조라고 할까. 중국 정부가 주도한 '국내 식민지 정책'이 지금까지 중국 경제발전에 크게 이바지한 것은 엄연한 사실이다. 그러나 이는 동시에 앞으로 중국이 해결해야 할 가장 크고 심각한 문제로 발전할 위험성이 커 보인다.

중세가 '암흑시대'가
아닌 이유

역사 평가는 시대에 따라 크게 달라진다. 이것은 그야말로 '모든 역사는 현재사'라는 말과 일맥상통하는 개념이다.

과거 중세 유럽은 '세계사의 암흑시대'로 일컬어졌다. 세계사는 고대 이집트 문명과 그리스 문명, 로마제국으로 화려하게 막을 열었다. 그런데 고대가 끝나고 르네상스, 대교역시대라는 기적의 시대가 펼쳐질 때까지 거의 1,000년 가까이 중세라는 '암울한' 시대가 펼쳐졌다. '중세=암흑시대'라는 등식이 만들어졌을 정도다.

하지만 최근 중세를 암흑시대로 바라보는 연구자는 거의 없다. 세계사에서 중세의 위상이 달라졌기 때문이다. 중세의 위상이 변화한 데는 몇 가지 이유가 있다.

첫째, 이 시대 역사 연구가 전보다 한층 더 깊고 넓어졌다. 어떤 분야에서든 마찬가지지만 기존의 편견에 머물러 있으면 한발도 앞으로 나아가기 어렵다. 그러고 보면 '중세=암흑시대'라는 등식에서 벗어나는 데 참으로 오랜 시간이 걸리긴 했다. 아무튼 최근 연구자들은 암흑시대로 인식해온 중세를 새로운 관점으로 살펴보려고 노력하고 있다. 말하자면 그들은 '왜 중세를 역사의 암흑기라고 부르는가', '중세 전체가 암흑기였는가' 식으로 역사를 세분화해서 들여다보고 있다. 뭔가에 특별한 관심을 두고 새로운 시각으로 접근해서 살펴보면 그동안 보지 못했던 것들이 눈에 들어오기 시작한다.

둘째, 중세의 봉건적 가치관을 저평가하던 태도에서 벗어났다. 어찌 보면 이것은 동양의 관점에만 해당하는 것인지도 모른다. 봉건시대 동양은 유럽 열강의 침략으로 계속해서 시달림을 받는 상황에 놓여 있었다. 특히 한국은 일정 부분 문호를 개방한 중국이나 일본과 달리 강경하게 통상수교 거부정책을 펼치면서 근대로 나아가는 길목을 스스로 차단하는 우를 범하고 말았다. 만약 모든 나라 역사가 고대, 중세, 근대로 차근차근 단계를 밟아 나아갔다면 민주주의가 좀 더 일찍 튼튼히 뿌리를 내렸을지도 모를 일이다.

중국은 큰 덩치에 어울리지 않게 유럽 열강의 침략에 무기력한 모습을 보였다. 막강한 힘에 눌려 굴욕적인 조약을 맺기도 했다. 아시아에서 지배자로 군림하기 위해 제2차 세계대전을 일으킨 일본은 패전의 아픔을 겪으면서 민주주의의 토양을 상실했다.

중세 봉건사회를 무조건 낡은 봉건적 가치관으로 낙인찍고 깎아내리는 것이 과연 올바를까? 그 시기가 어떻게 근대로 바뀌었는지 구체적인 과정을 세심하게 살펴봐야 한다. 분명한 사실은 유럽이 봉건사회를 거쳐 근대 민주주의를 확립했다는 점이다. 혹시 유럽이 암흑기로 불리는 중세를 겪으며 일종의 내공을 쌓은 덕분은 아닐까? 인간은 시련에 맞닥뜨리면 위기를 극복하고 살아남기 위해 최대한 지혜를 모으고 해결책을 찾기 마련이다. 중세시대에 그런 것들이 하나하나 천천히 축적되어 근대로 가는 밑바탕이 되어

준 것은 아닐까? 아마도 그랬을 확률이 높다고 본다.

불필요한 역사는 없다. 중세의 봉건적 가치관이 마음에 들지 않는다고 해서 중세 봉건사회를 건너뛰어서는 안 된다. 영국 산업혁명과 민주주의가 어떤 형태로 싹을 틔우고 뿌리를 내렸는지 궁금하다고 해서 중세를 건너뛰고 고대에서 곧장 근대로 넘어갈 수는 없다. 그런 식으로 보는 역사가 제대로 되었을 리 없고 날카롭게 해석하고 가공하여 현재의 양분으로 쓸 수 없다.

특히 일본은 중세를 배제하고 고대사에서 그리스 민주정을, 근대에서 영국 산업혁명·청교도혁명·프랑스혁명만을 부각해 취사선택적으로 역사를 공부했다. 이는 막무가내식일 뿐 아니라 어리석기 짝이 없는 방법이다. 이는 민주주의를 하루라도 빨리 뿌리내리고 싶은 욕심에 기나긴 과정을 진지하게 성찰하기보다 민주주의 그 자체에 초점을 맞춘 것이다. 하지만 마음에 드는 역사는 골라내고 아픈 역사는 배제하는 것이 아니라 있는 그대로 과정을 살피는 것도 역사의 중요한 주제다.

세계사에 두 번의
'암흑시대'가 있었다는데?

우리는 '암흑시대'라는 말을 들으면 거의 자동반사적으로 중세부터 떠올린다. 사실 세계사에는 '암흑시대'

라는 이름으로 불리는 또 하나의 시대가 있다. 바로 기원전 1000년 전후 300~400년간의 고대 그리스 세계다. 이 시대에 '암흑시대'라는 별칭이 붙은 이유는 무엇일까? 무엇보다 남아 있는 사료가 너무 적기 때문이다. 게다가 당시 그리스는 대규모 권력 없이 소규모 권력이 난립하는 혼란스러운 시대였다.

중세 역시 소규모 권력이 난립했다는 점에서 고대 암흑시대와 많이 닮았다. 중세 유럽에는 신성로마제국이 있긴 했으나 과거 로마제국 같은 힘이 없었다. 난립한 여러 봉건 제후가 각자 좁은 범위에서 실권을 잡았을 뿐이다. 이처럼 소규모 권력이 난립할 경우 그 전체상과 세부사항을 속속들이 파악하기가 어렵다. 그 탓에 알려진 것이 부족하다 보니 이 시기 역시 '암흑시대'라는 이름으로 불리게 되었다.

다만 고대의 암흑시대는 '영웅시대'이기도 했다. 반면 소규모 권력이 난립한 중세 암흑시대에는 영웅이 등장하지 않았다. 이는 암흑시대로 인식되는 일부 중세 기간의 환경과 밀접한 연관이 있다. 중세 중에서도 암흑시대라 불리는 기간은 서로마제국이 멸망하고 난 뒤 10세기까지의 중세 초기 시대다. 민족이동을 설명할 때 잠시 다뤘듯 4~5세기는 세계적인 규모로 저온화가 발생한 시대였다. 이 저온화는 민족대이동의 방아쇠를 당기는 역할을 했다. 저온화 자체는 이후 500~600년 동안 이어졌다. 알고 있다시피 기온이 2~3도만 내려가도 농작물에 심각한 영향을 준다. 그 시절에는 하우스 재배 같은 기술이 없었다. 그런 터라 저온화로 인한 피해는 막심했고 각지에서 기아에 따른 인구 감소가 일어났다.

밀 농사의 경우 흔히 밀 한 톨로 얼마나 많은 밀을 수확할 수 있을지 계산해 생산량을 가늠한다. 당시 기록에 따르면 가장 수확이 적었던 시기에는 밀 한 톨에서 고작 다섯 톨밖에 수확하지 못했다고 한다. 중세 초기의 농업생산율이 얼마나 형편없었는지는 수천 년 전의 고대 수메르 문명과 비교해보면 좀 더 실감이 난다. 고대 수메르 문명에서는 밀 한 톨로 일흔 톨을 수확했기 때문이다.

한편 로마제국 말기에는 내륙 개발을 시작했다. 그로 인해 해양 자원 활용이 줄어들었다. 내륙 생활은 그 고장에서 생활물자를 조달할 수 있으면 문제가 없다. 그러나 멀리서 물자를 가져와야 할 경우에는 막대한 비용이 발생할 수밖에 없다. 배를 이용해 물자를 해로로 운반할 때와 육로로 운반할 때를 비교하면 육로 쪽이 25배 큰 비용이 든다.

육로 운반에 비용이 많이 들어 채산이 맞지 않을 경우 사람들은 자신이 사는 지역에서만 물자를 조달한다. 이렇게 되면 원거리 무역은 자연스럽게 줄어든다. 이런 상황이 한 세대로 끝난다면 다행이겠지만 몇 세대씩 이어지면 문제가 심각해진다. 그때까지 당연하게 여기던 기술, 예를 들어 배를 건조하거나 조종하는 기술은 모조리 사라지고 만다.

중세 암흑시대에는 기온 저하에 따른 작물 생산량 감소와 식량 부족으로 인한 인구 감소가 심각한 문제로 나타났다. 게다가 줄어든 인구가 지역사회에 틀어박혀 기술과 상업 경로를 상실하는 악순환이 반복되었다. 유럽이 이 기나긴 악순환에서 가까스로 빠져 나온 때가 1000년경 계몽시대에 이르러서다.

악순환에서 빠져나올 수 있었던 가장 큰 요인은 무엇일까? 흥미 롭게도 위기를 준 바로 그 요인, '기온'이었다. 기온 상승이 유럽에 희망의 불꽃을 피워준 셈이었다. 여기에다 삼포식(Three Field System) 농업 등 새로운 농경기술 도입이 수확량 향상에 박차를 가했다. 삼 포식 농업은 농촌의 전체 경지를 겨울 곡식용 경작지, 여름 곡식용 경작지, 휴경지로 삼등분해서 각 경작지를 번갈아 가며 사용해 토 지 상태를 양호하게 유지하고 수확량을 늘리는 농법이다. 봄에 파 종하는 보리와 귀리 등은 여름 곡식용 작물이고 밀이나 쌀보리는 겨울 곡식용 작물이다. 게다가 휴경지라고 해서 그냥 땅을 놀리는 것이 아니었다. 당대 유럽인은 휴경지를 가축 방목에 활용해 가축 분뇨 등 배설물을 농지의 힘을 회복시키는 비료로 알뜰히 활용했 다. 이 순서는 1년마다 순차적으로 바뀌었는데 3년이면 제자리로 돌아온 까닭에 '삼포식 농업'이라 부른다.

이 무렵 개간 등을 할 때 소와 말에 매다는 멍에와 가래를 비롯 한 여러 종의 농기구 개량도 이루어졌다. 기온 상승과 함께 다양한 개량이 이뤄지면서 농업 생산력은 급속히 높아졌다.

문화적 관점에서 르네상스는 12세기 이후에 해당한다. 이 시기 에 농업 생산력 회복 없이 문화의 꽃을 피운다는 것은 사실상 불가 능했다. 중세 초기에 기온 변동으로 인구가 감소하면서 문화 발전 이 지지부진했던 것은 사실이다. 그런 의미에서 중세 초기 500년 동안은 어쩌면 '암흑시대'라는 이름으로 불러도 좋은 시대일지 모른다.

하지만 11세기 들어 기온 상승과 함께 농업 생산력을 급속히 회복하면서 암흑시대에 불빛이 비쳐들기 시작한 셈이었다. 그 풍요로운 사회 환경을 배경으로 12세기에는 르네상스 문화라고 부르는 예술 부흥이 일어났다. 다시 한번 강조해서 말하지만 중세 전체를 뭉뚱그려 하나의 암흑시대로 보는 것은 사실이 아닐 뿐 아니라 편협한 시각이다. 그보다는 기간별로 분류해서 시대적 상황을 세밀하고도 폭넓게 헤아리는 것이 바람직하다. 결론적으로 '중세=암흑시대' 등식은 틀렸다.

중세는 온통 같은 색으로 칠해버리는 단조로운 그림이 아니다. 어두운 전기와 밝은 후기로 나누어 생각해야 진실에 좀 더 가깝고 이해하기도 쉽다.

이미 '제3차 세계대전'이 시작되었다고?

'역사에서 배운다'라는 말의 의미는 뭘까? 과거를 제대로 알고 그 지식과 교훈을 오늘에 오롯이 살리는 것을 말한다. 역사에서 배우기 위해서는 과거 역사와 오늘날 일어나는 일에 어떤 유사점이 있는지 통찰해야 한다. 물론 그 깨달음을 얻는

'현재성'이 사라지면 역사도 사라진다

과정은 절대 녹록지 않다. 과거를 돌아볼 때 '지금'이라는 필터를 통해 바라보듯 미래를 생각할 때도 '지금' 우리가 서 있는 자리에서 볼 수밖에 없기 때문이다.

시리아 내전이 발생한 2011년 나는 시리아로 건너갈 계획을 세웠다. 그 무렵 시리아 정부군과 반군 사이에 최초의 무력 충돌이 일어났다. 2011년 1월의 일이었다. 4월까지만 해도 나는 조금은 마음을 놓고 있었다. 내가 아는 이슬람 연구자들이 입을 모아 "아사드 정권이 버티고 있으니 어지간해서는 분열하지 않을 거야"라고 말해주었기 때문이다.

그런데 고작 한 달 사이에 상황이 백팔십도 달라지면서 도저히 시리아로 입국할 수 있는 여건이 아니었다. 아쉽게도 그때 나는 시리아의 급격한 정세 변화를 예측하지 못했다. 그리고 시리아 내전에 편승해 IS가 본격적으로 고개를 들기 시작했다. 이후 IS가 급성장하는 모습을 보며 나는 한 세대 만에 제국을 일궈낸 칭기즈 칸을 떠올렸다.

역사에는 때때로 자신이 속한 세력이 권력과 영향력을 얻기를 간절히 바라는 사람들을 하나로 모아 실제로 막강한 힘을 가진 세력으로 만드는 엄청난 능력을 발휘하는 걸출한 인물이 등장한다. 그 전형적인 인물이 한 세대 만에 몽골제국의 기반을 닦은 칭기즈 칸이다. 엄청난 카리스마를 지닌 비범한 한 사람이 등장하면 수많은 사람이 소용돌이에 빨려들 듯 그 사람 주위로 모여든다. 그다음에는 그 소용돌이에 빨려들지 않으려고 안간힘을 쓰며 버둥대는 사람들 사이에 분쟁이 발생한다.

IS가 일으킨 광풍은 어떤 의미에서 과거 몽골 유목민이 칭기즈 칸이라는 카리스마 넘치는 위인을 만나 일으킨 광풍과 흡사하다. IS에 칭기즈 칸 같은 카리스마를 갖춘 지도자가 있는지는 논외로 치고 새로운 세력이나 국가가 탄생하여 힘을 얻을 때는 상당한 결집력이 작용하기 마련이다. 그것이 테러 국가인지 정상 국가인지를 따지기 시작하면 또 다른 논의로 빠지겠지만 말이다.

어쨌든 IS 광풍이 앞으로 어느 방향으로 휘몰아칠지 예측하려면 지금 일어나는 일을 정확히 파악할 필요가 있다. 지금 세계에서는 무슨 일이 벌어지고 있나? 매우 충격적인 표현이지만 나는 이미 제3차 세계대전이 시작되었다고 본다. 여태까지 우리는 '제3차 세계대전' 하면 핵무기를 보유한 국가 사이의 분쟁에 주변국이 말려들어 양쪽 진영이 적대시하고 서로 원자폭탄과 수소폭탄을 날리는 전쟁을 상상해왔다. 이러한 대중적 인식이 형성된 데는 1962년 발생한 쿠바 미사일 위기의 영향이 컸다.

그 쿠바 미사일 위기에서 반세기 넘게 지난 오늘날 그때와 같은 일을 반복하면 인류가 멸망할 수도 있다는 사실을 대다수 사람이 알고 있다. 오늘날 사람들이 자각하지 못하는 사이 전 세계의 '전쟁 형태'가 크게 달라지고 있다. 나는 세계 각지에서 수많은 희생자를 낸 게릴라전과 테러야말로 제3차 세계대전의 뚜렷한 양상이라고 생각한다.

오늘날 테러는 세계 어디서든 일어나고 있다. 만약 테러가 정말

'현재성'이 사라지면 역사도 사라진다

로 새로운 전쟁 형태라면 어찌 될까? 이것은 쉽게 결판이 나지 않는 싸움이라 제3차 세계대전은 백년전쟁(Hundred Years' War, 1337~1453년 프랑스 왕위 계승을 둘러싸고 프랑스와 영국이 벌인 전쟁) 같은 형국으로 앞으로 상당히 오랫동안 이어질 수도 있다.

지금은 IS가 악의 축으로 여겨지지만 그런 IS에 끊임없이 새로운 사람들이 가담한다는 사실은 현재 상황에 불만과 반감을 품은 사람이 그만큼 많다는 뜻으로 해석할 수 있다. 설령 IS를 힘으로 제압하더라도 문제는 해결되지 않는다. 그들의 불만과 반감이 근본적으로 해소되지 않을 경우 새로운 지도자가 나타나면 또다시 판박이 같은 새로운 조직이 등장하여 말썽을 일으킬 것이기 때문이다.

이제까지 전쟁은 국가와 국가가 선전포고하고 군대끼리 맞서 싸우는 방식이었다. 그러나 1991년 일어난 걸프전에서 사람들은 핀포인트(Pinpoint, 한 부분이나 대상만 정확히 겨냥하는 것) 폭격 장면을 촬영한 TV 영상을 보고 전쟁의 양상이 달라졌음을 실감했다. 사실 전쟁에 정해진 규칙은 없다. 전쟁은 언제나 철저한 승자 독식 세계일 뿐이다.

안타깝게도 세계 곳곳에서 끝이 보이지 않는 테러와 게릴라전이 이어지고 있다. 우리는 이것을 '테러'와 '내전'이라고 표현하지만 실제로는 세계대전이라고 해도 지나친 말이 아닐 정도로 심각한 상황이다. 어쩌면 군인이 무기를 들고 직접 전쟁터에서 싸우던 전쟁 시대는 이미 종말을 맞이했는지도 모른다.

영국이 EU를 탈퇴하려는
진짜 이유는 독일 때문이다?

2016년 6월 23일 국민투표 결과에 따라 영국은 EU 탈퇴를 결정했다. 잔류를 주장하던 캐머런 총리는 사임하고 현재 영국은 테리사 메이 총리의 지휘 아래 차근차근 탈퇴 준비 절차를 밟고 있다. 영국인이 EU 탈퇴를 결정한 배경에는 EU에 내는 거액의 부담금을 거부하고자 하는 마음이 자리하고 있다. 여기에다 EU를 주도하는 독일을 향한 반감이 뒤섞이면서 국민감정이 상당히 복잡한 상황이다. 영국인에게는 기본적으로 독일을 싫어하는 정서가 밑바탕에 깔려 있다. 이는 제2차 세계대전에서 생긴 원한이 아직 앙금으로 남아 있기 때문이다.

제1차 세계대전을 치르며 막대한 피해를 본 유럽에서는 반전 의식이 높아졌다. 많은 나라가 반전 의식에 따라 군비를 축소하던 와중에 거액의 배상금을 떠안고 허덕이던 패전국 독일은 경제 부흥을 약속하며 등장한 히틀러를 최고 권력자로 선출했다. 오늘날 히틀러는 악마 같은 독재자로 평가받는다. 그러나 당시만 해도 그는 독일 국민에게 구세주와도 같은 존재로 받아들여졌고 절대적인 지지를 얻었다. 불황의 늪에 빠져 허우적대던 독일을 특단의 경제정책으로 일으켜 세운 업적 덕분이었다.

국민의 지지를 한 몸에 받은 히틀러는 베르사유 조약의 군비 제한 조항을 파기하고 야금야금 군비를 늘리기 시작했다. 그때 그의 진의를 간파하고 발 빠르게 경종을 울린 인물이 아직 총리로 취임하기 전이던 시절의 윈스턴 처칠(Winston Churchill, 1894~1965년)이었다.

"이대로 독일의 재무장을 허용하면 유럽은 독일의 손아귀에 다시 한번 유린당한다. 독일이 부상하는 것을 억제하기 위해 영국은 군비를 증강해야 한다."

그러나 반전사상에 고무된 영국인은 처칠의 경고에 귀를 기울이지 않았다. 그 뒤 역사를 아는 우리가 보기에 믿기 어려운 일이 연이어 일어났다. 히틀러가 비무장지대로 정한 라인란트에 군대를 주둔했을 때도 전쟁이라는 해결책이 영 내키지 않았던 영국과 프랑스 정부는 유화정책을 선택해 사실상 묵인했다.

영국인이 처칠의 말이 옳았음을 깨닫게 된 때는 1939년 독일이 폴란드를 침공하고 난 직후였다. 그 이듬해인 1940년 처칠은 영국 총리로 취임했으나 이미 때가 늦어버려 승승장구하던 독일군의 기세를 늦추지 못했다.

우여곡절 끝에 영국은 독일에 승리했지만 이 전쟁으로 식민지 대부분을 잃어버렸다. '상황이 이런데, 우리는 정말로 승전국가라고 할 수 있을까?' 영국인이 대영제국의 영광을 되새김질하며 한탄할 정도로 제2차 세계대전을 치른 영국은 실질적으로 막대한 피해를 보았다.

이런 역사를 경험한 영국은 독일이 주도하는 EU에 불신감을 완전히 떨쳐내지 못하고 있다. 지금까지는 어떻게든 유럽 공통의 이해를 위해 엇박자를 내지 않으려고 보조를 맞춰왔다. 그러나 국가

재정이 파탄 난 그리스 원조와 늘어나는 시리아 난민 수용 문제 등으로 EU에 내는 부담금은 눈덩이처럼 불어났다. 그것이 압박을 가하자 급기야 영국인은 '왜 우리가 이렇게까지 해야 하나?'라며 불만을 쏟아내기 시작했다.

EU가 '애물단지' 그리스의 손을
놓아버리지 못하는 딜레마

EU는 왜 경제 파탄 상태의 그리스에 계속 거액의 돈을 원조했을까? 난민 문제는 차치하고 사실상 경제가 거덜 난 상태에서 스스로 재건하려는 노력도 기울이지 않은 나라에 말이다.

이 문제는 일본의 중동 전문가 야마우치 마사유키(山內昌之)가 중국 전문가 사토 마사루(佐藤優)와 벌인 대담을 통해 이해하기 쉽게 설명하고 있다. 『제3차 세계대전의 덫 — 새로운 국가 질서와 지정학을 해독하다』라는 책에서다.

사실 그리스의 국가 부도는 어제오늘의 이야기가 아니다. 그리스는 과거 오스만제국의 지배를 받던 시절부터 줄곧 열등생 취급을 받아왔다. 본래 그리스는 주위의 도움 없이는 국가를 유지하기 어려운 수준이었다. 다만 EU에 가입하면서 지역 문제아에서 유럽 전체의 아픈 손가락으로 지위가 바뀌었을 따름이다. 즉 그리스는

처칠
영국 총리. 제2차 세계대전 당시 영국을 이끌었고 전쟁이 끝난 후에도 총리직을 유지했다.

110여 년 전 오스만제국 시절부터 계속 주위 나라들의 어깨를 무겁게 하는 짐이었다.

이 골칫거리를 내치지 않고 계속 도와준 배경에는 그리스가 자신들의 문화적 고향이라는 인식이 유럽에 자리하고 있기 때문이다. 고향과 인연을 모질게 끊을 수 없어 울며 겨자 먹기 식으로 도와준 셈이라고나 할까. 그리스는 유럽의 그런 속내를 잘 알고 있기에 '너희들이 나를 버리겠어?' 하는 식으로 배짱을 부리며 노력할 생각조차 하지 않는다.

실질적으로 만약 EU가 그리스를 버리면 당장 러시아와 중국이, 자칫하면 IS까지 끼어들어 그리스를 거점으로 삼을 수도 있다. 여러 나라가 그리스를 호시탐탐 노리고 있는 현실을 잘 아는 EU는 그리스를 쉽사리 내치지 못하고 있다.

그리스는 유럽에서 문명의 성지로 여겨지며 지정학적으로도 매우 중요한 곳에 자리 잡고 있다. 만일 그리스에 적대 세력이 둥지를 틀 경우 정말로 위험한 지경에 이를 수 있음을 다들 알고 있다. 그래서 빚잔치를 벌이게 만드는 탕아일지라도 내치지 못하고 어르고 달래가며 끌어안고 가는 중이다.

이는 유럽인이 아닌 아시아인의 시각으로 보기에 도무지 이해할 수 없는 처사다. 사실 우리는 왜 EU가 번번이 약속도 지키지 않고 재건 노력도 하지 않는 그리스에 끊임없이 퍼주는지 이해하지 못한다. 그리스 문제의 근저에는 그리스는 곧 유럽의 고향이라는 마음과 함께 이 나라를 러시아나 중국과 같은 다른 열강에게 빼앗

'현재성'이 사라지면 역사도 사라진다

길지 모른다는 위기감이 자리하고 있다. 그리고 유럽의 그러한 마음을 교묘하게 이용하는 그리스의 잔꾀가 복잡하게 똬리를 틀고 있다.

지금까지 그리스를 뒤치다꺼리하는 데 들어간 돈 중 상당 금액을 영국이 부담해온 셈이다. 그러나 영국이 손을 털면 EU 각국은 믿을 구석이 독일밖에 없어 결국 독일에 손을 벌려야 하는 실정이다. 그러나 그들이 독일에 기댈수록 독일의 힘은 강해질 수밖에 없다. 동시에 여기저기서 손을 벌리며 도와달라고 아우성치는 상황에 넌더리가 난 독일이 일종의 히스테리 상황에 빠질 위험성도 있다.

그때 EU가 분열할지 아니면 독일이 성공적으로 수습할지는 아직 미지수다. 최악의 경우 독일에 네오 나치 정권이 탄생할지 누가 알겠는가.

민족 특수성을 무시한 강대국들의
'제멋대로 국경 정하기'가 초래한 비극

국가 형태는 대개 기나긴 역사 속에서 몇 번씩 이합집산을 거듭하며 바뀐다. 특히 국가 형태가 자주 변화하는 대륙 세계에서는 국가보다 민족 개념이 주는 결속력이 더 강하다. 가령 소비에트사회주의공화국연방은 사라졌지만 그곳에 살던 사람들은 러시아에서 예전과 다름없이 민족으로서의 연계성과 역사를 지닌 채 살아가고 있다.

소비에트 붕괴로 독립한 아르메니아는 이제 막 걸음마를 뗀 신흥국가지만 민족으로서는 기나긴 역사를 자랑한다. 사실 세계 최초로 기독교를 국교로 정한 나라는 고대 아르메니아왕국이다. 아르메니아가 기독교를 국교로 정한 때는 301년이다. 이는 로마에서 기독교를 공인한 밀라노 칙령보다 앞선 시기다.

지리상으로 아르메니아는 터키와 이란 사이에 끼어 있다. 그러다 보니 사람들은 막연하게 아르메니아를 이슬람 국가로 착각하는 경향이 있다. 하지만 지금도 이곳 국민 대다수가 기독교 분파인 아르메니아 정교회 신자다. 오늘날 아르메니아 인구는 300만 명 정도다. 그 밖에 '방랑하는 아르메니아인'이라는 말이 나올 만큼 세계 곳곳에 500만 명의 아르메니아인이 흩어져 살고 있다.

디아스포라(Diaspora)는 '흩어져 사는 자'라는 뜻의 그리스어에서 유래한 말로 고국을 떠나 생활하는 민족을 가리킨다. 우리는 이 말을 주로 유대인에게 사용하지만 때로 아르메니아인과 중국계 화교에게 붙이는 수식어로 쓰기도 한다.

아르메니아 국토는 평지가 적고 산과 계곡이 많아 전체를 통합하는 권력이 생기기 힘든 지형이다. 예로부터 사람들이 지역별로 소규모 자치 공간에서 점점이 흩어져 살아온 것도 그래서다. 그들은 터키와 몽골 등 여러 이민족의 지배를 받았으나 결국 아르메니아인으로 남았다. 어쩌면 규모가 작아 오히려 민족으로서의 결속력을 유지할 수 있었던 것인지도 모른다.

결속력이 강한 민족으로 우리는 흔히 유대인을 꼽는다. 그러나 아르메니아인 역시 고국을 떠나 뿔뿔이 흩어진 후에도 결속력을 잃어버리지 않았다.

만약 지금 일본이 국토를 상실한다면 '방황하는 일본인'이 될 수 있을까? 나는 여기에 의문이 든다. 여태껏 일본인은 안정적인 국토에 의존하며 살아온 터라 민족으로서의 유대관계가 그리 강하지 않기 때문이다.

신흥국가는 중동과 아프리카 등지에도 꽤 많다. 국경선을 살펴보면 그들의 특징을 대충 파악할 수 있는데 새로운 국경은 대개 인위적인 의도로 정해져 직선이 많다. 실제로 그 땅에 예전부터 살던 민족의 경계선은 절대로 직선이 아니다. 끈끈한 민족의 유대관계와 누군가가 정치적으로 정한 국경선의 모순이 세계 각지에서 분쟁의 불씨가 되고 있음을 알아야 한다.

이 문제가 가장 두드러지는 곳이 아프리카다. 아프리카에서 볼 수 있는 직선 국경선 중 상당수는 제2차 세계대전 이후 영국과 프랑스 같은 유럽 국가와 그들을 지원한 미국의 의도가 맞물려 정해졌다. 그들은 그렇게 국경선을 정하면서 현지인의 생활과 사고, 문화적 특수성은 전혀 고민하지도 반영하지도 않았다.

중동 문제는 제1차 세계대전 당시 영국 외무장관이 한 입으로 두 말하면서 초래한 비극이다. 제1차 세계대전에서 영국은 좀처럼 승기를 잡지 못하고 있었다. 그런 상황에서 영국은 아랍민족의 지원을 얻어내려고 당시 오스만제국의 지배를 벗어나 독립하고자 애쓰던 아랍민족에게 약속했다. 약속 내용은 영국이 전쟁에서 이기면 아랍민족의 독립 염원을 전면적으로 지원해주겠다는 것이었다.

그때 영국에서 첩자로 보낸 인물이 영화 〈아라비아의 로렌스〉로 알려진 영국 육군 장교 토머스 에드워드 로렌스(Thomas Edward Lawrence)다. 영국의 명령을 받은 로렌스는 아랍민족 의향에 따라 그들의 독립운동을 지원했다. 그런데 그 무렵 영국은 프랑스, 러시아와 아랍인의 땅까지 포함해 오스만제국 영토를 세 개로 나누는 밀약(사이크스-피코 협정, Sykes-Picot Agreement)을 맺었다.

영국은 아랍을 배신하고 밀약을 실행했다. 아랍민족의 활약으로 오스만제국이 무너지고 바야흐로 아랍왕국 건국이 눈앞에 다가왔을 때였다. 로렌스는 영국에서 영웅 대접을 받았다. 동시에 그 자신은 영국을 신뢰하고 함께 목숨 걸고 싸운 아랍민족을 배신했다는 자책감으로 괴로워했다고 한다. 오늘날 유럽인을 향한 아랍인의 반감과 적개심에도 과거에 자기 중동 민족을 무시하고 인위적으로 국경선을 설정한 유럽 열강을 향한 불만과 원한이 스며 있다.

평화와 번영이 계속되면
왜 사람은 반드시 퇴폐할까

고인 물은 오래 지나면 썩는다. 이는 자연계에서 통용되는 하나의 상식과도 같은 법칙이지만 자연계에만 통용되는 것은 아니다. 인간 세상과 국가의 흥망성쇠에도 똑같이 적용되는 진리다.

그렇다. 어느 시대 어떤 나라든 오래도록 번영을 누리면 반드시 퇴폐하기 마련이다. 실제로 인류는 기나긴 역사에서 전쟁과 평화, 번영과 퇴폐를 끊임없이 되풀이해왔다. 그중에서도 로마는 번영과 퇴폐 주기가 상당히 뚜렷하다.

공화정 시기 로마는 그리스 사절이 "3,000명의 원로원 귀족은 마치 한 사람 한 사람이 왕자 같다"라고 평할 정도로 대단한 권위를 자랑했다. 그 후에도 카이사르 시대까지는 늠름한 인물이 대거 등장했으나 그로부터 100년도 지나지 않아 네로 같은 폭군이 나타났다. 3세기 들어서는 로마제국 최초의 동방 출신 황제이자 트랜스젠더의 원조로 꼽히는 엘라가발루스가 등장했다. '사상 최악의 군주'로 꼽히는 그는 태양신의 대신전을 건립하고 음란한 축제를 로마로 옮겼다. 게다가 화려한 여장에 짙은 화장을 하고 공개석상에 나타나기 일쑤였다. "짐을 여자로 만들어주면 제국의 절반을 주겠노라"라는 포고령으로 제국의 모든 사람을 기겁하게 한 그는 결국 자기 어머니와 함께 근위병에게 암살당했다.

윗물이 맑아야 아랫물도 맑은 법인데, 로마는 상층부의 기강이 느슨해지고 문란해지자 당연히 아래쪽도 흐트러지기 시작했다. 로마 번영기에는 유산을 노린 사기가 횡행했다. 재산을 소유한 노인에게 교묘한 말로 접근해 유언장에 자신의 이름을 적어 넣게 해서 유산을 가로채는 사기 수법이 빈번히 발생했다. 그때도 지금처럼 서류 관계에 꼼꼼하지 못한 노인을 상대로 사기를 치는 부류가 존재했다는 얘기다.

어느 시대에나 훌륭한 인물은 있기 마련이다. 그러나 번영과 함께 그런 인물의 절대 수가 줄어들면서 사회 전체적으로 도덕이 해이해진다. 흥미롭게도 도덕심이 풀어지면 사람들이 친절해지는 경향이 있다. 다른 관점에서 이는 엄격함의 결여로 생긴 우유부단이라고 할 수 있다. 사회가 전반적으로 퇴폐로 향할 경우 사람들은 자신에게나 타인에게나 관대해진다.

'친절' 하면 많은 사람이 일본을 떠올리는데, 사실 일본은 필요 이상으로 친절하다. 요즘 일본이 보이는 친절은 진정한 의미에서의 친절이 아니다. 진정한 친절이란 자아가 확고한 사람이 주위를 대할 때 보이는 관용을 의미한다.

달이 차면 기우는 법이고 인간사회는 번영하면 반드시 퇴폐한다. 이것은 역사가 말해주는 사실이자 진리이다. 인류는 이 문제를 어떻게 해결해야 할지 아직 제대로 깨달음을 얻지 못했다. 어떻게 해야 퇴폐하지 않고 오래도록 번영하는 평화로운 사회를 이어갈 수 있을까. 이는 오늘을 사는 우리가 각자 생각해야 할 역사적 명제다.